中国细金工艺与文物

杨小林　著

科学出版社
北　京

内 容 简 介

本书以现代金银细金工艺技术为基础，对国内考古出土的文物进行分析，是将工艺与文物相结合论述的一部著作。全书在概述了中国金银器的发展史和金银开采提取的历史之后，分别论述了现代金银开采与提纯，贵金属及合金物化性能、加工方法与检测，以及花丝、实镶、錾刻、焊接、鎏金、烧蓝、镶嵌宝石等工艺在出土文物上所见的痕迹，最后介绍了一些国外金银器的代表作品。

本书适合于从事金银器研究、工艺分析以及文物考古的专家学者，和相关专业的大专院校师生参考阅读。

图书在版编目（CIP）数据

中国细金工艺与文物／杨小林著. —北京：科学出版社，2008

ISBN 978-7-03-022576-4

Ⅰ. 中… Ⅱ. 杨… Ⅲ. 金银器（考古）－研究－中国－古代 Ⅳ. K876.434

中国版本图书馆 CIP 数据核字（2008）第 109995 号

责任编辑：孙 莉／责任校对：陈玉凤

责任印制：赵 博／封面设计：王 浩

科 学 出 版 社 出版

北京东黄城根北街 16 号

邮政编码：100717

http://www.sciencep.com

北京厚诚则铭印刷科技有限公司 印刷

科学出版社发行 各地新华书店经销

*

2008 年 8 月第 一 版 开本：787×1092 1/16

2024 年 2 月第三次印刷 印张：13 插页：10

字数：308 000

定价：180.00 元

（如有印装质量问题，我社负责调换）

序

杨小林在国家博物馆科技中心从事金属类文物的保护工作，我们多次在考古新发现、文物保护的现场接触。后来她透露将来要写一本书，我将信将疑。所谓信，是相信她有这个实力。所谓疑，是怀疑她能否真的写出来，因为这是十分艰难的事情。两年后她果真寄来了书稿，令我吃惊而感动。我曾经写过书，深知其中甜酸苦辣，而她作为由工人转为文物保护再到著书立说恐怕更为艰难，从书中的引文可以看出阅读了大量庞杂的著作，写出这本书很不容易。

如今书很多，不少是重复劳动，有时读者面对大量书籍茫然失措，竟找不到需要的著作来读，因此一部贡献给读者的新著有恰当的定位才是必要的。古代金银器出土越来越多，引起了人们研究探讨的热情。这些金银文物是反映历史的实物材料，提供的线索有材质、制法、造型、纹样、色彩，有时还有文字刻铭，研究需要综合知识，但人们又很难具备如此广博的知识结构。对于考古学家来说，最有难度的恐怕就是对材质和制造方法的探讨，因为这不仅需要自然科学知识，还需要有实践经验。

杨小林曾在工厂亲自制作过金银器物，懂得各种工艺，目前又有保护文物的丰富经验，这一知识结构，正是考古专业出身的人望尘莫及的。有关金银工艺技术方面的著作并非没有，可对于考古工作者来说，直接阅读学习这类专业书籍很困难，需要有关于金银工艺技术联系古代文物的桥梁式专著，由杨小林来写这本书不仅合适，书的定位也恰当，因此决定这本书的价值所在。

在古代文物研究中金银器是比较特殊的门类，千百年来一直沿袭着传统的技法，工艺以师徒相传的形式传承，古今器物在制作技术上有惊人的相似，古今对照，从今看古进行探讨是可能的途径。

该书是以现代工艺技术为基础介绍了金银及合金物化性能、加工方法与检测，这无疑是考古研究中应该了解的，而书中详细介绍的各种工艺技术名称，既有技术工作的术语，也有实践中的“行话”，对考古研究的帮助更为直接。古代金银器研究中经常被提到的工艺技术有锤揲、掐丝、錾刻、镂空、焊缀金珠、鎏金等，这些定名或来自于古代文献，或根据现代工艺，或自行命名，人们以约定俗成的方式理解其含义，然而具体制作方法多不知其所以然。金银工艺技术造就积累出一些术语、行话，如何与古代器物的命名对号，不仅是个学术走向规范的问题，也不光是个名称问题，从中可寻找时代的特点、技术成就，审美情趣。古代文物的材质、制法，表现出人们对自然的认识和利用，也反映了人们的智慧灵巧。通过古代文物材质和工艺技术方面的研究，还可以探讨不同的技术群体和传承、区域文化特征、时代差别和交流互动。

如书中讲述的“打胎工艺”，制作的方法有手工制胎、模具制胎和擀胎三种，基本技法为搂、墩、闪、光。大约相当于目前考古学讲述的锤揲工艺，而从古代器物来看，至少在唐代已经全面熟练地运用，古今器物的区别，大约只是工匠个人水平的差异。书中有关焊接技术的介绍，对研究古代器物也极具参考价值。特别值得一提的是在这一章中出现了对辽代、宋代、元代、清代金银器上的焊药进行的分析，提供了一些启发性的问题，可以想像，如果持续这一工作，将会获得更多的数据，对古代器物的断代甚至文物收藏中的辨伪将有极大帮助。中国古代器物鎏金盛行，考古学观察有通体鎏金、局部鎏金、先錾刻后鎏金、先鎏金后錾刻等不同的方法，而且朦胧地感觉到不同的技法，与不同时代和地区的作品有关，该书介绍了鎏金工艺的全过程，还提供了部分不同时代器物鎏金层厚度的数据，这些发现是很重要的。

古代金银器中的掐丝、錾刻技法最为普遍，许多制作技法与今日花丝工艺十分相似。书中详细介绍了花丝的种类、材料提取、制作方法，又分析古代各种花丝，结合亲自进行文物保护修复过程中的观察体会，指出山西省大同市灵丘县发现的元代金银饰品，材料种类有素金丝、两股花丝、四股花丝、巩丝、祥丝、金片、金珠等，制作方法包括掐丝、填丝、编织、吹珠、堆垒、攒焊等工艺。还以双飞蝴蝶簪为例，介绍每个细部的制作方法、组攒和焊接顺序，最后判断，双飞蝴蝶簪、缠枝金花步摇和唐草纹金耳坠等七件花丝饰品，应出自同一位细金花丝工匠之手。

对古代文物进行材料、工艺的探讨，将丰富、扩展考古学研究的手段，我曾写过《唐代金银器研究》一书和不少有关古代金银器的论文，在对文献和实物对照讨论工艺技术时常常疑惑踌躇，看了杨小林的著作后有些恍然大悟，欣然答应为这本书写序，是因为以先睹为快之便，得到了重要的学习机会。

齐东方

目　　录

绪　　言

金、银是人类最早发现并利用的金属，其特有的魅力与价值在人们的心目中占有不可替代的位置。人们把无数赞美的语言赋予了它们，古代欧洲的炼丹家们将黄金比作太阳，而阿拉伯人则认为白银像月亮。

中国是世界四大文明古国之一，拥有五千年光辉灿烂的历史文化，炎黄子孙用自己的聪明才智和灵巧的双手创造出无数令后人叹为观止的艺术珍品。这些遗存下来的珍贵文物是不可再生的人类财富，其中就不乏大量的金银器。

中国的金银器以其鲜明的艺术魅力展示着华夏民族特有的传统文化底蕴，它在不断地发展过程中自成体系，并世代传承。在中华民族的工艺美术史中，金银器工艺从一个侧面反映了古代工艺、物质文化以及美学思想的历史风貌，是一部经历了几千年沉淀，有着深厚根基，绚丽多彩的发展史。

近年来国内出土的金银器为我们真实地展现了古代细金工匠们高超的制作手法和精湛的手工技艺。目前我国的金银器研究领域，主要是对出土金银器物进行的文物考古研究和关于金银器制作工艺的研究这两方面。前者，大多以田野考古发掘的金银器为基础，主要侧重于史学和器物形制、纹样等方面的研究；后者，则以细金工艺中的材料加工与应用，器型与纹饰的设计以及花丝、镶嵌、錾刻、鎏金等不同制作表现手法为重点加以论述。

《海内外唐代金银器萃编》[1]是一部研究唐代金银器的重要论著。该书共收集国内历次重大发现中出土的唐代金银器和欧美、日本诸国珍藏的唐代金银器290件，并一一绘出线图加以文字说明。新中国成立以来，关于唐代金银器有几次较大的发现，这让作者认识到金银做工是中国古代社会中一个重要的手工部门。在该书简论中，作者从“唐代制造金银的目的及部门”、“金银器在唐代前后的使用情况”、“唐代社会生活中的金银器”、“唐代金银器装饰图案的题材”、“金银器的装饰构图”、“金银器装饰构图的特点”、“唐代金银器的分期”、“唐代金银器装饰图案的演变”八个方面对唐代金银器的制作，图案装饰题材与特点，分期与纹样演变等问题进行了深入的研究。

《中华国宝》[2]“陕西金银器概述”一文中，作者将金银器分为器皿和非器皿两类，指出前者主要有饮器、食器、药具、容器及杂器，后者主要指饰件和宗教器物、梳妆用具等杂器。金银器皿上的装饰题材可分为几何形和写生两大类，写生形装饰纹样包括动物（龙、凤、飞狮、天马、蜂、蝶等）、植物（折枝花、团花、莲花）。书中对商代至宋代不同时期考古发掘出土金银器的生产和使用状况进行了论述，并认为银器加工工艺基本来源于金器，而金器的制作工艺，一部分来自青铜器铸造工艺，另一部分来自金器本身加工过程的独创。共分为两个阶段：第一阶段为秦代以前，金银工艺还基本处于青铜器铸造工艺的范畴之内，是青铜器铸造工艺的延伸和发展，这些工艺主要指熔炼、范铸、焊接、镶嵌、鎏金等；第二阶段为汉代以后，金银工艺摆脱了青铜器工艺的巢穴，走上了自身发展的道路，发展创新的工艺有锤揲、炸珠、掐丝、编垒，灰吹、錾刻等。

《汉代物质文化资料图说》[3]是一本以汉代物质文化为主体的论著。书中把隶属物质范畴的农业耕种、冶金开采、纺织、建筑、武备、服饰、文具、饮食器、乐器、珠宝玉器、金银器等项，通过图示的形式，分别将它们的制作方法和用途加以介绍。在对汉代金银器的研究中，作者认为，汉代国力强盛，统治阶级拥有大量的黄金，但是金质容器却极少见，或系汉代鎏金作法很盛行，遂以鎏金器充代之故。汉代金银器的制作在继续使用前一时期加工黄金的制箔、拔丝、铸造等方法的基础上，具有代表性的制作工艺是焊缀金珠技术。这一时期墓葬中出土金器上的纹样，大多以金粒焊接构成。如河北定县的马蹄金、西安沙坡的金灶、江苏甘泉的空心小金球等等。

汉代银器的使用范围亦较广，虽然在考古发掘中金器皿尚未发现，但出土了银匜、银盒、银盘、银碗和银带钩、银指环、银钏、银车马具等大量汉代银器。山东临淄齐王墓出土的一件带盖银豆，盖与腹部均饰以花瓣形凸泡，同时出土的三件银盘的器腹银地上饰以鎏金花纹。由此可认为汉代已有了錾刻工艺和局部鎏金技术。

另外在《中国圣火》、《中国古代金饰》等书中孙机对不同时期金银器的来源、形制、纹样、制作也有专门的论述。

《唐代金银器研究》[4]一书是近年来在金银器研究领域中影响颇深的一部著作。作者以考古发掘出土的500件唐代金银器为主要研究对象，并将其与壁画、铜器、陶器等材料，同时期或稍早的外国金银器材料，以及丰富的文献史料相联系，进行论述。在全面评述20世纪20年代末至80年代诸多学者从考古学角度对唐代金银器所做的研究之后，作者从唐代金银器的考古研究、金银器制造业的发展和唐代金银器与外来文明三个方面进行论述。在唐代金银器的考古研究中，作者在对器物的形制和纹样进行的系统研究基础上，认为唐代金银器的发展演变有轨迹可循。器物的形制、纹样与瓷器、壁画、石刻等遗物的发展演变存在着内在的联系。通过分析器物的纹样和形制，可以了解到，形制和纹样的各种样式的流行都有一定的时间跨度，这是判定每件器物时代的重要依据，并由此得出唐代金银器的数量、种类、形制、纹样的许多特征发生大的变化是在8世纪中叶以前、8世纪中叶至9世纪，并将唐代金银器皿的发展变化分为飞速发展时期、成熟时期、普及和多样化三个时期。在唐代金银器制作工艺研究中，作者以出土的金银器为实例，对打作与锤揲、鎏金与镀金、掐丝与金银珠焊缀、钑镂、錾刻和镂空、铸造、铆接、镶嵌以及平脱等多种细金工艺制作进行了较全面的介绍。谈及金银器制造业时，作者论述了唐代以前金银器的发展、社会作用和金银采矿等。最后书中专门讲到了“唐代金银器与外来文明”之间的关系，指出唐代金银器皿与中亚、西亚、欧洲的国家和地区有着密切的关系。通过唐代金银器与“西方金银器”反复比较后，可将其中一部分金银器分成为萨珊、粟特、罗马-拜占庭三个系统。

《辽代金银器》[5]是以我国内蒙古、辽宁西部、河北北部、吉林以及北京地区30处辽墓、辽塔和窖藏中出土的数百件辽代金银器为主要研究对象。作者全面总结了辽代金银器的出土情况，并依据铭文纪年等将辽代金银器划分为早期（阿保机汗到辽景宗)、中期（辽圣宗到辽兴宗)、晚期（辽道宗到天祚帝）三期。早期的器物主要出土于内蒙古赠卫国王墓、耶律羽之墓等，器物的种类有饮食器皿、生活用具、马具、服饰，纹样有龙、凤、摩羯、折枝花、人物故事、绶带纹等，其中人物故事是辽早期独有特色的纹样。制作工艺采用钣金成型、纹样錾刻、鎏金工艺，表现了很强的与唐文化的渊源。中期的器物主要出自陈国公主墓、房山辽塔等处。器物的种类中出现了葬具、祭器和宗教类金银器，中前期仍然延续辽金银器中唐文化色彩，中晚期则更多地吸收了宋文化的元素，这一时期的制作工艺除了传统的錾刻等工艺外，又新出现了浮雕凸花工艺。晚期的器物主要出自巴林右旗窖藏、阜新辽塔等地。晚期出土的金银器数量较少，饮食生活器皿锐减，主要为碗、盘、壶，其制作工艺与纹样带有浓郁的宋文化色彩，唐代金银器文化在器型、纹饰及工艺中的纹饰鎏金、繁复细腻的錾刻等表现手法几乎消失，更多的是植物类的仿生器型和凸花和剔錾工艺。

《中国工艺美术史》[6]是一部从原始社会到明清时期的工艺美术大全。书中涉及青铜器、陶器、瓷器、玉器、漆器、织绣、玻璃器、竹木牙雕器、珐琅器、金属器等诸多领域。在金属工艺方面，作者从史学以及器物形制和纹样等角度，对金银器这门特种工艺的发展历史进行了研究。对宋、辽时期铁鋄金银工艺，作者认为是从铜错金银工艺演变而来的，现在仍留传于蒙藏少数民族地区。另外，作者在掐丝珐琅和錾胎珐琅的制作工艺研究中，论述了各自的出处，并认为这两种制作工艺应于元代已传入我国，而与掐丝珐琅工艺相似的银烧蓝首饰上透明珐琅的制作，已在清代首饰中使用并为中下层妇女所钟爱。

《金银器》[7]一书中40余件从战国到明清时期的金银器均为南京博物院珍藏的精品。它们分别反映了不同时代的金银器制作风格。作者在该书“中国古代金银器研究述要”篇中，将古今中外金银器发展历程，进行了简明扼要的综合论述。对古代世界三大金银艺术中心——地中海区域、南美、中国的金银器造型、加工技术等进行了论述，并认为中国古代金银器工艺史是一部华光四射、绚丽多彩的发展史，每一个时代都有其独特的面貌，如商周的简约灵巧，春秋战国的清新活泼，两汉的粗放工整，魏晋南北朝的异国情调，大唐的勃勃生机，宋元的典雅秀丽，明清的精致浓艳。

《辽陈国公主墓》[8]是考古发掘与科技考古相结合的一部综合性报告。书中对墓葬中31件金器和147件银器的出土位置、质地、尺寸、纹样、制作工艺均有详细的记载。特别是对公主、驸马身上的银丝网络的编织制作技法，配以示意图进行了细致的描述。另外，对陈国公主墓中部分金银器、玉器、木材采用X射线荧光光谱、X射线衍射、金相等分析方法进行成分、结构分析和微区形貌的观察，并将科学的检测结果用于考古研究中。

《探索逝去的王朝》[9]是一部关于耶律羽之墓考古发掘的论著。该书除了对耶律羽之墓葬中的壁画、"黑定"瓷器、"番罗"、马具等文物进行系统研究外，还针对出土的30余件金银器皿、首饰的器形、纹样、制作工艺加以论证。作者认为该墓葬出土金银器皿类的制作工艺与錾刻图案具有明显的唐代风格，其中两只金碗的制作可能出自汉人工匠之手。数十枚形状各具特色的戒指，从形制、纹样分析，制作工艺中有粟特、突厥文化的影响因素。另外，出土的玛瑙金球臂饰和玛瑙金坠璎珞上的玛瑙是契丹与中亚交流的物证。

《唐宋时代金银器之研究》[10]一书为日文的中译本。书中主要针对唐宋时期金银货币的用途、种类和形制以及金银矿开采等方面进行研究。作者通过文献史料的整理，认为唐宋时期金银货币主要用于布施、贿赂、悬赏、谢礼、赌博、路费、军费等诸多地方。金的种类有马蹄金、沙金、瓜子金、麸子金、胯子金、叶子金、橄榄金，其品质可分为上、中、下三级。形制有铤、饼、牌、叶等，银铤在宋末元初有大、中、小三类，大铤五十两、中铤约半之，小铤又半之。

近年来，考古界泰斗和从事考古和文物保护界的同行，在国内考古和文物等报纸杂志上也发表了一些有关金银器考古研究的论著，其中有夏鼐《西安土门村唐墓出土的拜占庭式金币》、《综述中国出土的波斯萨珊朝银币》，宿白《中国境内发现的中亚与西亚遗物》、《东北、内蒙古地区的鲜卑遗迹》，徐苹芳《考古学上所见中国境内的丝绸之路》，陆九皋《丹徒丁卯桥出土的唐代银器试析》，葛承雍《法门寺地宫珍宝与唐代内库》，苗建民《运用科学技术方法对清代珐琅的研究》，张景明、赵爱军《辽代金银器的器形纹饰演变及工艺》，黄雪寅《契丹族金银器的动物纹饰》，李白军《曲回寺金银器考释》，冉万里《唐代南方金银器的发现及特征》等文章。

《花舞大唐春》[11]是一本关于陕西何家村唐代金银器窖藏的图录。这些制作精美的金银器物，集中反映了大唐王朝的金银器制作技术水平、艺术成就以及唐代的精神面貌。据齐东方等专家考证在这些遗宝中有明确来自波斯萨珊、东罗马、中亚粟特和日本等地的物品。作者对何家村金银器制作工艺及作坊进行了研究，认为绝大多数器物属中央官府作坊制造，且何家村金银器的制作工艺中运用了范铸、锤揲、鎏金、錾刻、掐丝与金珠焊缀、焊接、铆接、切削、抛光工艺。

《四川彭州宋代金银器窖藏》[12]是关于这一窖藏的考古发掘报告。书中以该窖藏出土的宋代金银器为研究对象，对器物的形制、纹样、铭文及落款方式、器物的工艺等方面进行研究。在器物的工艺一章中，对锤揲、鎏金与镀金、錾刻和镂空、铸造、铆接和焊接工艺分别进行论述。在对器皿类金银器的制作研究中作者指出，彭州宋代金银器窖藏出土的碗、盘、盏、盆等简单器型的共同特点是器壁、底部和口部较厚，腹中部较薄。它们的制作采用了直接锤揲方法，像执壶、梅瓶、熏炉、茶托等复杂器物的制作则采用分别锤揲出各部分，然后再连接在一起。连接的工艺有锤揲、焊接、铆合。器物上装饰纹样的制作运用了平面錾刻和镂空工艺。

《中国首饰》[13]是我国最早以细金工艺制作为主旋律的一本著作。书中以翔实的资料，追古溯今全面地介绍了中国首饰的沿革与流派并对有关首饰的定义、类别、品种、原材料、加工工具等基本知识进行了普及性阐述；另外，作者从首饰设计的角度将首饰的构造、图案变化和设计方法三元素有机地结合，并以吴可男大师设计的向日葵别针为实例进行了论述。在首饰制作方面，作者将花丝、镶嵌、錾花等传统工艺方法和现代的机制链条、浇铸首饰、铣饰花纹等制作方法分别加以介绍。尤其是针对历代细金工匠在长期的生产劳动中总结出来的花丝工艺中掐、攒、填、焊、堆、垒、织、编，镶嵌工艺中的锉、搂、捶、闷、打、崩、挤、镶，錾刻工艺中的勾、台、采、丝、脱和打胎工艺中搂、墩、闪、光等多种表现手法给予了较为全面的诠释。

《金银细金工艺和景泰蓝》[14]是一部研究金银细金工艺与景泰蓝制作相结合的论著。上编金银细金工艺部分中以细金工艺制作为主线，分别从历史沿革、原材料及加工、工具设备、花丝镶嵌工艺、表面处理、行业标准及考核、品种与花样、人才与作品等角度进行了全面的论述。在历史沿革篇中，以考古发掘出土的金银器为实例，归纳总结了不同时期细金工艺的制作手法、图案装饰、器物造型等。在花丝、镶嵌、錾刻工艺制作篇中，在对上述不同工艺的使用工具、基本技法、操作规程做详细综述的同时也简单地介绍了卡克图、烧蓝和蒙镶工艺。书中还用较大的篇幅分别介绍了吴可男、毕尚斌、翟德寿等数十位近现代中国著名的工艺美术大师，以及“凤鸣钟”、“千手千眼观世音菩萨”、“金玉九龙壁”等花丝镶嵌精品。

《首饰加工》[15]一书，是一本侧重于现代首饰机械加工工艺的论著。书中主要讲述了首饰制作中常用的工具，首饰制作的手工加工、机械加工以及基本技法，首饰所用金属材料及其性能和首饰浇铸工艺及饰品的表面处理等内容。作者认为首饰加工工艺与机械、冶金、化学工程、矿物等学科密不可分，随着高新技术的不断渗透，古老的首饰加工工艺也将发生革命性的变化，只有在传统细金工艺的基础上发展更新型的首饰加工技术，才能创造出既具有民族风格，又具有现代化、个性化特点的首饰作品。作者在首饰机械加工的篇幅中，分别介绍了机械链和油压件的加工工艺。另外将首饰浇铸工艺中的胶模、蜡模的制作、蜡雕、种蜡、脱蜡、烘模和浇铸等主要工序也加以系统描述。

2003年中央美术学院年轻教师张凡在《演进与创生——试论中国传统金银细金工艺与当代首饰设计》[16]的硕士毕业论文中，论述了金银细金工艺的历史发展脉络，分析其与历代社会文化环境的密切关系，及在中国古代首饰史上发挥的作用，并认为，细金工艺之所以历经千年不衰，其特色工艺和精神内涵适合于中国人独特的文化背景。作者从美术设计的角度，在对当代语境诠释的同时，探讨了细金工艺在当代语境下如何演进发展的问题。在分析传统工艺与当代设计的关系，比较中西方当代首饰设计的发展与现状的基础上，结合毕业作品“衍”系列的设计，将传统细金工艺的精髓与当代首饰设计理念有机链接，通过“技”、“形”、“意”、“神”的创作，展现了当代人渴望把细金工艺独有的表现方式和本土化的风格与现代首饰设计结合的风貌。

中国文化遗产研究院的马清林院长、陕西省考古研究院的杨军昌、赵西晨和国家博物馆马燕如等文物保护工作者在金银器制作工艺方面也曾做过研究，并发表论文。另外，有关细金工艺制作研究的文章，还有原北京花丝镶嵌厂白静宜的《漫话“花丝镶嵌”》和张时光《蒙镶工艺杂谈》，以及李乔安《点翠艺术》，孔锐《花丝镶嵌首饰欣赏》，赵锐《苗族的花丝镶嵌工艺》等。

此外，近年来为配合国内外出土文物精品展览所出版的《契丹王朝》、《大夏寻踪》、《国之瑰宝》、《云南文明之光》、《失落的经典——印加人及其祖先珍宝展》、《古代希腊——人与神》、《古罗马文明》、《克里姆林宫珍品集》等图录中也涉及金银器，它们提供了不同时期、不同国度古代金银器的来源、制作等信息，让我们可以多视角了解国内外金银器的发展状况。

本书在前人有关金银器考古与工艺制作研究成果的基础上，将本人30余年来在金银器制作、保护与修复工作中积累的经验进行总结，意将国内出土金银器的制作信息与世代传承的细金工艺有机结合，并以此为主线，将传统细金工艺中各道工种作系统阐述，来探讨古老传统细金工艺的各种制作技法与出土金银器制作之间的传承和工艺链接。书中在“花丝”、“实镶”、“錾刻”、“打胎”篇中列举的有关不同时代出土金银器制作工艺实例，均为作者亲自保护与修复过的文物。在“烧蓝”、“焊接”、“鎏金”篇中所提及的古代金银焊药、鎏金和现代蓝料的分析检测，作者也直接参与了其中的工作。

全书共分十三章，主要包括四部分：第一部分（第一章）主要介绍了我国金银器发展简史和不同时期出土的金银器精品；第二部分（第二章、第三章、第十一章）主要介绍了古代金银开采与提取方法和现代细金工艺制作中常用贵金属、合金以及宝玉石的物化性能、熔炼、提纯、材料加工、分析检测等；第三部分（第四章至第十章、第十二章）中分别介绍了细金工艺中花丝、镶嵌、錾刻、鎏金、烧蓝、打胎、焊㚢、镀金等制作工艺所用的材料、工具和制作技法并在第四章至第十章末将细金工艺中不同的表现手法和作者亲自保护过的，部分出土于不同时代的金银器上传统工艺的制作信息相链接；第四部分（第十三章）是以21世纪以来我国展出的希腊、罗马、秘鲁、俄罗斯、埃及、墨西哥等国家的不同时期、不同风格的金银器为实例，分别将它们使用的材料和制作工艺加以介绍。

由于作者水平有限，书中难免有疏漏及不妥之处，希望广大读者朋友及同行多提宝贵意见。

注　释

[1] 韩伟．海内外唐代金银器萃编．西安：三秦出版社，1989.

[2] 韩伟．中华国宝．西安：陕西人民教育出版社，1998.

[3] 孙机．汉代物质文化资料图说．北京：文物出版社，1991.

[4] 齐东方．唐代金银器研究．北京：中国社会科学出版社，1999.

[5] 朱天舒．辽代金银器．北京：文物出版社，1998.

[6] 田自秉，杨伯达．中国工艺美术史．台湾：文津出版社，1992.

[7] 徐湖平．金银器．上海：上海古籍出版社，1999.

[8] 内蒙古自治区文物考古研究所，哲里木盟博物馆．辽陈国公主墓．北京：文物出版社，1993.

[9] 盖之庸．探寻逝去的王朝．呼和浩特：内蒙古大学出版社，2004.

[10] 加藤繁．唐宋时代金银之研究．北京：中华书局，2006.

[11] 陕西省博物馆，北京大学考古文博院．花舞大唐春．北京：文物出版社，2003.

[12] 成都市文物考古研究所，彭州市博物馆．四川彭州宋代金银器窖藏．北京：科学出版社，2003.

[13] 柳淑兰．中国首饰．北京：轻工业出版社，1989.

[14] 唐克美，李苍彦．中国传统工艺全集——金银细金工艺和景泰蓝．郑州：大象出版社，2005.

[15] 朱中一．首饰加工．广州：广东高等教育出版社，1999.

[16] 张凡．演进与创生——试论中国传统金银细金工艺与当代首饰设计．硕士论文，2003.

第一章　中国金银器发展史简论

我国制作金银器的历史最早可追溯到商代，这种金银制作工艺被称之为细金工艺。细金工艺是以传统的青铜器铸造工艺为基础并结合金、银制作的特殊技法而形成的一门特种工艺。自商代以来，金银制作工艺历经几千年的发展，工艺不断成熟，技术日臻完善，逐渐成为了一门具有浓郁民族特色的传统工艺。

1.1　夏（公元前21世纪～公元前16世纪）

公元前21世纪在中国历史上出现了第一个王朝——夏。夏的经济活动以农业为主，考古发掘出的大量石铲、骨铲等农具即为证明。同时，冶铸铜器、制陶工业也已粗具规模。据史料记载，夏代已经出现了具有各自专长的手工业部落，且分工明确，有石器、玉器、陶器、青铜器、纺织品，其中玉器的制作工艺颇具水平，并出现铜嵌玉的新工艺[1]。1976年，在甘肃省玉门火烧沟遗址发掘出土了中国古代最早的人工制作的金环、银环和金耳环。

1.2　商（公元前16世纪～公元前11世纪）

商代是中国早期历史上一个重要的发展阶段。青铜冶铸业的发展，极大地提高了社会生产力。这一时期的手工业已很发达，到了商晚期已达到了鼎盛阶段，此时的骨器、象牙器、玉器造型优雅，花纹繁复。雕刻手法已开始运用浮雕、镂空雕等技法。商代金属冶铸业的冶炼对象除了青铜外，还有黄金和铅等金属[2]。

商代金器分布的范围主要是以商文化为中心的中原地区。大量的考古资料表明，在河南、河北、北京、山西、内蒙古、四川等地的商代遗址中均出土过金银器。如1959年山西石楼出土的金珥形饰件；1972年河北卢龙出土的金钏；1977年在北京平谷刘家河出土的金臂钏、金笄、金耳环，其中金笄重108.7g，为铸造成型，金含量达85%。河南安阳殷墟、河南辉县琉璃阁、山东益都苏埠屯、四川三星堆等商代墓葬中也都出土了不同形状的金箔片。河南安阳殷墟出土的商代金片厚度为0.01mm[3]，经原北京钢铁学院冶金史研究室对其金相组织观察发现，其晶粒大小均匀而且晶粒界平直。分析结果表明，该金片是经过退火处理，锤打加工而成的。商代晚期都城河南安阳殷墟和四川三星堆出土金片的数量相对较多。其中安阳殷墟出土的金箔片较小，形制多样；而三星堆出土的金箔叶形饰、包金杖、包金人头像等相对形体较大。

商代是青铜器、玉器、漆器制作工艺的繁荣发展时期，并为这一阶段的金器发展奠定了良好的技术基础，虽然发掘出土的商代金器的形制和用途与青铜器有所不同，但其制作工艺基本上是建立在青铜器制作工艺基础之上的。这一时期金器的制作工艺以铸造、锤揲为主。

1.3　西周（公元前11世纪～公元前771年）

西周继商代之后将中国青铜时代推入了全盛时期。青铜冶炼、陶瓷工艺、丝麻纺织等技术在这一时期也得到了进一步发展。《考工记》中记载了西周时期手工业组织与分工情况及相应的生产制度和制作标准。那时将各种手工生产称之为“百工”，手工业所用材料据《史记》记载有珠、玉、石、象牙、木、金、革、羽[4]。

西周金器的出土地域与商代相同[5]，主要集中在黄河中下游流域。河北迁安县小山东庄出土的西周早期金耳环、金臂钏及河南浚县辛庄出土的西周时期各种包金铜器、金器在形制上与商代尚无区别。但是，在河南三门峡虢国墓出土的12件金带饰和山西侯马曲村晋侯墓地出土的两组西周金腰带（15件和6件）均为铸造成型且饰有精美纹饰的成套大型器件，与商代金器有所不同。

1.4　春秋战国（公元前770年～公元前221年）

春秋时期是青铜时代开始向铁器时代过渡的阶段，进入战国时期，青铜铸造中的浑铸、分铸、锡焊、铜焊、失蜡法等多种技术已得到普遍应用并被不断完善，鎏金和错金银技术也开始盛行。铁器的使用促进了社会生产力的发展，给手工业产业带来了新的生机。

从辽宁、陕西、新疆、内蒙古等地出土的金银器中可见，这一时期的金银加工技术日臻完善。大量青铜器的研究资料也表明，镂雕、包金、鎏金、错金银、錾刻、铆接等细金工艺技术已被应用在青铜器和铁器之上。

从金银器出土地点分析，春秋战国时期的金银器分布区域明显扩大，在南、北方都有发现。金银器的形制种类也有所增多，其中金银器皿及银器的出现十分引人注目。从金银器的制作工艺上看南、北方差异较大，风格迥异[6]。

我国内蒙古地区的匈奴墓葬中出土了大量的金银器，其中以1972年内蒙古自治区杭锦旗阿鲁柴登匈奴墓出土的金银器最为珍贵，该墓出土了鹰形金冠顶、金冠带、虎形饰片、羊形饰片等216件金器，总重4000余g，银器5件。它们的制作工艺以铸造、錾刻、镶嵌为主，代表了这一时期北方草原匈奴民族的细金工艺水平。1992年陕西宝鸡益门2号墓出土的春秋晚期的嵌石金柄铁剑的金柄与铁剑是分铸铆合而成，金柄上镶嵌有绿松石，从脱落的绿松石处推测，镶嵌宝石的部位是铸造时预留出来的。1978年湖北随州战国曾侯乙墓出土了金盏、金带钩，其中金盏重2150g，采用纽、盖、身、足分铸的方法制成，它是现知先秦时期金器中体积最大、质量最重的一件容器类制品，代表了这一时期贵金属工艺的最高成就。同时出土的还有940片金箔[7]，形状有圆形、半圆形、梯形、三角形，多数压有花纹，主要用来贴附在其他金属饰物上。金箔最厚达0.378mm，最薄为0.037mm，其中素面金箔金含量达92%。1956年江苏省涟水三里墩战国墓地出土的交龙金带钩和兽形金带钩在制作中运用了铸造、镂空、雕刻技术。1951年河南辉县固围村战国墓地出土的包金镶玉嵌琉璃银带钩通体鎏金，其制作工艺集包金、錾刻、镶嵌、鎏金为一体。

银制品的出现是在战国时期。1977年山东省曲阜县鲁国故城遗址出土的猿形银饰，为铸造成型。河北省平山战国时期中山王墓也出土了银带钩、银俑灯、银圆饰等。故宫博物院收藏的通体素光楚王银匜。其匜流下面刻有“楚王室客为之”六字。据考古研究表明，这件器物是我国迄今为止发现最早的银器。值得一提的是1978年河北平山中山国王墓出土的银珠网状串珠，如果无误，这件由银丝编织的战国银珠串饰应是我国最早的细金工艺中的编织器物。

春秋战国时期错金银技术盛行。1951年河南省辉县固围村战国墓出土的错金银马首形铜辕饰，呈马首形，其头、颈错金，制作精美，是战国时期错金银铜器的典型作品之一。1963年陕西省兴平出土的云纹错金银犀牛尊，全身雕铸有流云纹饰，纹饰自然流畅，云纹边缘嵌金丝，云纹之上嵌金丝牛毛，达数十对[8]，犀牛腹部、腿部的小毛用银丝嵌成，眼缘和睫毛均为金丝镶嵌，尾部毛上面嵌金丝，下面嵌银丝。云纹错金银犀牛尊上的嵌槽有明显的錾刻痕迹，镶嵌所用金银丝均匀而光滑，在春秋战国同类器物中堪称佳品。2006年甘肃省张家川木河乡马家塬发现了战国晚期规模大、规格高、形制独特的墓葬和车马坑。发掘期间出土了大量的金、银、铜、铁、锡铅、绿松石、木、皮革、骨等不同质地的文物，其中车具上装饰的嵌金银（贴金银）铁饰和镂空动物形金、银箔片格外引人注目。

春秋战国时期细金工艺开始盛行，这时的金银器的制作工艺主要以錾刻、鎏金、错金银、锤揲为主，并初步形成了细金工艺体系。

1.5　秦汉时期（公元前221年～公元220年）

秦始皇灭六国，建立起高度专制的中央集权国家。考古发掘资料表明，秦代的金银器较少，在这一时期出土的金银器，有1978年山东省淄博西汉齐王墓1号随葬坑出土的秦盛水器和咸阳宫银盘，该银盘内錾刻有夔龙及凤纹，盘身通体鎏金，盘外底刻有秦篆铭文。

汉是继秦之后一个中央集权更加巩固的朝代，其金银产量较秦显著增加，金银产量的增加又促进了细金加工工艺的发展，金银器的制作日趋成熟。

在汉代金银器的制作技术中，具有代表性的成就就是焊缀金珠工艺，即将细如粟米的小金粒和金丝焊接在金器表面构成装饰。如河北省定县八角廊40号西汉墓出土的镶有琉璃面的马蹄金和鳞趾金状金饰，在器壁上部含有用小金粒组成的联珠带。江苏省邗江甘泉2号墓出土的两件金胜上的重环纹是用如苋子的小金粒焊成。另外一件龙形饰物，在豆大的龙头上用细小的金粒和金丝共同制作出眼、鼻、牙、须、角等器官[9]。

1968年在河北省满城西部西汉中山靖王刘胜和其妻窦绾墓中出土了大量的金银器，有壶身鎏金、鎏银宽带纹的鎏金银镶嵌乳钉纹铜壶；有炉座为透雕蟠龙纹，炉身则由布满流畅生动的错金纹饰的错金博山炉；有设计精巧、通体鎏金的长信宫灯；墓葬中最华美的当属金缕玉衣了。此衣由头罩、脸盖、衣片、袖筒、手套、裤筒、足套组成，全长1.88m，共使用绿色、灰白色、淡黄褐色玉片共计2498片，并以长4～5cm，直径0.35～0.5mm，金含量达96%的金丝1100g编缀成整件金缕玉衣。原北京钢铁学院压力加工实验室对金缕玉衣上的金丝加工工艺进行实验分析。通过对金丝断面金相组织观察，其边缘不整齐，内部含有杂质，边部晶粒细小，中间晶粒粗大，且晶界平直，这些分析结果表明加工方法可能是拔制，每次退火后加工量很小，以至变形不能深透，表面变形使边部形成较薄的细晶粒层，中间晶粒粗大。金丝加工过程中和成品采取了退火的热处理工艺[10]。满城汉墓出土的金银器制作精致，纹饰华丽，其中的鎏金、镂空、编织工艺十分考究。

陕西省西安沙坡汉墓出土的金丹灶与1969年河北省定州陵头村43号墓出土的掐丝金龙，在制作过程中都运用了掐丝、焊接、镶嵌等工艺，细小的金珠分别焊接在高1.1cm，宽3cm和长4.3cm的器物上，粒粒饱满、清晰，没有因焊接不当而形成的迷药痕迹，反映了当时高超的焊接水平。

1955年在云南省江川李家山47号墓出土的旋纹金饰是滇文化墓葬中首次出土的金器，该器物是用较粗的金丝互相编织盘卷制成的。而66号墓出土的杯形金饰，是一对圆锥形金饰，与其同时出土的四舞铜鼓上的两个俑头上就戴有类似的饰品，初步判断这对金饰为头饰。它的制作采用了锤打、錾刻技术，器物上的花纹有明显的戗錾的痕迹。同时期在云南省石寨山7号墓出土的有翼虎纹银带扣，制作精美，带扣上分别嵌有宝石与金片。

两汉时期金银器的制作技术较为完善，錾刻、鎏金等工艺更加成熟，花丝工艺中的掐丝、编织技术脱颖而出。金银器的制作已从青铜器制作中脱离出来，成为一门独立的细金工艺。

1.6　三国两晋南北朝（220年~589年）

东汉瓦解后，进入了三国两晋南北朝时期。这一时期的黄金产量有所下降，但是黄金的加工技术却不断提高。此时期的金银器以饰物为主，容器较少，其制作有机地结合了细金工艺的不同表现手法，充分运用了花丝工艺的掐丝、制大边、填丝、炸珠、焊接和錾刻工艺中的平脱及镶嵌工艺中的圈石碗、嵌宝石技术。

1991年湖北省安乡县黄山头林场南禅湾刘弘墓出土的金带扣，1988年陕西省西安咸阳机场出土的荷花鹦鹉纹金梳背、嵌绿松石金耳坠，以及1981年山西省太原北齐娄睿墓出土的金饰和江苏省苏州市张镇墓出土的东晋羽人驮龙金饰，其掐丝技术分别体现在金梳背上的荷花纹与鹦鹉纹，金带扣上的花纹和金饰叶脉的制作中。上述金器的外部轮廓均是用金丝或金片制成大边状，将掐制成形的各种纹样以花丝平填的形式填入规定的大边中。而金带扣和驮龙金饰的镂空部分则是用锋利的脱錾刀将多余的金片脱出而成的。宝石镶嵌处包边石碗的制作则是用拍扁的金丝或金片按照宝石的形状围成圆形对头焊接后再黏结或焊接在底托之上。

1984年内蒙古自治区科尔沁左翼中旗西伯花鲜卑墓出土的北魏金奔马和金瑞兽均为铸造成型，器物风格简约，线条流畅。金奔马头、尾部铸造的两孔洞处系有一条金丝编织的鱼骨刺纹链。金瑞兽上的宝石已脱落，铸造预留的嵌石部位清晰可见。

1964年河北省定县华塔墓出土的北魏金耳坠与2004年山西省大同出土的北魏金耳坠*，无论在形制还是制作工艺上都如出一辙。大同出土的北魏金耳坠由琥珀、银环、金环、花丝柱、镂空金珠、麦穗花等多部分组成，全长10cm，耳坠最上方是一颗水滴琥珀，与其相连的是活圈银环和金环，金环下是由三根两股花丝柱组成的耳坠主身，与其衔接的是一镂空金球，金球的实体部位焊接有小金珠，下半部的三根花丝上分别系有编织的麦穗花丝。编织丝为金、银合金，直径最细的0.29mm，最粗1.32mm。耳坠在制作过程中主要以多种不同粗细的金花丝编织为主，并配有焊接、锤打、拔丝等技术。花丝的种类有麦穗丝，单股素金、银丝，两股、三股花丝，金珠等。

1.7　隋、唐、五代（581 年～960 年）

隋是统一南北的封建中央集权国家，随着大运河的开通，沟通了南北经济、文化的交流，同时也促进了手工业的发展。1957 年陕西省西安玉祥门外李静训墓出土的金项链重 91.25g，长 43cm，由 28 个小金球组成，金球上镶嵌珍珠，各球之间有多股金丝编织相连。金项链的制作集花丝、镶嵌、焊接为一身，制作精致，华丽富贵。

唐朝是中国历史上的盛世，也是中西文化交流的繁荣时期，金银器的制作处于兴盛发展阶段。由于丝绸之路的畅通，东西方交往频繁，促进了中国细金工艺的发展，唐代中期的首饰制作工艺已经比较完整。对当时的细金工艺做了简明的概述。这一时期的金银器，无论是数量还是制作水平都有了极大飞跃，器物的形制和纹饰都带有强烈的时代特点和深厚的文化底蕴。

近年来我国北方地区出土的唐代金银器主要集中在陕西、江浙等地。1970 年在陕西省西安南郊何家村和 1987 年在陕西省法门寺地宫等地均出土了大批金银器，器物有碗、杯、壶、盒、熏球、钗等。这些金银器的制作工艺考究，制作技法全面，通过对它们的全面研究，可以看到铸造、花丝、錾刻、锤打制胎、编织、炸珠、鎏金、焊接、镶嵌、镂空等细金工艺在此时均得到了应用。

唐代金银器类型较多，有饮器、食器、冠服首饰等，其中唐代的文献多次提到金银盘，《安禄山事迹》载唐玄宗曾赐禄山“金花大银盘四个”，《剧谈录》说方士条载：“金盘储石榴，置于御塌”，贺知章《答朝士》诗云：“钑镂银盘盛蛤蜊”，这表明金银盘在唐代十分流行。有关金银盘的形制及纹样，考古学者已有翔实的论述，而从器物的制作角度来观察，这一时期的金银盘多为银质地，制作工艺主要分为锤打制胎、錾刻纹饰、局部鎏金。

从制作工艺分析，像盘、杯、碗等实用性金银器皿，其胎型制作一般都采用锤打工艺。无圈足盘的锤打制胎即可从一张已锤揲好的银片开始，银片略厚于所制银盘的厚度，也可在银锭和银饼上进行。在锤揲中，使用不同形状、不同质地的锤子通过搂、墩、闪、光技法打制胎型（见第七章锤打胎型制作工艺），而器型上的纹饰则运用了錾刻工艺中的勾、台、采等不同表现技法。何家村出土的鎏金异兽六曲银盘、凤鸟纹六曲银盘、鎏金龟纹桃形银盘、鎏金双狐纹双桃形银盘中，兽纹图案的制作均采用了勾、台、采方法，即在锤打完成的素胎正面的中心部位用勾錾，勾勒出兽形轮廓，在反面用不同的台錾刀，台出兽形的高度，从正面观看有半浮雕的效果，然后用采錾在正面进行整形，如此正反面台、采数次，达到预期的效果后用丝錾把兽纹的细部錾刻出来（见第六章錾刻工艺）。“李勉奉进”双鱼银盘、鸿雁折枝花纹银盘的胎型制作同上，但花纹的錾刻却有所区别，其纹饰主要是采用了錾刻中的平錾技法。上述六件银盘錾刻花纹处均采用了局部鎏金工艺，使银盘的金花效果充分地展现出来。同时期出土的碗、盒、壶、瓶等器皿的制作工艺与银盘基本相同，只是难易程度不等。属局部錾刻工艺范畴的器物有鎏金银匜等，属于满錾的器皿有蔓草鸳鸯纹银羽觞和鎏金飞狮石榴花结纹银盒等。

其实一件金银器的制作过程往往包含多种技法，细金中的各种工艺既相对独立又相互衔接。何家村出土的金筐宝钿团花金杯的制作是掐丝、焊接、炸珠等工艺相结合的产品。而舞马衔杯银壶更是集多种工艺于一身的精品，壶身的制作中运用了锤打制胎技术，壶身两面的衔杯舞马分别采用了錾刻工艺中的采、台和平錾技法，且局部选择鎏金，壶盖与提梁相连接的麦穗花银链由数根银丝编织而成，壶身与圈足则是通过焊接连成为一体的。

唐代出土的金银器中以花丝工艺（花丝工艺见第四章）为主的器物为数不多，但都制作精良。何家村出土的金梳背，法门寺出土的金银丝结条银笼子、鎏金镂空飞鸿球路纹银笼子和1991年陕西省长安县南里王村出土的金筐宝钿玉带的制作方法均属花丝工艺范畴。这些器物上的图案不是经錾刀錾刻出来，而是用细金丝掐制或编织而成。金梳背的制作运用了花丝工艺中的掐、填、攒、焊、织编等技法，金梳背的底托是用金片剪裁出来的，在需要填制花卉处的外沿部位用素金丝掐制一圈双大边，大边内填入编织成型的正反花丝，花丝的周围点缀着金珠，金梳背的上方有14朵编织金花和金珠连接，掐制好的卷草、花卉等纹样平填在由金片规定的大边中，花瓣处再填入小金珠（金珠的制作见第四章）。待各部位的花纹组攒到位后再焊接，焊接的方式有点焊、整焊、攒焊、面焊，金梳背的焊接主要是面焊，焊接时首先将整件器物预热，在焊接处点上硼砂水，将金焊药均匀地筛撒在花纹上进行焊接。一件器物往往要经过多次焊接，因此焊药的种类、焊接时火候的掌握是十分重要的（焊接工艺见第八章）。金梳背的制作巧妙地运用了花丝工艺的不同表现手法，掐制的花纹线条流畅，填、攒的金丝疏密适当，焊接处光滑无迷药，实属珍品。

法门寺出土的121件金银器中，有一些与饮茶有关的用具。我国是茶树的原产地之一，有着两千多年的种茶历史，唐代茶叶的加工方法与以往有了很大的改进，发明了蒸青制法，新鲜的茶叶采回后，用蒸气杀青，之后捣碎、制饼、穿孔，贯串起来烘干，以消除茶饼的青臭气味，同时也便于储藏和运输[11]。因此，唐代饮用的茶要先制成团茶。为了使团茶在储藏中保持干燥及茶香味，就要将茶放入焙篓中进行焙茶烘干处理。在法门寺出土的这些饮茶用具中就有两件银笼子是用来焙茶的焙篓，它们的制作风格迥然不同。鎏金镂空飞鸿球路纹银笼子的制作运用了錾刻、镂空、鎏金等工艺，而金银丝结条银笼子的制作则采用了花丝工艺中的编织技术。

编织主要是用于以竹、藤、棕、草等为材料来制作各种器物的工艺，用于金银器的制作则成为权利与财富的象征。这是因为虽然金银器中的编织技术同草编、竹编的编织工艺相似，但不同之处在于金银丝在编织过程中易打结、折断，制作难度很大[12]，特别是还要在玲珑剔透的器物上看不到编织的脉络痕迹，这是金银丝编织技术的最高境界，因此只有在极少数的器物上方能见到。

法门寺的这件金银丝结条银笼子，通体由盖、提梁、笼体、足四部分组成，所用材料为金银丝或金银片。笼体与盖部分是用双股银丝编织的灯笼空纹。笼底边和笼身上口与笼盖下口处用鎏金银片卡合，笼身、笼盖边缘上分别装饰由两股花丝组成的如意纹饰，笼身中心有一朵编织的金花，提梁由两层花丝组成，在掐制的花丝巩丝内层上编织一层连续的如意纹，提梁上的银链是编织的罗丝，提梁的两端编织在笼身两侧，四足所用材料是银片，银片的上半部錾刻有兽纹，中间部位是银片本体，下半部的银片剪切成四份，卷成如意纹与笼身、笼盖的如意纹相互呼应。从足部的绿色锈蚀现象判断，四足是焊接在鎏金卡口之上的。这件器物属编织制作工艺中的精品。

1.8　两宋时期（960 年 ~ 1279 年）

到了宋代，黄金加工技术继承了唐代的精华并有所发展，金银器制作工艺在宋人王栐的《燕翼诒谋录》[13]载有：销金、贴金、镂金、间金、戭金、圈金、解金、剔金、捻金、陷金、明金、泥金、榜金、背金、影金、阑金、盘金、织金、金线等 19 种金银器制作工艺。另外，在《宋会要辑稿》文思院条中也记载有关金银器各类制作工艺“文思院，太平兴国三年职掌金银犀玉工巧之作物，金采绘素装钿之饰，以供兴辇册宝法物及凡服之用，隶少府监，……领作三十二，打作，棱作、镀金作、钙作、……销金作、镂金作、……拍金作、钳金作……”[14]。

宋代的金银器无论是器物造型，还是制作工艺都具有鲜明的时代特色和独特风格。这一时期的金银器制作运用了立体浮雕形凸花工艺和镂雕工艺，将器型与纹饰融为一体，充分体现了器物的立体感与真实感。宋代的金银器多数出自窖藏，金器以饰件为多。银器有碗、盘、杯、盏等器皿，器形设计巧妙，花纹装饰题材广泛。

1993 年在四川省彭州西大街古代砖砌窖藏内发现金银器 350 多件，分为容器和首饰两大类。其中菊花金碗、瓜形金盏的制作采用了锤揲与錾刻、焊接相结合的工艺。空心金钗的上半部花纹的錾刻采用了采、台的手法来表现浮雕效果，下半部则采用了平錾技法。如意云头纹银梅瓶上云纹的制作中则更是充分运用了錾刻工艺中的翻卷折叠、穿枝过梗的技法，錾刻中使用的錾刀刃较圆滑，錾出的纹饰流畅，生动自然。

从彭州宋代金银器的制作工艺来看，未见到花丝、镶嵌宝石、焊缀金珠的制作技法，而多以打胎、錾刻、焊接、铆合为主。这批银器中的壶、盏、茶盘等银器由多部分组成，连接方法采取焊接、铆合、咬口技术。其中焊接方式以组配焊接和对口焊接为主；铆接的部位是将接件与主体处凿出小孔，用银穿钉连接。圆口温碗的足部和执壶柄部就是采用这种方法与主体相接的[15]。咬口技术则是将上、下两部件的连接处，对口插入后，翻边、重叠、咬合在一起。

与宋同时期的另一个政权西夏，在政府机构中专门设有“文思院”[16]以掌管金、银、犀、玉等。1975 年在内蒙古自治区出土的 5 件西夏桃形镶宝石金冠饰，中心桃形石碗周围为多层掐丝花丝，镶嵌宝石为包边镶，是一套珍贵的西夏饰品。

同时期雄踞北方的辽王朝，创造了具有游牧民族特色的绚丽文化，出土的金银器中以马具、带饰居多，其制作工艺在继承唐朝和五代传统细金技法的基础上不断创新，并与本民族的传统文化融为一体，形成了具有草原特色的独特风格。

辽代贵族随葬金银器成风，在内蒙古自治区进行的考古发掘中出土了大量的金银器。1953 年夏，位于内蒙古赤峰县西精大营子村山地的辽驸马赠卫国王辽代早期墓出土了八套马具，六套为不同纹饰的鎏金银马具，一套玛瑙马具，一套铁饰嵌金银马具。嵌金银铁饰的制作被称为铁鋄工艺[17]，清代称这门技术为鋄、鋄金、鋄银。铁饰嵌金银马具的制作工艺分为铸造、煅打、錾刻、拔丝、掐丝、填丝、锤打、铆合、焊接、鎏金等多道工序。器物富丽堂皇，具有浓厚的契丹文化气息，是不可多得的文物精品。1983 年内蒙古哲里木盟奈曼旗青龙山镇陈国公主墓出土了大量的金银器，其中金器 31 件，总重 1365.75g[18]，银器 147 件，总重 5723.7g，出土文物中包括一整套贵族金银殓具。其中陈国公主、驸马的银丝网络是根据人体各部位头、臂、手、胸背、腿、足七部分别编织后组装而成。银丝网全长 1680mm，网孔呈六边形（灯笼空子）直径一般为 150～200mm，银丝直径为 0.5～0.7mm，经 X 射线荧光光谱分析，驸马、公主银网上的银丝的银含量成分分别为 91.86% 和 91.77%。1992 年在内蒙古阿鲁科尔沁耶律羽之墓中出土的 30 余件金银器为契丹早期金银器的代表，工艺考究，制作精良，唐风浓郁。首饰类有戒指、耳坠、镯子、璎珞等、饮食具有杯、碗、盘等[19]。

2003 年内蒙古吐尔基山辽墓中出土了大量的金银器*。其中金银器的制作以锤揲打胎为主，器物上的装饰纹多为錾刻，錾刻中应用了平錾、满地錾、镂空錾、丝錾、阳錾、阴錾等技术。在一些金银器皿的组合焊接中，焊药的分别使用分为大焊（金焊药、银焊药）和小焊（锡铅药），首饰制作的表现手法有錾刻、焊接、金包玉、镶嵌、掐石碗等技法。该墓中出土了两对金耳坠，其中金花耳坠的制作采用了花丝、镶嵌、焊接等工艺，而摩羯形耳坠的制作则使用了錾刻、合焊、镶嵌等技法。摩羯形耳坠上呈半浮雕状的摩羯纹花纹是运用采錾和平錾的技法制作而成，其明暗鲜明，层次分明，錾工精细。在花纹的台、采、錾过程中，金片要不断退火以保持金属的柔韧性，并根据纹饰的需要采用相应的錾子来錾刻花纹。在錾刻中，花纹的深浅及层次完全依靠工匠的臂腕功力，充分体现了錾花工艺的魅力。

1.9　元（1279年~1368年）

蒙古族建立元朝，结束了从五代至南宋370多年的多政府局面。政权的统一促进了元代的政治、经济、文化发展，手工艺制造业也得到了不断地发展。

1959年江苏省吴县吕师孟墓出土的荷花鸳鸯金香囊及如意纹金盘的制作以錾刻、锤揲工艺为主。1982年山西省曲回寺出土了一批会银器，* 其中金器共16件，总重121.38g。银器4件，总重295.83g[20]。这些金银饰品的制作工艺十分考究，运用了花丝、镶嵌、錾花、浇铸、打胎等不同的工艺技法。以錾刻工艺为主的首饰有蜻蜓金钗一对、牡丹花耳坠一对、双凤金簪一对、飞天金簪一件。以打胎工艺为主的器皿有一对银碗、柳纹银罐。以花丝工艺为主的饰品有内向双飞蝴蝶簪、缠枝花耳坠、金花步摇等七件金饰品，它们在制作过程中几乎运用了花丝工艺中掐、攒、填、焊、堆、垒、织、编的全部工艺。灵丘金银器在原材料加工上，运用了拔丝、锤打、研磨等技术，金器中最细的金丝直径0.11mm，最粗的耳插丝直径2.42mm，最薄的金片厚度0.06mm，最厚的金片厚度0.38mm。研磨的金珠直径最小为0.5mm，最大为0.6mm。出土的飞天金簪，重24.49g，长8.9cm，宽3.78cm。飞天的头部、躯体采用了浇铸、库模法，花冠、璎珞、梅花等又运用了錾花、镂空工艺，披帛和飘带则采用了传统的花丝工艺。整件器物工艺搭配协调，整体效果极佳，充分发挥了细工工艺之特长，给人一种清心高雅的艺术享受。

1.10　明（1368年~1644年）

明朝建立后，政府奖励耕织、推广屯田、兴修水利。手工业方面，集中了全国的能工巧匠，将工匠服役制改为轮班制，实行了匠班银制，使得明代工艺美术行业繁荣兴旺，细金工艺这门当时的宫廷艺术得以发展。此时的细金工艺技法更为齐全。《明会典》记载：“银作局二百七十四名：银花匠五十名，镀金匠三十五名，大器匠四十二名，银匠八十三名，镶嵌匠一十一名，拔丝匠二名，抹金匠七名，累计丝匠五名，金箔匠七名，钉带匠五名，磨光匠一十五名。”由此可见，当时的细金制作业分工明确，花丝、錾刻、锤打、鎏金等行当齐全。

明代出土的金银器主要分布在江苏、安徽、云南、北京等地，如1956年江苏省南京板仓动力学校出土的凤凰金插花、桃形金插花，1958年江西省南城县益庄明墓出土的一对立凤金簪。其中，立凤金簪主要采用了花丝工艺中的掐丝、堆垒、焊接技术，在簪脚上錾刻有“银作局永乐贰拾贰年拾月内成造九成色金贰两外焊贰分”的字样，由此可见，这件金簪的原材料金成色应在90%以上，其各部位是焊接成型的，焊接时用去金焊药贰分。而立凤金簪又是一件花丝首饰，“在金片上裁剪出金凤不同部位的外部轮廓，沿着该轮廓将金片边缘折起，约90度角。并在翘起的边缘处焊接上由两股素丝拧制的花丝，这就是金凤簪完整的大边。金凤簪身上的花纹由巩丝、素丝、卷头等花样丝组成，它们分别平填在不同部位。翅膀、祥云、凤尾等经组装攒焊成型”。金凤纤细秀丽、造型优美，整体风格高贵华美，精致细腻，代表了明代花丝工艺的水平。此外，明代已有了以实镶工艺（实镶工艺见第五章）为主的嵌宝石戒指。1956年湖北蕲春县蕲州镇刘娘井村刘氏墓出土的两枚金戒指和南京博物院收藏的明代三枚戒指的制作均采用了镶嵌工艺。宝石的镶嵌有抱爪镶、包边镶，其中一枚素面马镫戒指带有浓郁的草原风情。

1957年北京市昌平定陵出土了560件金银器，其中金器289件，“万历翼善金冠”★“明神宗孝靖皇后凤冠”★的制作技法达到了炉火纯青地步。万历翼善金冠高24cm，直径17.5cm，重826g，制作以编织为主，金冠由前屋、后山、翅三部分编织的灯笼空子组合而成。前屋、后山与翅的灯笼空子制作分别使用了518根、334根、70余根直径0.2mm的金丝编织而成。冠身薄如轻纱，空隙均匀别致，冠上端饰有二龙戏珠图案。金冠上的龙身、龙爪均采用传统的掐丝、垒丝、码丝的方法进行制作。先将金丝搓成两股或多股花丝，再将花丝掐制出3～4种大小不同规则的龙鳞，用炭灰加白芨和成面状后捏成龙身，将掐制好的龙鳞码放在模型上，将金焊药用小筛子均匀地撒在上面。在焊接时要依据实践经验掌握火候，提前焊接就会产生开焊，整个器物将疏松散架；反之，火候过甚焊药就会迷流在花纹上把纹饰掩盖住，因此，在焊接时既要有扎实的基本功，又要胆大心细。焊接完毕后炭灰消失，半浮雕的龙身就显露出来。这件金冠的焊接技术达到了炉火纯青的境界。20世纪60年代原北京花丝镶嵌厂的老细金艺人原大复制了一件万历翼善金冠。90年代末该厂工艺美术大师杨锐、张春源等人为北京十三陵博物馆又复制了一件万历翼善金冠。2006年1月笔者拜访工艺美术大师杨锐时证实，该件器物的主体编织部分，全部按原件制作技术，用传统的编织工艺手工编织而成。与万历翼善金冠同时出土的还有孝端、孝靖两位皇后的凤冠四件，分别为三龙二凤冠、九龙九凤冠、十二龙九凤冠和六龙三凤冠。凤冠为古代贵族妇女所戴的礼冠，明清时期凤冠也称为彩冠，多为一般女子婚礼时佩戴。定陵出土凤冠的制作是用漆竹扎成帽胎，用丝锦制成面料，冠上饰以龙凤。龙用细金丝掐、填、堆累焊接而成，呈镂空状，凤用翠鸟毛粘贴点翠。点翠工艺是明代新出现的一种细金工艺技法，就是将翠鸟的羽毛填入在金银丝框内，点翠过程中讲究的是眼力和手上的功夫，所填翠羽形状需一次剪制而成，填入大边中要严丝合缝。明代的点翠工艺在金银器制作中应用广泛，一些金银器摆件、簪、钗都装饰有翠羽。

1.11　清（1644年~1911年）

清代是中国历史上最后一个封建王朝。康、雍、乾时期经济繁荣，社会稳定，国力强盛。清代是继唐代后又一个金银器制作的高峰。清代细金工艺的制作分为实作、镶嵌、錾作、攒作、烧蓝、点翠、包金、镀作、拔丝、串珠等诸多作坊，并在明代宫廷艺术的基础上成立了造办局，集中全国的能工巧匠为皇家服务，制作出的金银器主要用于典章、祭祀、冠服、生活、鞍具、陈设、佛事等方面[21]。清朝的金银器传世品较多。故宫博物院收藏了大量的金银器，有冠饰、金银摆件、生活用品、首饰等多种类型。这一时期的錾刻、镶嵌工艺的代表作有乾隆年间制作的金瓯永固杯，康熙年间的金编钟、金嵌珠天球等。花丝工艺的代表作有银累丝花瓶、银累丝圆盒等。其中银累丝花瓶的花丝制作十分精致，掐制的花丝细腻，填入的银丝纹饰清晰，焊接处无流散迷药，这些均代表了清代花丝工艺的艺术风格和技术水平。

在故宫博物院收藏的大量金银器中，以清代皇帝和后妃御用的衣冠服饰类金银器最为丰富，具有极高的历史价值和艺术价值。衣冠服饰是中国封建社会等级差别的重要标志，清代在借鉴汉族服形式的同时，以本民族服饰为基础，制定了冠服制度，清代宫廷的冠服制度非常严格。在《大清会典》中有朝冠、金约、耳饰、领约、吉服冠、朝珠等六项，根据档案记载，养心殿造办处下属的撒花作、累丝作、玉作、牙作、镶嵌作、珐琅作等作坊承担了这些饰品的设计制作[22]。清代宫中的衣冠服饰造型高贵典雅，结构巧妙，做工细致，选料精良，所用的金银珠宝数量之多，难以数计。清代妇女以满头珠宝翠玉为荣耀，尤其后妃首饰的制作极其讲究，造型别致，纹饰精美，极富宫廷特色。朝冠、钿、钗簪的制作工艺多以花丝、点翠、镶石为主。首饰上的花丝部分玲珑剔透，掐制的不同纹饰的花丝样圆滑自然，线条流畅，填入大边的平填金银丝疏密适当，严丝合缝。堆垒的立体花丝图形码丝均匀，焊接时焊药筛撒均匀，焊接温度掌握到位。点翠区域内，在由金银丝掐制的不同花卉丝框内，填入剪制好的翠鸟羽毛。头饰上镶嵌有不同品种的宝石，由于该类饰品以花丝制作为主，因此宝石的镶嵌多为包边镶。戒指、手镯的制作则采用了吸收外来文化发展而成的镶嵌工艺，又称“实镶”。素面戒指的制作以锉工嵌宝石为主，带有纹饰的戒指、手镯还要配有花丝、錾刻等工艺对其进行装饰。

1.12　现代（1911年至今）

辛亥革命后，细金工艺这门宫廷艺术流入民间，大量的金店、银楼以“后厂前店”

的首饰作坊形式生存并建立了“东洋庄”、“西洋庄”、“内路活儿”等，制作工艺大致可分为花丝、实镶、錾花、烧蓝、点翠、锤揲打胎、鎏金、蒙镶等。

新中国成立后民间手工艺人受到了重视和保护，1958年北京市人民政府将散落于民间的身怀绝技的“细金艺人”重新组织起来，正式建立亚洲最大的首饰厂“北京花丝镶嵌厂”，成为我国制作花丝镶嵌工艺品的主要生产基地。朱德委员长曾多次到该厂参观。其生产出的一些制作精美的金银饰品被作为礼品馈赠给国际友人。

随着社会的进步和生产力的发展，细金工艺制作流程等也有了一定的改进。建立了分析检测实验室，K金及相应的焊药配制也有了严格的国家标准，各种金银原材料在制作前，均要进行定量分析检测。黄金与各种K金的成分分析应用了重量火法试金法和X射线荧光能谱分析法，金银电镀液和煤气中有害成分的分析也有较完善的检测手段。金银材料的熔化方法由原来使用的焦炭土炉变为高中频电炉，拔丝机代替了传统的丝板手工拔丝，铣床替代了手工镟活，胎制器的锤打从手工锤制变为半机械化模具冲压。20世纪70年代，锡、石膏翻模铸造器皿代替了几千年锤打制胎的历史，无氰电镀替代了火法鎏金技术，煤气发生炉的使用替代了嘴吹煤油灯焊接的历史等。但是，细金工艺的主要表现手法至今依然要靠手工来完成。

现代金银器的制作在继承前人“花丝”、“镶嵌”“实镶”等传统细金工艺的基础上，吸收了其他姊妹艺术的精华，不断更新。生产的品种有戒指、别针、项链、耳坠、手镯、袖扣、须针、须卡、摆件九大门类产品。20世纪80年代我国的金银器制作厂家约30家左右，分布于全国各地[23]，形成了有代表性的不同流派。北京首饰行业以传统的花丝工艺著称，20世纪70年代是北京传统工艺的巅峰时期，那时候，北京花丝镶嵌厂拥有众多能工巧匠和熟练技工以及雄厚的科研开发力量，其工艺水平已经超越了清宫造办处。他们创作了集编织、掐丝镶嵌等多种技法为一体的“故宫角楼”、“岳阳楼”等优秀作品，还运用新的无胎透空镶嵌法，创作了“宝石羊”、“宝石龙”、“龙凤呈祥”等产品，并应国际市场的需要开发了高档K金首饰、套件首饰等。此外，也制作一些日用品，如手镜、烟具、化妆盒、酒具等。工艺美术家吴可男是北京花丝镶嵌厂的首席设计师，专长首饰的设计，特别是K金的高档首饰。她设计的镶钻金摆件“丝路花雨”，以及得意门生工艺美术大师白静宜设计的“花丝钟表”，分别获得1983年东南亚首饰比赛优秀设计奖。其中的“丝路花雨”金摆件作品获“设计”、“制作”双项大奖。

上海首饰行业以实镶工艺闻名。四川的花丝镶嵌细金制作以银丝工艺为主，其中首饰、金银摆件以特有平填技术而享誉全国。随着改革开放，沿海福建、广州诸省是机制首饰的先驱。内蒙古等地的金银器制作以蒙镶擅长。香港地区珠宝首饰业以宝石加工、镶钻首饰为主。

纵观几千年金银器的工艺发展史，使我们了解到，细金工艺的发展是一个不断完善、不断创新的过程，不同时代金银器的制作均有其独到的艺术风格，历代金银工匠们用他们的聪明才智和巧夺天工的精湛技艺，创作出无数艺术珍品。这些世代传承的特种工艺品不仅凝聚了细金工匠的辛勤劳动和无穷智慧，而且也是几千年文化的积淀，为我们的民族文化留下了一份宝贵遗产。

注：带有★的金银器文物，笔者曾对其进行过保护和修复工作。

注　释

[1] 中国历史博物馆．华夏文明史图鉴．北京：朝华出版社，2002.

[2] 中国历史博物馆．中国古代史参考图录．上海：上海教育出版社，1987.

[3] 北京钢铁学院．中国冶金简史．北京：科学出版社，1978 .

[4][17] 田自秉，杨伯达．中国工艺美术史．台北：文津出版社，1992.

[5] 齐东方．唐代金银器研究．北京：中国社会科学出版社，1999.

[6] 李泽奉，刘如仲．金银器鉴赏与收藏．长春：吉林科学技术出版社，1994.

[7] 廉海萍．传统金箔制作工艺调查研究．上海：文物保护与考古科学，2002，(S2)．

[8] 宋曼．亚洲地区文物保护技术讨论会论文集．北京：1986 .

[9] 孙机．汉代物质文化资料图说．北京：文物出版社，1991.

[10] 北京钢铁学院压力加工实验室．关于满城汉墓金丝、金箔的实验报告．北京：钢铁学院论文集，1986.

[11] 中国科学院自然科学史研究所编．中国古代科技成就．北京：中国青年出版社，1978.

[12] 杨小林．花丝工艺中的编织技术．北京：文物科学研究，2006，4.

[13] 王栐．燕翼诒谋录· 卷二．北京：中华书局，1981.

[14] 宋会要辑稿· 第七十五册· 职官二九之一．北京：中华书局，1981.

[15] 成都市文物考古研究所，彭州市博物馆．四川彭州宋代金银器窖藏．北京：科学出版社，2003.

[16] 中国国家博物馆，宁夏回族自治区文化厅．大夏寻踪．北京：中国社会科学出版社，2004.

[18] 内蒙古文物考古研究所．辽陈国公主墓．北京：文物出版社，1993.

[19] 中国历史博物馆．契丹王朝．北京：中国藏学出版社，2003.

[20] 杨小林．灵丘金银饰品制作工艺初探．收藏，2007，1.

[21] 杨伯达．中国美术全集· 金银玻璃珐琅器．石家庄：河北美术出版社，2002.

[22] 故宫博物院．故宫博物院藏清代后妃首饰．北京：紫禁城出版社，1998.

[23] 柳淑兰．中国首饰．北京：轻工业出版社，1989.

第二章　我国金银的开采与提取

从商代至今，细金工艺制品所用的原材料一直以金、银、铜为主。

我国开采金属矿产资源的历史已有数千年。北宋著名科学家沈括在《梦溪笔谈》一书中对于一些矿物的形状、颜色、光泽、透明度、解离和冶金、采矿的方法均有详细地描述。明代宋应星在《天工开物》的“冶金”、“锤打”和“五金”三卷中，系统地介绍了金、银、铜、铁、锡、铅、锌的开采、冶炼、加工方法。

我国金、银矿产资源丰富，分布很广。绝大多数省、市、自治区都有黄金矿产资源，金矿点达数千个，主要分布在辽宁、吉林、黑龙江、山东、河北、内蒙古、湖南等地。自然界生成的银矿中有金银合金矿物和银与其他元素的互化矿物。按银矿开采时代先后排序有四川朱提山、云南个旧、德兴银山、山东大黄山、江西蒙山、浙江浙闽银矿等。从目前考古发掘出土的早期金银器中可知，我国是世界上较早开采金银和使用金银的国家之一。

我国历史上自春秋战国时期就开始采金，到清光绪年间达到鼎盛。据《宋史》记载，元丰元年全国产金一万两，而到了清光绪十四年我国黄金产量达 13.45 吨，占当时世界黄金总产量的 7%，居世界第五位。以后一直徘徊在此水平，20 世纪 70 年代我国的黄金、白银开采业又有了新的发展，80 年代黄金年产量达到 58t，白银为 517t，90 年代黄金年产量再翻一番达到 104.2t，白银 770t[1]。

2.1　古人对金、银矿藏的认知

人类使用黄金，是从自然界产出的天然金开始的。宋代周去非在《岭外代答·金石门》中描述，“凡金不自矿出，自然融结在沙土之中，小者如麦麸，大者如豆，更大如指面，皆谓之生金”[2]。明代宋应星在《天工开物》下·卷五“金”中也这样描述道，“山石中所出，大者名马蹄金，中者名橄榄金，小者名麦麸金、糠金。平地掘井得者，名面沙金，大者名豆金”。

对黄金颜色的描述有《本草衍义》卷五中记载的“麸金即在江沙水中，淘汰而得，其色浅黄”和明曹绍等在《新赠格古要论》卷六中“其色七青，八黄、九紫、十赤。以赤为足金色也”的描述。

明代李时珍的《本草纲目》中对金的硬度描述为"咬时极软，既是真金"。

关于金的比重、延展性等性能，《天工开物》下卷分别叙述为"凡金质至重，每铜方寸重一两者，银照依其则（方）寸增重三钱，银方寸重一两者，金照依其则（方）寸增重二钱"。

依据上述古文献可见，我国古代先人对自然金的物理性能已有了较全面的认识。人们对银的认识也从自然银（生银）开始，宋寇宗奭《本草衍义》在卷五中，对自然银有如下描述"生银，即是不自矿中出，而特然自生者，又谓之老翁须，亦取像而言之耳"。

2.2　古代采金技术与提炼

在生产实践中，随着人们对金、银矿产认知的逐步加深，开采和提炼的技术也在不断的发展与完善。

《山海经· 五藏山经》二十六篇文章中涉及明确的黄金产地有二十九处，银之山有十处[3]。《管子· 地数篇》也记载有一些黄金产地，如"葛芦（在今山东莱州市境）之山发出而水，金从之。……雍孤之山发出而水，金从之"；"金起汝汉（汝水在今河南境内，汉水源出陕西，流入河北）之右洿"。这些早期的文字记载证明，中国最早的黄金产地在黄河中下游及其相邻地区，即当今的山东、河南、陕西境内。由此可推断夏、商、周时期以前的采金方法主要是采用从水沙（砂）中进行沙里淘金。

春秋战国时期全国范围内铁、铜、锡、铅、金、银、汞等矿都有不同程度的开采。战国时期的《尚书· 禹贡》篇中记载了十二种矿产的产地分布，其中包括金、银、锡、铁、铅等金属。《管子· 地数》篇中对一些矿产的相互关系也有了以下明确的阐述："上有丹砂者，下有黄金；上有磁石者，下有铜金；上有陵石者，下有铅锡、赤铜；上有赭者，下有铁。"

春秋战国时期的黄金产地随着楚国疆土的不断扩大而增多，从原来的黄河流域扩大到长江流域及其相邻地区。楚国是我国古代有名的黄金产地，《管子· 轻重甲》中记载"楚国有汝汉之黄金"。《战国策》卷十六也记"黄金、珠玑、犀象出于楚"。《诗经· 鲁颂· 泮水》中同样有"大赂南金"的记载。这些古文献进一步证实了楚国是黄金产地，故民间才又有楚国多金的说法。楚国多金的说法通过发掘出的大量金器得到了证明，如湖北随州战国时期曾侯乙墓出土的总重约8430g金器；安徽寿县双桥区出土的总重10055g的郢爰金币等。

春秋战国时期的采金技术，随着黄金矿产的不同而有所区别。黄金可分为山金（岩金、脉金）和沙金两种类型。沙金主要分布于河谷漫滩底部和较大河流的中上游区段，在沙金的淘采中，利用黄金比重大的特点，淘出泥沙，提取黄金。水中淘金是人类早期采用的一种重选方法，重选的基本原理是：利用金与其他物质密度的不同，借助液体动力（通常在水中进行）提取黄金。

汉代的黄金产地不仅包括长江流域和黄河流域，也延伸至两大流域的相邻区域。西汉时期黄金矿产丰富，黄金产地有豫章鄱阳[4]（今江西波阳），《史记· 货殖列传》和《汉书· 地理志》中分别有“豫章出黄金”，“豫章郡鄱阳 武阳乡右十里有黄金采”的记载。另外陕西省、安徽省也有金矿，《汉书· 东方朔传》提到“夫南山……出玉、石、金、银、铜、铁”；《盐铁论· 通有篇》提到安徽青阳县的陵阳“荆阳南有桂林之饶，内有江湖之利，左陵阳之金，右蜀汉之林”；《盐铁论· 力耕篇》又提到汝、汉（汝河、汉水）“汝汉之金……所以诱外国而钓羌国之宝也”等等。

汉代关于金银开采和冶炼方法的记载有[5]《华阳国志》，涪县，“孱水出孱山，其源出自金银矿，洗取，火融合之为金银”。晋寿县，“本葭萌城，刘氏更曰汉寿。水通于巴西，又入汉川。有金银矿，民今岁岁取洗之”。博南县，“有金沙，以火融之为黄金”。通过这些记述可知汉代的黄金开采还是以淘洗沙金为主。

东汉时期黄金的产地多分布在今天的云南、四川两省境内；云南沙金的产地在保山，四川沙金的产地在今天的绵阳、广元一带。白银主要产自云南的双柏和四川的宜宾。

两晋南北朝是黄金生产下降的时期。两晋时期黄金产地主要分布在西南的梁州、益州和宁州等地。南北朝时期黄金生产维持了东晋的水平[6]，其黄金产地如陶宏景在《重修政和证类本草》中所叙述：“金之所生，处处皆有。梁、益、宁三州多有出于沙中。……”由此可见这一时期的采金方法还是延续前代的淘洗和熔融工序。

在唐代，我国金银器制作有了长足地发展，这一时期的金银器制作业十分繁荣，出现了不少旷世精品，这与当时金银产地较多有一定的关系。在唐代的史书中有了明确的矿藏分布和产量情况的记载。当时有金坑、金场 14 处，银场 56 处，这些数据从一个侧面表明唐代的采金业兴旺发达。面对着淘金女辛勤劳作的场面，唐代著名的诗人刘禹锡写下了“日照澄洲江雾开，掏江女伴满江隈。美人首饰侯王印，尽是江中浪底来”的千古诗句。

唐代在采金方法和冶炼方面有了新的发展与认知。如段成式的《酉阳杂俎》前集中记载有：“山上有葱，下有银；山上有薤，下有金；山上有姜，下有铜锡。”此外，唐代还发明了一种冶银技术“灰吹法”[7]，至今仍被广泛应用。

陕西省西安何家村出土两瓮金银器，其中一瓮口上，覆盖着一块直径 40cm、最大厚度 3cm、重约 8kg 的圆形灰白色渣块，经分析含铅、锌、铜、镓、锑等 30 多种元素，本身有明显的烧结痕迹[8]。在唐章怀太子墓中也发现了六块类似的渣块[9]。何家村出土的银器经分析成色均在98%以上，其中素面银盘为98.5%，素面银碗为99%。由此可推测，灰白色的渣块可能是火法灰吹分离的副产物。这表明唐代提纯银已使用灰吹法。

北宋时期全国金属矿分布较广。据史书记载：治平年间，全国各州金属矿的坑冶总数为二百七十一处。其中铁冶七十七处，分布于二十四州、两军；铜冶四十六处，分布于十一州、十一军；锡冶十六处，分布于七州；铅冶三十处，分布于九州一军；银冶八十四处，分布于二十三州、三军、一监；金冶十一处，分布于六州。元丰年间金银的年产量分别为一万余两和二十一万余两[10]。宋代金矿石的开采已经使用了“先碎”“后淘”的工艺。南宋赵卫在《云麓漫钞》卷二中对金银采选技术记载为，用臼捣碎再上磨，以绢罗细，然后以水淘。将采到的沙金简单粉碎后再淘洗．在淘洗的过程中用木制溜槽重力选矿代替了简易的淘金木盘。淘金者在锯割制作溜槽的木头时保留了可以阻滞矿砂运动的刀痕。当金沙投在溜槽上以水淘洗时，密度大的自然金沉积在木制的溜槽底部，沙则随水而去。使金与沙分离。这种采金方法也称之为溜槽选金法。

元代的金银矿数量有了较大的增加。银矿的产地较多，在沿用前代的基础上又有新建。天历元年全国白银收入量约30万两，黄金的最高年产量在3万两左右。据《元史·食货志·岁课》中记载，“初金课之兴，自世祖始”。元代早期重视淘金，金的产地主要在今日的吉林、辽宁、新疆、云南等地。

明代银矿的分布情况在《天工开物》下卷“五金”中已有详细的记载。明代在福建、浙江和云南等地大规模开采白银，宣德年间，福建每年收银4万余两，浙江收银9万余两。天顺四年全国年产银18.3万两，其中云南约10万两，超过总量的一半[11]。明代黄金岁课最高为永乐二十一年总收入5000两。

明代黄金产地也较多，几乎遍及大半个中国。淘金最盛的地区是云南丽江，它是明代淘金的胜地。据《天工开物》下卷“五金”中记载“水金多者出云南金沙江，此水源出吐蕃，流丽江府，至于白胜州。回环五百里，出进这有数载”。这段记载说明云南丽江是明代重要的沙金产地。云南除沙金外还产岩金，且岩金的蕴藏量极为丰富。在《明会典》中有这样的记载：“今云南自弘治十六年始，每年折买金一千两。”明代黄金的其他产地还有山西忻州、河北遇安、辽宁黑山、双城等地。

清代采银的地区主要在云南境内，从康熙二十四年到道光十七年，先后开采的银场有三十多个。云南年产量平均30～40万两。乾隆时期曾在陕西、甘肃、新疆开采金矿，其中甘肃敦煌沙州南北山等地金矿规模较大，金的最高年产量约2000两。《中华二千年史》卷五也记载有：“清代矿产较明为盛，尤盛于云南，乾隆以后……全国之金二十五厂，而滇共有七。”[12]

清代淘金和炼金的方法是用水银杀金。在《合川县志》有详细的记载："蜀中……所出之金，惟赤贫人沿江淘洗…..，每三人为伍，一人挖砂，一人挑水，一人簸摇金船。……挑砂者倾沙于船，挑水者倾水于船，陆续至，而摇船者竟日不辍，沙砾之轻而非金质逐水漂流，所余者皆金砂。饭时或夜饭则收金盘，盆式与平常洗脸盆一样，用以团金。而盆内之茸金团净后，则下以水银若干，水银与金立即投合，其质甚重，沉于水底。添水漂洗，洗去异质，而以金汞相入之质入火。水银见火飞去，所余为纯金。其色七青八黄九赤，以赤为足色也……"光绪三年《江陵县志》记载："江陵有金，陂湖生金，附近居人以木笼淘金为业。"以上记载说明，清代的淘金、提金技术有了很大的提高。金砂淘洗后，与汞结合生成金汞齐，加热后汞蒸发，以提取金。

1840～1949 年的一百余年间，金银矿的开采和冶炼技术都发展较为缓慢。

2.3　现代采金与提纯

新中国成立后，我国的黄金生产几经波折，直到 1957 年黄金生产才逐渐恢复和发展起来。1978 年以后我国的黄金生产走上了中兴之路[13]。黄金、白银的开采业逐步发展成为包括金银矿地质、现代化矿山企业、黄金白银冶炼的现代贵金属工业。随着各种先进的采矿、冶炼、提纯技术在我国的逐步推广，我国的贵金属生产达到了一个新的水平。

在砂金矿的开采中，通常运用以采金船开采为主，以水力开采和挖掘机开采为辅的技术。开采出的金砂根据颗粒的不同，应用重力选矿法对其进行碎散和筛分。

我国脉金矿的产量占黄金总产量的 70% 以上，脉金矿选矿的方法普遍采用重选、浮选、混汞、氰化、硫脲法、树脂矿浆法、炭浆吸附法、堆浸法等提金新工艺[14]。下面是我国黄金提取的几种工艺简介。

2.3.1　重力选矿法

重力选矿法多应用在砂金矿的提取中，民间沙里淘金的方法就是利用金与其他金属比重或颗粒不同的特点，借助流体动力来提金。重力选矿是最古老的选矿方法，古代先民已利用一些简单的设备对砂金矿进行开采。宋朱彧《萍州可谈》卷二中记载："两川冶金，沿溪取沙以木盘淘，得知甚微，且费力。登莱坑户止用大木，锯刨之，留刀痕，投沙其上，泛以水，金留锯纹中，甚易得。"这一记载证明，宋代的重力选矿已应用了溜槽工艺。现代采用重选法提金则需按照矿物颗粒的大小分类，根据颗粒的级别选用合适的重选设备，常用的重选设备有跳汰机、摇床和溜槽。

2.3.2　浮选法

浮选法被广泛地用来处理各种脉金矿石，中国古代曾利用矿物表面的天然疏水性来净化朱砂、滑石等矿质药物，使矿物细粉漂浮于水面，而无用的碎石颗粒沉下。在淘洗沙金时，用羽毛蘸油黏住亲油疏水的金、银细粒，当时称之为鹅毛刮金。明宋应星在《天工开物》中记载金银作坊回收废弃器皿和尘土中金银粉末的方法为“滴清油数滴，伴落入底”，这就是浮选法选金的最初应用[15]。

浮选法除了用于处理可浮性很高的含硫化物金矿石外，还可以处理多金属矿石，如金—铜、金—铅、金—锑、金—铜—锌—铅等矿石。另外小于10μm的细颗粒金是很难用重选法提取的，而浮选法利用矿物表面物理化学性质的差异可以选收这些细微颗粒。近年来浮选法的不断改进促进了黄金选矿业的发展，为脉金矿的开采和从有色金属矿石中综合回收黄金创造了条件。目前，浮选法已成为处理金矿石的重要手段。

2.3.3　混汞法

混汞法是利用水银从金矿浆中提取黄金的一种古老的方法，其回收率可达60%~70%左右。混汞法提金的理论依据是，当汞与脉金接触时，能选择性地润湿金粒，然后向被润湿的金粒中扩散形成金汞齐膏，从而使之与其他金属矿物和脉石分离，在蒸汞器中蒸馏金汞齐，使汞从金汞齐中挥发分离而获得金[16]。

2.3.4　氰化法

氰化提金法是从脉金矿中提取金的主要方法之一。氰化物提金的历史可追溯到西晋以前，早在西汉时期，汉武帝刘彻为了求得“长生久视”，曾在民间广求仙丹，亘此炼丹术盛行。我国古代炼丹的方法可分为火法和水法两种[17]。火法主要是带有冶金性质的无水加热法，它主要包括煅（高温加热）、炼（干燥物质加热）、炙（局部烘烤）、熔（熔化）、抽（蒸馏）、飞（升华）、伏（加热使药物变性）等手法，汞与金、银、锡等齐化过程即为火法。而水法炼丹有以下几种方法，化（溶解）、淋（用水溶解出固体物的一部分）、封（封闭反应物质，长期静置或埋于地下）、煮（在大量热水中加热）、熬（有水的长时间高温加热）、养（长时间低温加热）、酿（长时间静置在潮湿或含有碳酸气的空气中）、点（用少量药剂使大量物质发生变化）、浇（倾出溶液，让它冷却)、渍（用冷水从容器外部降温）等[18]。氰化物溶金就属于水法范畴，西晋葛洪在《抱朴子· 金丹篇》一文中记载有“金液方”，溶解金的药物有，醋、硝石、戎盐和玄明龙膏。玄明即为醋，龙膏为含有氰氢酸的未成熟的覆盆子。由此可见，我国已有上千年的氰化物提金历史。氰化法提金，是以氰化物的水溶液作溶剂，在有氧存在的条件下选择性的溶解金，生成一价金的络合物，反应如下：

$$4Au + 8KCN + 2H_2O + O_2 = 4KAu(CN)_2 + 4KOH$$

氰化物浸出的金液，除了用锌等金属置换外，也可应用离子交换树脂法吸附回收金银。离子交换树脂是由在溶液中能够解离的离子化基团组成，在氰化物浸取液中金和银以 $Au(CN)_2^-$、$Ag(CN)_2^-$ 阴离子络合物的形式存在，树脂与金银氰化络离子通过离子对的吸附机理发生离子交换反应。此方法金、银的回收率分别可达到95%和79%。离子交换法吸附金的方法同样应用在首饰加工领域，金银电镀液的回收就是采用碱性阴离子交换树脂从残留的氰化液中提取金银。其反应如下：

$$R-OH + Au(CN)_2^- \rightarrow R-Au(CN)_2 + OH^-$$

$$R-OH + Ag(CN)_2^- \rightarrow R-Ag(CN)_2 + OH^-$$

用氰化法提金，具有回收率高、对矿石适应性强的优点，但对环境污染严重，提金速度较慢。

2.3.5 硫脲法

虽然混汞法和氰化法提金的方法较为经典，目前仍然作为金银选冶的主要手段，但是汞和氰化物严重污染环境，不符合环保的要求。近年来，金银选冶技术和设备不断革新，一些新试剂、新工艺不断被开发。一些非氰化提取金银的方法应运而生，硫脲法提金是利用含有高价铁离子的酸性稀硫脲溶液，使金被其氧化并与硫脲络合生成阳离子络合物进入溶液，从而达到提取目的。此法分解金银速度快、毒性小、再生及净化工序简单[19]。研究结果表明：在有氧化剂存在的条件下，金、银可以溶于酸性的硫脲溶液中，矿石中的金、银在硫脲中的溶解速度比在氰化物中要快。

另外，液氯、丙二腈、氰溴酸等试剂也被应用在当今的金银矿石提取中。

注：笔者在北京花丝镶嵌厂实验室期间曾应用火法试金法对不同成分的黄金、白银进行定量分析。

注　释

[1]　蔡玲等. 伴生金银综合回收. 北京：冶金工业出版社，1999.

[2][4][10]　夏细蓉等. 中国古代矿业开发史. 北京：地质出版社，1980.

[3][6][11]　当代中国黄金编委会. 中国古近代黄金史稿. 北京：冶金工业出版社，1989.

[5]　齐东方. 唐代金银器研究. 北京：中国社会科学出版社，1999.

[7]　韩伟. 中华国宝金银器卷. 西安：陕西人民教育出版社，1998.

[8]　一冰. 唐代冶银术初探. 文物，1972，(6).

[9]　陕西博物馆、乾县文教局唐墓发掘组. 唐章怀太子墓发掘简报. 文物，1972，(7).

[12]　邓之诚. 中华二千年史. 北京：中华书局，1983.

[13][15]　徐敏时. 黄金生产知识. 北京：冶金工业出版社，1990.

[14]　马巧瑕等. 黄金回收600问. 北京：科学技术文献出版社，1992.

[16][19]　孙戬. 金银冶金. 北京：冶金工业出版社，1986.

[17][18]　中国科学院自然科学史研究所主编. 王奎克古代炼丹术中的化学成就，中国古代科技成就. 北京：中国青年出版社，1978.

第三章　细金工艺常用贵金属及合金物化性能、加工方法与检测

3.1　概　　述

随着社会的进步和人们审美观念的改变，细金工艺中常用的金属材料在过去较为单一的金、银、铜、锌的基础上增加了铂、钯、铑等铂族金属材料。其中金、银、铂、钯是现今细金工艺中常用的材料。

金、银、铂、钯是贵金属中产量较高的四种金属，分别是周期表第Ⅰ族副族（铜族）和第Ⅷ族铂族元素。金、银是最早被发现和开发利用的金属。而铂、钯则使用较晚，直至1557年才有了关于铂的记载，而钯则是1803年由英国科学家通过实验发现的。它们在近代同样是制造首饰、贵金属器皿和货币的重要原材料。

这四种贵金属在地壳中的含量很少，而且分布也很分散。在自然界中，金的含量仅有$5\times10^{-7}\%$。银在地壳中的平均含量为$1\times10^{-5}\%$。在自然界中金大多数呈单质的自然金产出，少数呈碲金矿、碲金银矿等产出；而银由于化学稳定性不如金，在自然界中只有一小部分呈单质和自然银存在，大部分主要以化合物状态产出，银的主要矿物为辉银矿、硫铜银矿、角银矿等，另外银矿物常与铜、铅、锌等硫化矿物共存。铂族金属常存在于基性和超基性火成岩中，有时也发现于与花岗岩有关的矿石中[1]。世界上铂金的储量和矿石的含铂量很低，大约10t铂金矿只能提炼1盎司铂金。贵金属在地壳中的含量见表3-1。

表3-1　贵金属在地壳中含量表

元　素	Ag	Pd	Pt	Au	Rh	Ir	Ru	Os
含量/g/t	0.1	0.01	0.005	0.005	0.001	0.001	0.001	0.001

3.2　细金工艺常用贵金属及合金物化性能

3.2.1　物理性能

金、银、铂、钯有较强的原子键、很大的原子间力及最大的堆积密度，由此决定了

它们特殊的物理、化学和力学性质。

银在所有的金属中具有最好的导电性、导热性和对可见光的反射性。

金具有极好的抗氧化性和延展性，民间长期流行的“羊皮金”法，就是利月金的这一特性，通过锻打的方式制作金箔，加工出的金箔能够达到半透明状。此工艺从商代一直延续至今，商代曾侯乙墓出土了940片金箔中其最薄的金箔为0.037mm。

铂具有优良的热电稳定性、高温抗氧化性和抗腐蚀性。

钯可以吸收比其体积大2800倍的氢，而且氢在钯中可以“自由通行”。

贵金属中的金、银、铂、钯同为面心立方结构，元素的原子配为数均为12，其原子序数、相对原子质量、原子半径、离子半径、原子体积、原子间距、晶格常数等晶体结构常数见表3-2。

表3-2　贵金属金、银、铂、钯结构常数

结构常数	金（Au）	银（Ag）	铂（Pt）	钯（Pd）
原子序数	79	47	78	47
相对原子质量	196.967	107.87	195.09	106.4
离子直径/nm	0.274	0.226	0.128	0.128
原子直径/nm	0.288	0.288	0.2769	0.7453
原子间距/nm	0.2884	0.2889	0.27762	0.27526
原子体积/$10^{-6}m^3/mol$	10.20	10.27	8.095	8.859
晶格常数 a/nm	0.40784	0.40362	0.39224	0.388[illegible]5

金的密度19.3g/cm^2，熔点1064.43℃，沸点2808℃，熔融态的金随着温度的升高而挥发，金的结晶属等轴晶系，晶体的形状呈立方体或八面体，晶体经熔化后再凝结时，呈不规则的多角形，冷却得越慢，晶体就越大。

银的密度10.49g/cm^2，熔点960.8℃，沸点2210℃，银吸氧后熔化温度降低。在贵金属中银的蒸气压最高，特别是在氧化条件下，其蒸气压远高于还原气氛中的压强。金在冶金熔炼过程中挥发损失很小，约0.01%~0.025%。但是银在高温下挥发非常明显[3]，在氧化气氛中的挥发性高于在还原气氛中的挥发性。因此，银在冶炼时产生氧化，并有部分挥发，冶炼温度在1100~1300℃时，银的损失在1%以下。银在空气中熔融时，能够吸收自身体积21倍的氧，这些氧在银冷凝时放出并形成沸腾状，俗称“银雨”。

铂的密度21.45g/cm^2，熔点1760℃，沸点3800℃，在高温熔化的过程中蒸气压随着温度升高而增加的压力比金、银、钯要低一些，为133×10^{-6} Pa。

钯的密度12.02g/cm^2，熔点1552.43℃，沸点2900℃。钯吸收氢气的能力很强，一体积钯最多可吸收2800体积的氢。

金银饰品所使用贵金属材料均有良好的抗腐蚀性能，在常温下表面不宜生成氧化膜，为此保证了对光反射的稳定性。自然界中金呈现黄色，其对可见光谱中的橙黄区域反射率为94.4%，在军事上可用来防御导弹和抵御来自普通热源的热辐射，银、铂、钯对可见光和红外线的反射率较高，所以均呈白色。

3.2.2　力学性能

在贵金属材料中金、银、铂、钯均具有较低的强度、硬度和较高的延展率。

金、银的硬度仅低于铅和锡。退火态金、银的维氏硬度分别为250～270MPa和250～300MPa，合金元素的加入使金、银的硬度加大。金中加入银铜和银中加入锌镉、铜等元素将会不同程度地提高金与银的维氏硬度，随着冷加工率的增加，金、银、铂、钯的硬度有所提高。在冷加工率大于20%以后，金、银的硬度曲线趋于平缓。铂在冷加工率低于80%时，硬度曲线趋于平和，当大于80%时硬度曲线开始变陡，而钯的冷加工率在10%之内硬度曲线已开始变陡。

随着退火温度的升高，金、银的硬度也有所下降。银的强度随冷加工率的增加而均匀地增加，延伸率在冷加工率小于30%时下降较快。金的强度随加工率的提高而增加，延伸率下降，加工率大于40%时，延伸率曲线趋于平缓，退火态的纯金具有较低的抗拉强度（130 MPa左右）和较高的延伸率（50%左右）。

室温下金、银、铂、钯的屈服强度、切变模量、压缩模量、压缩模量与切变模量的比值较大，同时它们的弹性模量和变形抗力值均低于其他贵金属，所以加工性能较好。

金具有优良的延展性能，在冷加工过程中，可以不用中间退火连续加工，在贵金属中金有弹性模量最低、体积模量与切变模量的比值最高、退火态的抗拉强度最低的特点，延伸率最高可达39%[4]，抗拉强度为23 kg/mm^2，1g纯金可拉成3420m长的细丝。由于金的机械强度较低，延伸率较高而易于加工，在低于其熔点以下的温度各种压力加工方法都可以采用。冷拉的道次加工率可达到20%，退火温度在400～500℃时，两次退火间的加工率可达95%以上[5]。

银也具有极好的延展性，仅次于金，在所有金属中居第二位，纯银热加工温度在600～800℃，冷加工道次加工率为15%～20%，两次退火间的总加工率可达99%。退火温度300～400℃。纯银可碾成厚度为0.025mm的银箔，拉成直径为0.001mm的银丝。

钯同样具有良好的塑性，可以进行冷热加工，在钯中加入银、铜合金元素可提高硬度，是K白金首饰中的主要配方。Pd-Ag-Cu合金高温为单相固溶体，低温出现Pd-Cu

和 Pd-Cu3 为基的有序相，大多数这类合金都可以时效硬化，淬火的 Pd-Ag-Cu 合金塑性好，易加工。铸锭须经 1000℃均匀化处理 2 小时，热锻开坯，在 700～1000℃热轧，冷加工时，道次加工率为 5%～10%，两次退火的总加工率约 75%，退火温度为 900～950℃。

铂金是钻石镶嵌工艺的主要原材料。铸锭的加工采用热锻或热轧的方式开坯。总加工率可达 80% 以上，冷加工时道次加工率 10%～30%，两次退火的总加工率可达 90%，退火温度 400～600℃。在铂族金属中铂金的延展性最好，可拉出直径 0.001mm 的丝，轧成 0.001mm 片。室温下金、银、铂、钯的机械性能见表 3-3。

表 3-3 室温下金、银、铂、钯的机械性能表

	维氏硬度/MPa			屈服强度/MPa	抗拉强度/MPa		延伸率/%	
	铸态	加工态	退火态		加工态	退火态	加工态	退火态
Au	330～335	600	250～270	10～25	230	126	4	39～45
Ag	420	750	250～300	20～25	380	150	3～5	43～50
Pt	630	900～950	370～420	60～80	400	150	1～3	30～40
Pd	440	1055～1100	370～440	50～70	420	230	1.5～2.5	29～34

金、银及其合金拥有较低的硬度、优良的延展性和稳定的化学性质，这使细金工艺中的每一道工序均得以顺利完成。

3.2.3 合金化

金、银是周期表中 IB 族元素，均具有面心立方结构，它们的外层电子组态分别为 $5d^{10}6s^{1}$ 和 $4d^{10}5s^{1}$，d 电子层已被全部充满，在固态时 d 电子和 s 电子占据着重叠能带，满 d 带的能量低于 s 电子的最高能量，在合金化的过程中金、银和另一个 IB 族元素铜贡献出一个 s 电子或合金元素贡献一个电子给它们的 s 电子壳层，表现出一种单价金属的行为，其合金化行为实质上与单价金属相同。金、银的原子半径相同，均为 0.144nm，两者的晶体结构都是面心立方，晶胞参数相近，化学性质也相似，两者可形成天然的 Au-Ag 固溶体和自然金－自然银系列的天然矿物。所有的金银合金都具有良好的加工性能，均能热加工或冷加工。金能与任何比例的银和铜形成合金，随着含银量的增加合金颜色变浅，铜含量增大则变深。银同样可与任何比例的金和铜形成合金，随着金、铜含量的增高，颜色逐渐变黄。

在首饰行业中，金合金的种类较多，金与其他金属形成合金主要是为了改变金的色泽和力学性能，但也会造成金的耐腐蚀性能下降。

3.3　金银铂钯化学性能

3.3.1　金的化学性能

金的化学性质非常稳定。在任何温度下均不会被氧直接化合，块状金在低温和高温下均不与氧、硫、氢和氮反应。

金在低于250℃的不同浓度的硫酸中耐蚀，如果硫酸中存在有硝酸、过氧化氢、游离卤素等强氧化剂时在300℃的条件下，金将被腐蚀。金在无氧化剂存在的各种浓度的盐酸中耐蚀，但是在高温、高压下即使在稀盐酸中也会被腐蚀。金在相对密度小于1.46的沸腾硝酸中耐蚀，而在相对密度为1.5的沸腾硝酸中有轻微腐蚀。金在室温下6.5%的发烟硝酸中不被腐蚀，而在120～150℃时其腐蚀速度为0.18mm/a。

金溶于王水生成三氯化金，在10%王水中腐蚀速度为0.14mm/a，在浓王水中其腐蚀速度为243.5mm/a[6]。

金不被碱溶液腐蚀，在熔融碱中也耐腐蚀。金在有机酸和其他有机化合物中均耐腐蚀。能与汞生成金汞齐。

金能在有氧的参加下溶解在氰化物溶液中生成氰金酸钾。

$$4Au + 8KCN + 2H_2O + O_2 = 4KAu(CN)_2 + 4KOH$$

金溶解于氯水、溴水中，生成三氯化金和溴化金[7]。

$$2Au + 3Cl_2 = 2AuCl_3$$

$$2Au + 3Br_2 = 2AuBr_3$$

在有氧存在的条件下，金溶于酸性硫脲中。

$$2Au + 4SCN_2H_4 + O_2 + 2H^+ \rightarrow 2Au(SCN_2H_4)_2^+ + H_2O$$

金与银或铜可以任何比例形成合金，当合金中金的含量低于33%时，在硝酸、硫酸中将银铜全部溶解，是首饰行业中提纯金的首选方法。

3.3.2　银的化学性能

银具有较高的化学稳定性，是不活泼的金属之一，在常温下不与氧发生氧化反应，但在有臭氧存在下易被空气氧化。在200℃以下，银与氧作用生成氧化银。超过200℃时氧化银分解，随着温度的升高分解速度加快。银有三种氧化物，其中Ag_2O是淡棕黑色粉末，加热至300℃，即被分解成金属银和氧。

常见银制品变黑，主要是因为受空气中硫化氢的影响，使银表面生成一层黑色、黄色、棕色的硫化银薄膜。

$$4Ag + 2H_2S + O_2 = 2H_2O + 2Ag_2S$$

银不与有机物气体及惰性气体反应，不溶于还原性盐酸，这是因为生成了难溶的氯化银覆盖在其表面。在首饰行业中，标准银的二次提纯，就是将足银在分析纯的盐酸中煮沸。但银溶于强氧化剂的硝酸和沸硫酸中。银在浓硫酸、硝酸中溶解度不同的特点，常被用于银合金下脚料的提纯中。

$$2Ag + 2H_2SO_4 = 2H_2O + SO_2 + Ag_2SO_4$$

$$Ag + 2HNO_3 = H_2O + NO_2 + AgNO_3$$

银在碱的水溶液和无络合剂存在的熔融苛性碱中有良好的耐蚀性。银与汞可生成银汞齐。

大多数银盐是无色的，但是下列几种银盐是有颜色的：溴化银（灰黄色）、碘化银（黄色）、硫化银（黑色）、磷酸银（黄色）、铁氰化银（橙色）、铬酸银（淡红棕色）、亚砷酸银（黄色）、砷酸银（棕色）。这些盐大部分不溶于水，但见光均变为黑色。硝酸银、硫酸银、过氯酸银、氟化银、醋酸银均部分溶于热水中。

氧化银在水中不产生水解，呈中性反应。在室温下氧化银易被双氧水还原，

$$Ag_2O + H_2O_2 = 2Ag + H_2O + O_2$$

氧化银在氨水中溶解生成银氨络离子，

$$Ag_2O + NH_4OH \longrightarrow Ag(NH_3)_2OH + H_2O$$

卤化银中除氟化银易溶于水外，氯化银、溴化银、碘化银均不溶于水。氯化银具有强感光性，在光的作用下分解为银和氯化物，因此在空气中放置逐渐由白色变成灰色。

氯化银溶于氨水、氰化钾溶液，生成可溶性的无色络盐。氯化银与氰化钾反应产物氰化银钾是配制电镀银液的中间物质。

$$AgCl + 2NH_3 = [Ag(NH_3)_2]Cl$$

$$AgCl + 2KCN = K[Ag(CN)_2] + KCl$$

氯化银溶于硫代硫酸钠，其反应如下：

$$AgCl + 2Na_2S_2O_3 = Na_3[Ag(S_2O_3)_2] + NaCl$$

在熔融状态下氯化银与碳酸钠共熔，分解获得金属银。氯化银作为首饰制作中下料提纯的副产物，常用火法熔融提纯进一步提纯银。

$$2AgCl + Na_2CO_3 = 2Ag + 2NaCl + CO_2\uparrow + \frac{1}{2}O_2$$

硫化银溶度积为 1×10^{-51}，是难溶盐。它不与稀无机酸反应，硫化银在空气中加热可分解成金属银和二氧化硫。

3.3.3 铂的化学性能

铂的化合价为+2、+4。铂与金的化学性能相似，在常温下不与矿物酸作用，但溶于熔融的碱和王水，在王水中形成淡橙黄色的氯铂酸。

$$3Pt + 4HNO_3 + 18HCl = 3H_2PtCl_6 + 4NO + 8H_2O$$

在加热的情况下铂可缓慢地被硫酸溶解。

$$H_2SO_4 + Pt \rightarrow Pt(SO_4)_2 + SO_2 + H_2O$$

在氧化性气氛中，温度达到430℃，压力达到0.8MP时，铂氧化成PtO。有氧化剂存在时盐酸能腐蚀铂，在高温条件中卤素均可腐蚀铂。熔融状态下的碳能溶解于铂族金属中，其溶解度随着温度的升高而增大。在低温下碳又以石墨状态析在晶界上，使金属变脆。因此在熔炼铂金时不能使用石墨坩埚。

3.3.4 钯的化学性能

钯系银白色金属，化合价为+2、+4，具有延展性，能吸收大量的氢和氧，此时钯虽然能保持金属的状态，但是体积明显增大，易碎并形成裂缝。被氢饱和的钯具有一定的还原性。钯在含硫的气氛中会变暗。钯易被有机蒸气污染，在其表面形成有机聚合物层。钯能缓缓地溶解在浓硝酸、硫酸、盐酸中生成红色的硝酸亚钯和硫酸亚钯、氯化亚钯。在K白金提纯中常使用以下反应分离金和钯。

$$Pa + HNO_3 \rightarrow Pa(NO_3)_2 + H_2$$

$$Pa + HCl \rightarrow PaCl_2 + H_2$$

$$Pa + H_2SO_4 \rightarrow PaSO_4 + H_2$$

钯易溶于王水中，生成二氯化钯。

$$Pa + HCl + HNO_3 \rightarrow PaCl_2 + NOCl + 2H_2O$$

钯与二氧化硅和粉末状炭的混合物共加热至白热时，有一硅化钯形成。

$$Pd + SiO_2 + C \rightarrow PdSi + CO_2$$

钯与氧在高温下发生氧化反应生成氧化钯，在灼热的温度下与氯反应可生成二氯化钯，还可溶于熔融的碱中。由此可见钯是铂族金属中耐腐蚀性能最差的一种。

3.4 细金工艺中的贵金属合金

细金工艺中常用的原材料除了单一金属外，有许多饰品、器皿的基材选用的是贵金属合金。贵金属合金材料在细金工艺中的应用历史可追溯到唐、宋、辽时期，这一时代出土的金银器，其制作工艺已完全走出了早期铸造、锻打的阶段，制作中运用了打作、锤揲、鎏金、焊接、掐丝、錾刻、镂空、铆接、镶嵌、平脱等工艺。明代人引用《唐六典》时提到唐代金银制作工艺有十四种之多，同期出土的大量金银器对该论述是很好的佐证。

由于金、银等贵金属材料拥有良好的延展性能，因此只适合制作一些造型简约的首饰与器皿。对于造型复杂、需组配焊接及镶嵌宝石的饰件制作，单一材料已无法完成。通过对部分辽代陈国公主墓及吐尔基山出土金银器的基体及焊接处进行分析，大量的数据结果表明：以金银为主体的合金尤其焊药合金在辽代就已被应用在金银器的制作中。

我国对金银及其合金的国家标准 GB11887-89 中规定，贵金属合金纯度为贵金属元素的最低含量。贵金属的含量以千分数计算。金、铂及 K 金合金纯度范围见表 3-4。

表 3-4　贵金属纯度范围表

	足金	千足金	8K	10K	12K	14K	18K	20K	21K	22K	24K	92.5 银	足银	足铂	铂合金
含量/%	990	999	333	417	500	585	750	833	875	916	999.9	92.5	990	990	950

贵金属合金材料特有的颜色、硬度等性能，使金银制品的款式、工艺、色彩有了质的飞越。以下介绍的是首饰和金银摆件常用的合金材料及应用。

3.4.1　金合金材料

金银及其合金多用于金币、首饰或摆件中，在首饰的制作过程中，往往要根据金银饰品对颜色、硬度、延展率的不同需求配制各类 K 金。K 金分为软 K 金、硬 K 金、镶嵌 K 金。

金器的制作材料中的 K 金，主要由 Au-Ag 的软花丝、比例不同的硬金和镶嵌金 Au-Ag-Cu 组成。

1. 金银合金

金银合金的机械性、抗腐蚀性能随着成分发生变化，随着合金中银含量的增加，其延展性及耐腐蚀能力也随之下降。金银合金具有良好的铸造性能和抗氧化性能，可塑性好，合金丝片均可以冷加工，片材采用冷轧开坯法，丝材采用孔眼轧制法。当金银合金退火温度在 500～650℃时，两次退火间的总加工率为 80%～90%，道次加工率为 15%～20%。Au-Ag 合金是完全互溶的单相固溶体，液相线与固相线间隔窄，易形成连续固液体，便于各类花丝纹样的制作。在金饰件中 Au-Ag 合金加工的片材和丝材主要应用在各类花丝和包边镶石碗的制作中。

2. 金银铜合金

Au-Ag-Cu 合金多应用在硬 K 金和镶嵌 K 金中，在配制时各 K 金中金的成分不变，通过调节银、铜的比例来满足饰件对颜色和硬度的要求。如制作嵌宝石戒指的合金材料需要有一定的硬度，因此铜的含量就要有所增加；而用于制作花丝大边的金银铜合金材料则不需要太高的硬度，因此配比时银的含量就要高于铜。

适当调节 Au-Ag-Cu 合金成分可以获得绿、黄、红等色彩各异的合金，如果在合金中加入 Ni 和 Zn 还可以得到粉红色合金，Au-Ni-Cu-Zn 四元合金的颜色和 Pt 金相似，为银白色，也称白色金[8]。

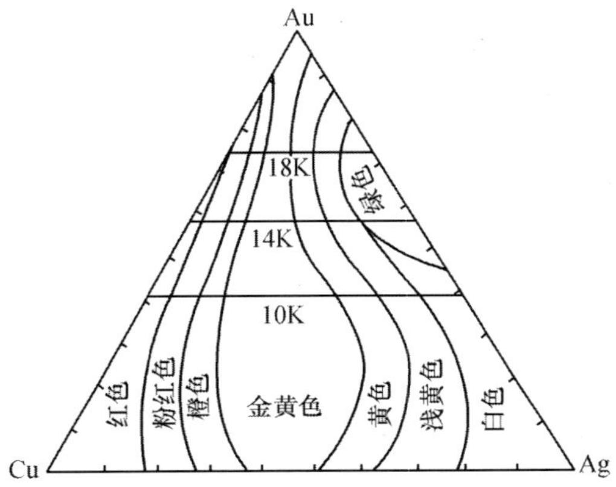

图 3-1　金银铜合金色区图

Au-Ag-Cu 合金中金的含量是影响合金化学稳定性的主要因素，而银和铜的比例则直接影响合金的颜色、硬度、强度、时效硬化程度和熔化温度。图 3-1 中金银铜合金色区图指出，改变合金配比可获得红色、红黄、浅黄、黄绿、白色等不同颜色的各类 K 金。近年来国际首饰市场上对彩色 K 金的需求日益增多，而银、铜质地的饰品可通过在其表面电镀而获得七彩效果。K 金要达到这样的效果就需要通过调整银、铜比例或添加少量锌、镉、钯、铁等元素来完成。合金的硬度要根据不同配比的金银铜合金能产生明显的时效硬化现象来调整。合金中金的成分愈低时效硬化效果愈明显，22K 合金几乎没有时效硬化，18K 合金时效后硬度可提高到 200kg/mm^2，随着合金中铜含量的增加，硬度将继续提高。根据在 Au-Ag-Cu 合金中提高铜元素的比例可使材料硬度增大的现象，在首饰制作初期，各种 Au-Ag-Cu 合金材料的配制，要根据饰件制作时工艺、器型的不同需求来改变银、铜比例。配制各种 Au-Ag-Cu 合金在轧片、拔丝中要不断退火，对于含铜量较高的镶嵌金，要在进行热轧开坯后再进行冷加工。

3.4.2　银合金材料

按国家贵金属纯度标准，现代银饰件中含银量不低于 92.5%，但对于细花丝银饰品中所使用的原材料，银的含量应在 95% 以上，我国出土的一些银质文物的基体，其银含量也可达到 95% 以上。

首饰行业中的银合金有 Ag-Cu、Ag -Sn、Ag-Cu-Zn 焊药系列。它们的共同特点是有良好的润湿性和流动性，广泛的应用于银饰品的纤焊中。

3.4.3 钯合金材料

钯为银白色金属，是近年兴起的首饰 K 白金合金的主要原材料之一，钯及其合金有良好的化学稳定性、铸造性及可加工性。广泛地被应用在首饰、牙科烤瓷合金和氢气净化、催化剂、电接触材料中。首饰中主要的钯合金有 Pd-Au-Ag 和 Pd-Ag-Cu。

1. 钯金银合金

钯金银合金是单相固溶体，在固态没有相变。因此 Pd-Au-Ag 三元合金的许多性能是平稳变化的，力学性能随成分变化不大。在材料的加工中充分退火的 Pd-Au-Ag 合金其硬度曲线比较平稳。浇铸的板、条进行冷轧和冷拉时，道次加工率分别为 30%~40% 和 10%~20%。两次退火间的总加工量可到 90%。在首饰行业中，钯金银合金的颜色酷似铂金，俗称 K 白金，其价格相对低廉，因此是代替铂金的一种合金材料，首饰中 K 白金工艺配方有 9K、14K、18K、125、226、622、443、334 多种，钯含量在 10%~40% 之间。

2. 钯银铜合金

钯银铜合金是钯纤焊药系列中的一员，是 K 白金的理想焊药。钯能提高银、铜合金的熔点和凝固点，增加银和铜的互相溶解度，钯含量为 5%~10% 时耐腐蚀性优于银铜纤料。含钯 10%~25% 的钯金银合金具有良好的润湿性和流动性，可作为高温焊药。

3.5 细金工艺中常用贵金属及合金的加工工艺

3.5.1 金、银熔炼

金、银的火法熔炼对象可分为两部分，它们分别是电子工业、细金工艺中使用的金、银及其合金原料和通过混汞、氰化等方法粗提的金泥或银泥。

细金工艺中各种规格的金银料的冶炼可分为配料、焦炭炉升温、投料、熔炼、铸锭五个步骤。金、银及其合金的工艺配方要依据不同金、银首饰和各类摆件对成分、颜色、硬度的要求而定相配制。金料可分为：足金；金、银合金软花丝系列；金、银、铜合金硬花丝、镶嵌金系列；金红焊药、金黄焊药系列。不同 K 金配方见表 3-5。

表 3-5　各种 K 金配方

种类	规格	Au/%	Ag/%	Cu/%	种类	规格	Au/%	Ag/%	Cu/%
硬金	8K	33.33	56.67	10	软金	14K	58.53	41.47	
软金	8K	33.33	66.67		镶嵌金	18K	75.1	12.4	12.5
镶嵌金	10K	41.66	18.34	40	硬金	18K	75.1	17.8	7.1
硬金	10K	41.66	48.34	10	软金	18K	75.1	24.9	
软金	10K	41.66	58.34		镶嵌金	20K	83.4	3	13.5
镶嵌金	12K	50.03	15	34.97	硬金	20K	83.4	6.5	10
硬金	12K	50.03	34.97	15	软金	20K	83.4	16.5	
软金	12K	50.03	49.97		硬金	22K	91.7	3	5.3
镶嵌金	14K	58.53	10	31.47	软金	22K	91.7	8.3	
硬金	14K	58.53	31.5	9.97		90 金	90	3	7

在贵金属熔炼的过程中，金、银及其合金的熔点较高，在熔炼时容易吸气使铸锭产生气泡、缩孔现象；另外，金银制品对原材料纯度要求严格，尤其是首饰制品的各类 K 金成分，必须严格按照国际质量标准配制的金、银、铜的比值执行。为了保证金、银成分的准确性，避免在熔炼的过程中金属液体与坩埚接触造成二次污染，坩埚材料的选择是十分重要的。由于金与银在高温下不溶解碳，也不与碳反应生成碳化物，所以熔化金、银及其合金的坩埚多为石墨坩埚。另外由于石墨坩埚能耐受 1500℃ 左右的高温，因此是金银熔炼的首选。

早期熔化金银的炼炉是由耐火砖、耐火土砌制成，炉底有炉条，炉条下有风道，风道内安有鼓风机，炼金炉使用的燃料是焦炭。焦炭是炼焦煤料在高温作用下，经过热解、缩聚、固化、收缩等一系列复杂的物理化学过程而形成的固体燃料。它保留了煤的长处，避免了煤的缺点，是冶金生产的主要燃料，主要用于有色金属、贵金属冶炼，起还原剂、发热剂的作用。明代《物理小识》、《颜山杂记》等中对焦炭的性能及应用均有记载。冶炼用的焦炭应具有适当的化学性质和物理性质，用于金银及其合金熔化铸造的焦炭一般要求：颗粒均匀（鹅蛋大小）、气孔率低、固定碳高、含硫量低。

现以原亚洲北京花丝镶嵌厂熔炼 92.5% 银料为实例加以叙述：点火时需用木头点燃焦炭，这时将石墨坩埚放置在炉口旁逐步预热，缓慢加热除了可去除坩埚内的潮气，也可防止在熔化金银的过程中坩埚崩裂。待炉火烧旺后，把配制好的 92.5% 银料放入坩埚内，将坩埚移卧在焦炭之中，鼓风机送氧，待炉内温度升高至 1000℃ 左右时，银料熔化，这时加入硼砂，银料中的贱金属随着硼砂的加入依附在坩埚壁上，硼砂的用量根据银料中产生的氧化物而定。当银料达到浇铸所需温度时，进行浇铸。

3.5.2　浇铸

金银铸造的模具分为明槽（平模）和暗槽（立模）两种。明槽铸造金银锭是古老的铸锭方法，铸造时银自下而上的定向凝固，有利于气体和氧化夹渣的上浮，因流注较短，所以液流冲击模底引起的飞溅及涡流较少，但是连续浇铸时铸锭浇口下部质量较差，容易产生气孔。另外，明槽的浇口大，易使铸锭表面氧化生渣，往往经明槽浇铸的银板都要用铣床铣削。暗槽铸造的方法广泛应用在金银及其合金的冶炼中。根据金银材料加工中丝、片的要求，铸槽分为圆形及扁形两种。采用暗槽浇铸的液体金属，凝固时以径向为主，由于相对隔绝空气，避免了液体金属流与空气的接触，使金属氧化物大为下降，提高了铸锭的质量。但是用此法浇铸的金银条容易缩孔，可通过控制浇铸速度来减少缩孔。

浇铸所用的铸铁模具需要预热，尤其是在潮湿的环境中更为必要。因为金属在熔化的过程中如果吸收了空气中的水汽和氧会使铸锭质量下降。在大气中熔炼的银及其合金，由于严重吸氧而产生疏松，在溶体的冷凝过程中易产生“喷射”现象。除此之外，浇铸的温度和速度，浇铸模具的材质及浇铸的方法都是影响铸锭组织结果，造成成分偏析、疏松、缩孔的原因。材料熔化如达不到熔点，浇铸时流动性差，易产生叠层，它将使金银片材、条材在半成品加工时产生分层，中间退火中产生气泡。铸槽温度高时金银锭的浇铸点有缩孔现象；反之，温度低时（尤其在炎热潮湿的夏季）金、银熔融料喷溅会造成损失。

3.5.3　各种合金与焊药的熔炼

1. 银焊药的熔炼

在银焊药的熔炼中，黄焊药与红焊药的投料程序有所不同。黄焊药的主要成分是银、铜、锌，由于多元银铜锌系合金含有易挥发元素锌，而且各组元的熔点相差较大，因此在熔化前先将铜、锌制成中间合金，投料分两次进行。在银铜锌系合金的熔化过程中，先将银料、硼砂放入坩埚内，待银熔化，硼砂浮于表面时，加入黄铜，搅拌均匀后，倒入抹过花生油的明槽中。待黄焊药定型后，迅速浸在水中冷却。

红焊药的熔化是一次性投料，将银、铜、硼砂置于坩埚内，待银、铜熔化，硼砂溶于表面，这时加入三氧化二砷，待硼砂与三氧化二砷熔融为一体后，搅拌均匀，倒入垫有三氧化二砷明槽中，立即冷水喷洒，待定型后即浸在水中冷却。

2. 金焊药的熔炼

金焊药也有红焊药、黄焊药之分，红焊药的成分是金、银、铜、三氧化二砷，黄焊药的成分为金、银、铜、锌、镉。金红药的熔化是一次性投料，将金、银、铜、硼砂置于坩埚内，待金、银、铜熔化后，硼砂溶于表面，这时加入三氧化二砷，待硼砂与三氧化二砷熔为一体后，搅拌均匀，在槽的底部铺一层三氧化二砷，倒到入明槽中，立即冷水喷洒，待定型后即浸水冷却。根据焊接工艺的需要，块状金焊药要倒入暗槽中。

金黄药同样是两次投料，金料、硼砂放入坩埚内，待金熔化，硼砂浮于表面，加入铜锌合金搅拌均匀，倒入抹过油的槽中。待金黄药定型后，迅速浸水冷却。

3. 足金、足银及 K 金的熔炼

足金的熔化程序是，将足金料放入坩埚内，然后将坩埚移入焦炭炉之中，鼓风机送氧，炉内温度升高至1060℃左右，金料开始熔化时加入硼砂，当足金料达到浇铸所需温度时，倒入暗槽，进行浇铸。

足银的熔化中要考虑到银具有对氧选择性透过的特点，无论是固态还是液态，银都能溶解氧。熔融状态的银可溶解超过其体积 21 倍的氧，但固态银只能溶解小于其体积的氧。因此，在熔化银时如果液体银暴露在空气中，则凝固过程就会放出大量的气体，引起鼓泡和喷溅现象。在银的熔化中要控制银的熔化温度，避免因炉温过高至使银大量的吸氧产生气孔及高温时银的喷溅造成银的损失。在大气中熔化银需用木炭或无水硼砂覆盖。

K 金料分为软 K 金、硬 K 金、镶嵌 K 金，由于它们的配比成分的不同，其熔化过程各有差异。

各类软 K 金的熔化同足金、足银基本相同。

各类硬金与镶嵌金的主要元素是不同比例的金、银、铜。在这类合金中起支配作用的是金的含量以及银、铜的比例，金的含量影响着合金的化学稳定性，而银、铜的比例则直接影响着合金的硬度、强度、熔化温度。

硬 K 金、镶嵌 K 金的熔化程序是：将金、银、铜装入坩埚中，上面覆盖碎木炭，置于炉内，鼓风机给风送氧，待炉内温度达到合金熔点后，搅拌均匀，倒入暗槽中。

各类硬 K 金、实镶金所浇铸的暗槽的内壁上的脱模剂采用煤油，具体操作如下：将煤油灯点燃后熏槽内壁，煤油燃烧升华时，在模具内壁留下薄薄一层炭黑，这层炭黑有助于提高铸锭外表质量和铸锭的脱模。

4. K 白金的熔炼

K 白金的熔炼过程同 K 黄金相似。所不同的是熔化时通常选择氧化铝等耐火材料制成坩埚，因为在高温下，碳大量地溶解钯，1400℃时碳的溶解度大于0.4%，在凝固时溶解的碳又以石墨状态析出在晶界上，使金属变脆[9]。因此K白金的熔炼使用氧化铝坩埚。

自20世纪70年代后，金银材料的熔炼使用了国产的30kW的高频炉，各种金银原材料的熔炼是置于真空高频感应炉中进行的。高频炉的工作原理是，当交变电流通过感应圈时，在感应圈周围产出磁场，处于磁场中的金、银、铜合金料就会产生交变感应电流，鉴于涡流的存在，炉料表面产生电阻热，集肤效应使炉料加热直至熔化。高频电炉化金、银的工作条件是，电压380V、电流90A。自从使用了高中频电炉后大大地降低了炉前工的劳动强度，同时又使熔炼时间缩短，节省了煤炭能源。

3.5.4 熔化过程中常用的熔剂

金、银及其合金材料熔化过程中常用的熔剂有硼砂、木炭、石英、硝石、黄土、碳酸钠、麸子、稻草灰、氧化铅等。使用这些熔剂的目的主要是防止金银及其合金在熔炼过程中吸气、氧化和防止合金中的气体与氧化夹渣的生成。这些熔剂物质分别起到捕集、助溶、氧化、覆盖的功能。

按熔剂的化学性质可分为酸性、碱性、中性三类熔剂。

酸性熔剂有硼砂、硅砂等，主要用来去除金银及其合金中的碱性或中性氧化物。

碱性熔剂有小苏打、碳酸钙等，主要用来去除金银及其合金中的酸性或中性氧化物。

中性熔剂有木炭、米糠、玻璃等，这类熔剂可与合金中的氧化物化合成渣，也可通过吸附或溶解除去氧化物，同时起到去气和覆盖保温的作用[10]。

熔剂在使用前要经过干燥脱水处理，金属熔炼中所用的硼砂应为无水硼砂，硼砂使用前要将其放入坩埚中加热去除水分待用。木炭作为常用的覆盖剂被广泛地应用，如果木炭在烧制中烧的不透，则会在木炭中存有氢、一氧化碳、甲烷等气体，这些气体如不去除，在熔炼中带入材料内将影响其质量和性能。

熔炼金、银的助溶剂分两部分，一部分是以硼砂、石英、碳酸钠为主的造渣熔剂，另一部分是氧化熔剂硝石等。它们的助溶原理如下：

二氧化硅（SiO_2）

二氧化硅是酸性熔剂，它与金属氧化物化合生成不同的硅酸盐，在合金的熔化中碱土金属的氧化物与石英反应生成偏硅酸盐，重金属氧化物与石英化合形成正硅酸盐。

$$m(MeO) + n(SiO_2) = mMeO \cdot nSiO_2$$

硼砂（$Na_2B_4O_7 \cdot 10H_2O$）

硼砂是活泼易熔的酸性熔剂，在350℃时失去结晶水，迅速膨胀，失水。失水的硼砂在高温熔炼时没有强烈的膨胀现象，可以抑制低成色金银料熔化时的溢出。硼砂中参与造渣的组分是 Na_2O 和 B_2O_3，它们分别为碱性、酸性氧化物。硼砂中的酸性氧化物能与许多金属氧化物形成硼酸盐，在低温下与碱土金属生成易熔的硼酸盐

$$CaO + 2B_2O_3 = CaB_4O_7$$

硼砂中的碱性氧化物与石英反应生成硅酸盐

$$Na_2O + SiO_2 = Na_2SiO_3$$

硼砂在700℃左右可以和许多金属氧化物化合，此时生成的硼砂盐较黏稠，温度升高后形成流动性良好的熔渣。硼砂的造渣能力优于石英，硼砂盐的熔点比相应的硅酸盐低，而且硼砂盐的流动性也远远大于相应的硅酸盐，因此被广泛的应用在细金工艺的熔炼、焊接中。在金银及其合金的熔炼中硼砂既可作为助溶剂，也可作为覆盖剂。由于硼砂的熔点较低，在坩埚内其他金属未熔化之前就先期熔化，起到了隔绝空气的作用，避免了熔炼炉中气体与金银料在高温下的反应，最初熔化的硼砂黏稠，可以防止熔融的合金外溅造成损失。

碳酸钠（Na_2CO_3）

碳酸钠是一种碱性熔剂，950℃时离解出少量的 CO_2 和 Na_2O，与贱金属氧化物生成熔渣。在熔融方法提纯一些成分在30%~70%的金银下料时，先用碳酸钠除去部分氧化物，再二次加入硼砂进行造渣反应。

硝石（KNO_3）

硝酸钾是强氧化剂，熔点339℃，固体硝石单独灼烧后，放出氧，留下固体亚硝酸盐。在熔铸低成色金、银合金时常将硝石与硼砂前后加入。硝石作为氧化剂和一些金属发生如下反应：

$$3Me + 2KNO_3 \xlongequal{\triangle} 3MeO + K_2O + 2NO$$

生成的金属氧化物再与硼砂进行以下造渣反应。

$$Na_2B_4O_7 + MeO = 2NaBO_2 + Me(BO_2)_2$$

木炭

在金、银的冶炼的过程中经常加入木炭或麸子、稻草灰等还原性物质，它们可以使金属氧化物还原成金属或相应的合金，尤其是在银及其合金的熔炼时，在坩埚内加入木炭可以减少熔融状态下银液中氧的溶解度，以避免在浇铸银锭时造成银雨现象。

3.6 金银提纯

细金工艺制作过程中金银提纯的方法大致分为火法、湿法和电解法三种。

火法精练提纯又可分为坩埚熔炼法和灰吹法。

3.6.1 坩埚熔炼法

坩埚熔炼法是分离和提纯金、银的古老的方法，它主要应用于金、银矿原料的开采提炼。这些经过酸洗的氰化金泥、汞膏、沙金与硼砂、石英砂、碳酸钠等溶剂混合，在1200～1300℃的温度下熔炼。火法炼金将沙金炼制成型后，金成色可达到85%左右，汞膏脱汞后的海绵金炼制成型后，金的成色达到60%～70%左右，用火法炼制出的金银纯度不高，最终还是要通过化学提纯和电解法精练。

3.6.2 灰吹法

灰吹法也称火法试金法，是一种分解样品，富集金银的好方法。火法试金分为铅试金法、锡试金法、锑试金法等多种，常用的是铅试金法。由于金、银物理化学性质相近，在采用铅试金法富集分离时，金、银被同时富集。灰吹的过程如下：首先将金银矿样、熔剂（硼砂、二氧化硅）、氧化铅、面粉混合，在高温下金银矿样中的贱金属与熔剂作用形成相应的硅酸盐或硼酸盐，金、银与由氧化铅还原出来的金属铅形成合金沉在器皿底部。把含有金、银的金属铅置于灰皿中进行吹灰，此时铅又被氧化成氧化铅后再被灰皿吸收，金银则以合金的形式留在灰皿之上。

3.6.3 湿法提纯

湿法提纯金银的方法被广泛地应用在首饰行业的原材料、下脚料、镀金液、镀银液的回收提取中，常用的提纯方法有硝酸分银、硫酸分银、王水分金等。

硝酸与硫酸分金银的原理是：在氧化性酸性介质中将金与银或其他贱金属分离。为了有效地将金银分离，达到提出高纯金的目的，在提纯前对被提纯材料的金含量进行成分分析，根据分析结果，配制成金含量为29%～33%的合金，将此金银合金熔化，搅拌后，匀速，缓缓到入盛有冷水的容器中，制成直径约1cm左右的合金珠，俗称“泼珠”。把合金珠置入烧杯中，加入1∶2的硝酸溶液中，温度加热到150℃左右进行第一次酸浸，分银反应如下：

$$HNO_3 + (Au + Ag) \rightarrow AgNO_3 + H_2\uparrow + Au$$

30分钟后将溶液倒出，再加入1∶1的硝酸进行二次酸浸，20分钟后倒出溶液，用瓷勺将合金珠碾碎，热水洗涤数次，再进行第三次分银。如此反复，直至热水洗

涤时无氯化银白色沉淀出现为止。分银后的溶液稀释后加入铜板置换银，置换反应如下

$$AgNO_3 + Cu \rightarrow Cu(NO_3)_2 + Ag$$

碾碎的金粉末，用热水反复清洗至 pH 为中性，烘干。放入坩埚中加入少许硼砂熔化成金板或金条。硝酸分银法是首饰行业提金的主要手段，提纯工作者在多年的实践中不断总结经验，应用此法提纯出的金经重量法分析，金含量可高达 99.90%。

硫酸分金银同硝酸分金银的方法基本相同，银、铜等金属以硫酸盐的形式溶于溶液中与金分离。在合金珠的制备中金含量也应在 33% 以下。

王水分金法适应于银含量低于 8% 的合金，此法也同样应用在制取电镀金液中。王水分金时将合金熔化，泼珠或碾成片，放置在容器中，按每份金分数次加入 3～4 倍王水，加热，金溶解生成三氯化金进入溶液，银生成氯化银沉淀。在溶液中加入草酸、二氧化硫还原金，其反应如下：

$$Au + HNO_3 + 3HCl = AuCl_3 + NO_2 + 2H_2O$$

$$2AuCl_3 + 3H_2C_2O_4 = 2Au\downarrow + 6HCl + 6CO_2$$

还原的金经过滤、热水洗涤、烘干后与硼砂一并放入坩埚中熔化成金锭。此法提出的金含量可达 99.5%。

3.6.4　电解法

运用电解银法是为了提纯出纯度更高的银料。银的电解以硝酸银为电解液，被提纯的银合金作为阳极，纯银板为阴极。通入电流后阳极上的银及其贱金属溶解，在阴极析出纯银。电解过程中阴极上的反应是银析出的过程，阳极上发生的反应是被提纯的银合金氧化溶解的过程，其反应如下：

$$Ag^+ + e \rightarrow Ag \qquad \text{阴极}$$

$$Ag - e \rightarrow Ag^+ \qquad \text{阳极}$$

电解金同样也是为了提纯出纯度更高的金料。一般电解的金材料中金含量都在 90% 以上，电解金的介质为三氯化金，此法也称沃耳维尔法。在较大电流密度和高浓度的三氯化金的电解液中，随着电解的进行，被电解的阳极溶解，阴极析出电解纯金。经电解提取的金、银成色可高达 99.999%。

3.7　金、银片材条材的加工

首饰行业上应用的金、银及其合金材料多为片、条、丝材。主要采用压力加工方法

图 3-2　压片

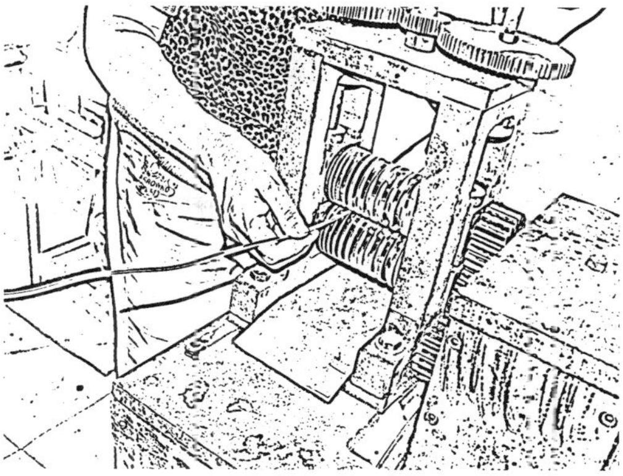

图 3-3　压丝

制成丝、片材。金银饰品上所用的金丝、银片均要经过拔丝机、压片机制成（图 3-2、图 3-3、图 3-4）。

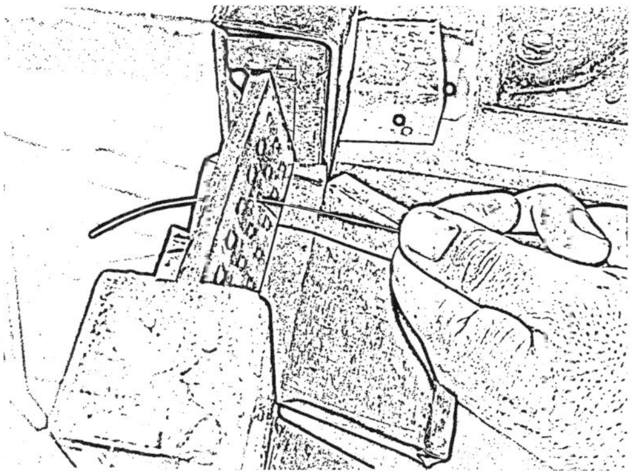

图 3-4　拔丝

金、银及合金片材的加工，采用的是对辊机冷加工压轧成型法，轧片前需将熔化的板材车铣，以去除飞边毛刺和表层氧化皮，另外要酸洗去除表面油渍。金银板轧制成片材的工作原理是，轧辊与金银板材相互作用，被压金、银板被摩擦拉入旋转的平辊轧机之间，受到挤压后发生塑性变形。15cm×25cm×1.5cm 的金银板放置在轧片机中要进行粗轧和细轧两道工序，轧片时要不断退火，以保持其金属的延展性。

丝材的加工则采用拉伸法，大批量的丝材用拔丝机拉制。丝的断面以圆截面为主，也有三棱丝、扁丝、管丝等。对于浇铸成型的金银条，要先在压条机上锻压成方条，再在轧尖机上压出尖头，最后进入拔丝机上粗拔。粗拔中的材料要不断过火。直径小于 0.3cm 的丝材则要采用多孔模挤压的细拔丝技术。细拔丝机由模孔板、水箱、拔丝机组成，模孔板有多个，每个板上有不同直径的孔眼数个，直径小的模孔采用钻石，直径大的模孔采用钢材。在模孔中涂抹润滑剂可减少拔丝中丝材通过孔眼时形成的摩擦热，模孔板置于水箱中，当丝穿过眼孔的同时进入水箱，既降低了丝材的温度，又减小了材料的损耗。拔丝机有直拔机和灌拔机两种，硬度高的各种镶嵌 K 金、硬 K 金条材和潮银要用直拔机拔出直丝；软 K 金、足金和 95% 以上银一般用灌拔机拔出卷盘丝。

在金银器的制作过程中，往往要根据饰品的要求改变少量丝的型号，此时就需用手工拔丝板拔制。

金银器制作材料的种类较多，它们的化学成分、组织结构、杂质含量以及处理工艺等对线板材的制作工艺有很大的影响。金、银及其合金中的晶界、晶界杂质或第二相，在拔丝和压片加工过程中，均沿金属流动方向被拉长，排列为流线形状，形成纤维组织或带状组织，并形成一定程度的择优位相，使材料的纵向及横向性能差别很大。横向的强度、塑性一般比纵向低，这种纵横向性能的差异与变形程度有关。在变形较小的情况下，纵向与横向的强度差别不大，但横向塑性降低许多。当变形程度超过 65%~75% 后，随着变形度的增加，横向性能由于纤维组织的形成而急剧下降，造成拔丝或压片加工中，出现裂纹，同时也容易在以后的丝片加工中再度出现裂纹[11]。为了避免这种情况的发生，在拔丝、压片的过程中要不断退火。

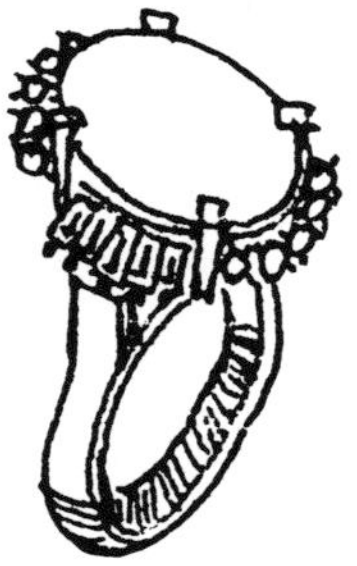

图 3-5　18K 嵌宝石戒指

首饰上常用的丝材、片材的型号较多，共有 40 余种，常用的丝、片型号在 8~36 号，同型号的片、丝的厚度、直径相同。不同型号的丝、片分别应用在不同的细金工艺制作中，嵌宝石戒指、手镯常用的丝、片与花丝工艺中各类丝的用料就有所不同前者要求丝、片有一定的厚度，而后者则需要极细的丝、片掐制成各种形状的花丝图案。往往在一件饰品的制作中，不同部位的丝、片均不相同，如 18K 嵌宝石戒指中石碗和抱爪丝用的是 13 号丝、片，戒指身则用的是 18 号金片（图 3-5）。

3.8　细金工艺中常用贵金属及合金检测

金饰品的成分分析方法主要有：试金石法、火法试金法、比重法、X 射线荧光光谱法、原子吸收法、库仑法、ICP-AES、SEM、比色法、波长色散、能量色散法等多种检测手段。

首饰界常用的检测方法有以下几种。

3.8.1　试金石法

试金石法是一种简单、快捷、结果可靠的检测金含量的古老方法。已发现用试金石的记载出自晋朝郭璞校注的《山海经》，清朝张澍《蜀典》引该注云：“黄金（含银较多的自然金或银金矿）出蜀中，与金无异，但上石则白。”明朝宋应星《天工开物》中记载：“此石广信群河中甚多，大者如斗，小者如拳，入鹅汤中一煮，光黑如漆。”[12] 试金石法是通过金、银、铜的颜色、硬度来进行分析判断。试金石一般选择南京的雨花石或硅质岩石，在鹅血或鹅汤中煮黑后，再把石面磨平、洗净、晾干。然后用蓖麻子油涂在石上。涂油面一定要保持清洁，不要用手摸，不能沾染灰尘和受潮[13]。

原北京花丝镶嵌厂金银库房，曾配制了一套从千足金到各种软金、硬金、镶嵌K金的标准金牌，金牌的含金量均经过火法试金重量法分析，分析误差在万分之三以下。用试金石检测金成分时，如果样品是九成以上的金，首先将样品在试金石上磨出一道大约长3厘米的痕迹，在其左右两边同样用与其成色接近的标准金牌磨出长短一样的痕迹来对比颜色。如果金的成色较低就要在对比颜色后，在标样与样品处滴上1∶1的硝酸，待酸反应后再观测残留在试金石上金的颜色。试金石上残留的金银痕迹可用蓖麻子擦除。

值得一提的是，在过去没有任何检测条件的情况下，许多首饰老艺人凭着丰富的经验，通过观色、试硬度、听声音来区别不同成色的黄金、白银。

民间对银的观色留传有“九九银，青细查，白口；九八银，细灰查，白口；九七银，猪肝查，微黄口；九六银，粗灰查，微黄口；九五银，炉灰查，微黄口；九四银，炉灰查，多红色，微黄口；九三银，青白查，黄口；九二银，青白查，黑宗眼，亮黄口；九一银，白查，黄口；九成银，酱黄查，黑宗眼；八九银，微黄查，黄口；八八银，微黄查，黑宗眼；八七银，老黄查，黄口；八六银，微黄查，微黑宗眼；八五银，微黄查，有红宗眼”的口诀。还有有菊花心的口诀以及七青、八黄、九紫、十赤、以十赤为足金也之说。

试硬度是通过牙咬、指甲掐来分辨金、银的足赤，听声音就是将金子扔在地下(最好是水泥地板上)，听其发出的声音。笔者曾在北京花丝镶嵌厂从事金银成分分析、提纯工作多年，在实验室工作期间，有幸亲眼目睹过一位化金老师傅通过声音来判断9成以上黄金、白银的含量。我们曾作过多次这样的实验：老师傅说出金、银条或金、银板的成分含量后，我立即取样，采用火法试金法和伏尔哈特法分析，分析结果误差范围在1%左右，实在令人敬佩。

3.8.2　比重法

比重法测定金的成分也是一种简便、无损的检测方法。比重法适应于组成简单的高成色的小件金银器。它的原理是，将黄金试样进行预处理后准确称其重量，然后将试样置于水或四氯化碳中再次称重，根据阿基米得定律计算出黄金试样的体积，从而求出试样的比重，利用黄金比重大于其他金属的特点，通过测得的比重就可计算出金的含量[14]。

3.8.3　火法试金法

作为国家标准GB－9288－88的火法试金是经典的分析金含量的方法。该方法适用于金含量在37.50%~99.95%的各种金和K金的含金量的测定。火法试金的分析原理是，以纯铅做捕收剂，将试样放在多孔性的骨灰皿中进行氧化灰吹，在铅氧化物被骨灰皿吸收时，其他杂质与金银分离，而贵金属金与银滞留在骨灰皿上，然后用分金法将金分出称重。分析步骤如下：用万分之一分析天平按金重量的2.1~2.5倍称取纯银，十万分之一分析天平精确称取金含量99.99%标准金0.30000~0.50000g3~4份，称取相当于0.30000~0.50000g金的试样3~4份，将称好的金银放入纯铅皮中，准备灰吹。灰吹在马弗炉中进行，事先将由牛、羊骨灰制成的骨灰皿放入马弗炉中，升炉温至900℃。打开炉门将卷紧的铅扣用长柄钳子加入至骨灰皿中，关好炉门，继续升温，保持在950~1000℃。约10min，标样与试样全部熔融，氧化膜被骨灰皿吸收，将炉门稍开，以促进铅氧化，温度控制在850~900℃，灰吹时间15min。待样品和试样表面出现彩色薄膜时，将炉门关上，使炉温保持在950~1000℃，20~30min后，再把炉门稍开，使剩余的铅氧化。合金粒出现鲜明的彩色，10~15s后彩色消失变暗，关炉门，将炉温升至在950~1000℃，约保持15min，切断电源，待炉温降至700℃使取出骨灰皿冷去。用毛刷将熔化的金银合金粒上的氧化物和骨灰刷掉，用轧片机将试样、标样轧成厚度为0.15~0.20mm的薄片后开始分金，把轧制好的薄片卷成螺旋圆桶状，放入烧杯中，置于电炉上，加入已加热到80~90℃的1∶1的硝酸中，45~60min后取出，用热蒸馏水浸洗4~5次。二次分金时加入2∶1的硝酸，30~45min后取出，热蒸馏水浸洗5~6次，直至洗涤液中检测不出氯离子为止。烘干后，用十万分之一分析天平准确称重。火法试金法的允许误差小于0.03%。该方法作为国际首饰行业公认的金银检测方法，至今仍然运用于金银饰品的生产第一线上。

3.8.4　ICP—AEM

电感耦合等离子体（ICP）发射光谱仪可以方便地分析元素周期表中除气体外的所有稳定元素，在测定中对绝大多数元素都有令人满意的检出限，同时它具有高达5个数量级的线性范围和受化学干扰少等优点。所以，自20世纪70年代以来一直广泛地应用于环保，冶金，地质等各个领域。

ICP—AEM的测试原理是，当被测元素的原子被激发时，它们的外层电子吸收能量后改变原子轨道，从低能级跃迁到高能级。当它们回到原来轨道时，便发射出这个元素的特征光谱，$E_1 - E_2 = h\nu = h/c$。该谱线强度直接和样品中存在的元素含量成正比，因此，可以进行定量分析。电感耦合等离子发射光谱法适用于在不分离金银基体的条件下测定金、银首饰中的杂质元素，从而确定金银含量。

3.8.5　X射线荧光光谱法

X射线荧光光谱测定法是一种光谱分析方法，采用X射线荧光光谱法测定金、银成分，是一种较为理想的无损检测方法，在大样品室内可测定不同成分、不同形状的金银器。该法具有灵敏度高，准确度较好，分析范围广，无污染，快速，无损的特点。它在测定主要元素含量的基础上可同时提供多种微量元素数据。国家首饰质量监督检验中心起草的贵金属首饰含量的X射线荧光光谱无损检测标准，适用于首饰及其他工艺品中金、银、铂等贵金属表层含量的测定。该方法的原理是将贵金属首饰表层经射线激发，发射出特征X射线荧光光谱，测量特征谱线的能量或波长，可进行定性分析。测量谱线长度，即可进行定量分析。此标准目前在一些首饰检测中心等部门广泛应用。

3.8.6　化学滴定法

化学滴定法是测定银时普遍采用的方法。该法测定范围广泛，准确度高，不需昂贵的仪器设备，易被中小型实验室采用。定量测定银的滴定法有碘量法、硫氰酸盐法、络合滴定法、电流滴定法、萃取滴定法等多种方法。其中硫氰酸盐法即伏尔哈德法，被作为国家标准（GB11886－89），是银饰品成分分析的常用方法之一。具体分析方法是：在含有银离子的酸性溶液中，以硫酸铁胺为指示剂，用硫氰酸钾标准溶液进行滴定，硫氰酸根首先与溶液中的阴离子反应生成难溶的硫氰酸银白色沉淀，当银离子沉淀完全后，过量一滴的硫氰酸根与三价铁离子反应生成红色的硫氰酸铁络离子。该法操作简单快速，终点明显，允许误差小于0.2%。

注　释

[1][10]　《贵金属材料加工手册》编写组．贵金属材料加工手册．北京：冶金工业出版社，1978.

[2][5][9]　黎鼎鑫等．贵金属材料学．长沙：中南工业大学出版社，1991.

[3][14]　薛光．银的分析化学．北京：科学出版社，1998.

[4][12]　孙戬．金银冶金．北京：冶金工业出版社，1986.

[6]　朱祖芳．有色金属的耐腐蚀性及其应用．北京：化学工业出版社，1995.

[7]　陆寿椿．重要的无机化学反应．上海：上海科学技术出版社，1963.

[8]　林肇琦．有色金属材料学．沈阳：东北工学院出版社，1985.

[11]　杨如增，廖宗廷．首饰贵金属材料及工艺学．上海：同济大学出版社，2002.

[13]　张光曾．古玩宝石首饰的欣赏与鉴别．北京：中国物资出版社，1993.

第四章　花丝工艺与文物

4.1　概　　述

金银细金工艺历史悠久，不同时代的考古发掘品中的金银类文物的制作技法均出自传统的细金手工艺。细金工艺以师徒相传的形式传承至今。这门传统的特种工艺是中华民族手工艺宝库中的一枝奇葩。

金银器的制作过程往往运用多种技法，各种工艺既相对独立又相互融合。在《新唐书·百官志》中有如下记载："细镂之工，教以四年；车路乐器之工，三年；平漫刀槊之工，二年；矢镞竹漆屈柳之工，半焉；冠冕弁帻之工，九月。教作者传家技，四季以令丞试之；岁终以监试之，皆物勒工名。"[1]其中的细镂之工即细金工艺制作。当代一些著名的工艺美术大师都是自幼年就进入金银器作坊拜师学艺，学徒期3~5年不等。

我国传统的细金手工艺包括花丝、实镶、錾刻、烧篮、点翠等工种。其中花丝工艺是细金工艺的一个分支。顾名思义，花丝就是用不同粗细的金、银丝（素丝、花丝、祥丝、巩丝、麦穗丝等）来制作工艺品，它的表现手法为：掐、攒、填、焊、堆、垒、织、编。

花丝工艺最早始于西汉。西汉后期，金银制的小头饰开始盛行。这门新兴的工艺历经魏、晋、隋唐直至今日。盛唐时期，由于丝绸之路的畅通，东西交往频繁。因此，这一时期的花丝工艺处于鼎盛阶段。到唐代中期，首饰制作工艺已经比较完整。

明、清时期的花丝工艺被誉为燕京八绝之一，属宫廷艺术。

在我国出土的金银类文物中，不乏大量以花丝工艺为主的饰品。其中具有代表性的文物有陕西法门寺出土的唐代金银丝笼子，山西曲回寺出土的元代内向双飞蝴蝶金簪、花丝金簪，内蒙古辽陈国公主墓出土的公主、驸马银丝网络，定陵出土明代万历翼善金冠等。

4.2　花丝工艺所用材料与工具

4.2.1　材料

花丝工艺的制作材料以不同粗细的金、银丝为主。在制作中要通过镊子掐制出各式各样的花丝纹样，因此要求金、银丝有一定的韧性。银丝的成色应在95%以上，金丝除含量在99%以上的足金丝外，其余的K金丝均是由金、银合金制成的花丝软金构成。

4.2.2　工具

制作花丝主要的工具有：镊子、掐丝板、制子、手捻、锉、焊枪、锤子、铁砧等[2]。花丝用的镊子有花丝掐活镊子、掰活镊子、绕卷活镊子、整丝镊子、黏活镊子、搭药镊子、焊活镊子等，它们分别应用在花丝制作的各道工序中（图4-1）。

图4-1　花丝镊子、制子

4.3　花丝的制作与基本技法

花丝是用较少的金、银丝制成纤细秀丽、玲珑剔透的各样纹饰的工艺。这门传统工艺的表现手法可归纳为掐丝、攒丝、填丝、焊接、堆灰、多层花丝垒叠、织编等。

4.3.1　花丝的种类及制作

花丝工艺是丝的艺术，所有的表现形式都由不同纹样的花丝来完成。花丝的种类有很多，常见的有素丝、花丝、巩丝、麦穗丝、祥丝等，不同品种的花丝可制成各类纹饰，如回纹、回字锦、套古钱纹、灯笼空纹和牡丹花、梅花纹、套泡丝纹、席纹等（图4-2）。

常用的花丝种类及制作简单介绍如下：

花丝：将两根或多根圆素丝放在搓活板上，用搓丝木将其搓成一体为花丝。向正方向搓丝为正向花丝，反方向搓丝为反向花丝。花丝可制成各种图案，主要应用在烧篮图案和填丝所用的外轮廓上。

凤眼丝：将两根正向花丝合在一起，按反方向搓回、压扁，花丝之间有凤眼状孔洞。

麻花丝：将正向花丝再往前搓紧即为正向麻花丝，反向花丝再往后搓紧即为反向麻花丝。

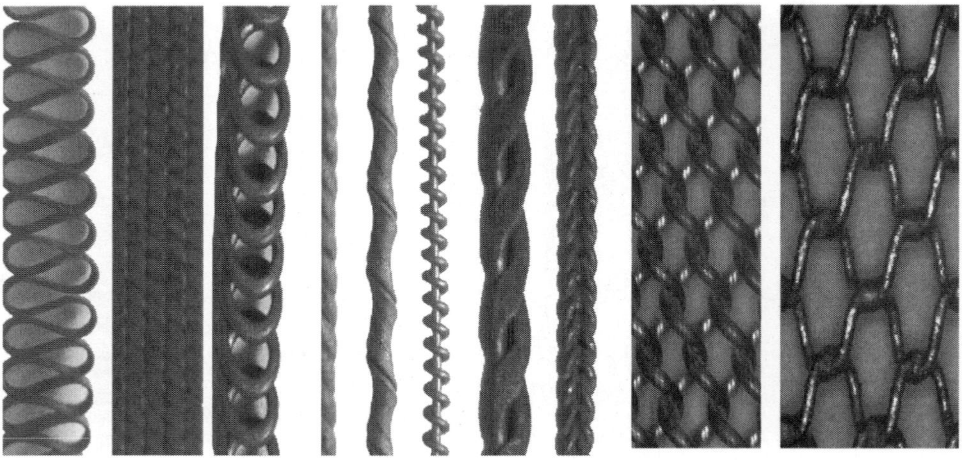

1　　2　　3　　4　5　6　7　8　　9　　10

图 4-2　部分花样丝

1. 巩丝　2. 四股花丝　3. 码丝　4. 两股花丝　5. 竹节丝　6. 螺丝（不含中间的衬丝）　7. 凤眼丝　8. 麦穗丝　9. 套泡丝　10. 拉泡丝

麦穗丝：正向花丝与反向花丝平行合焊在一起，也称为正反花丝，主要应用在小型摆件上。

竹节丝：单股素扁丝向左上方搓成竹节形状。竹节的长短、疏密可通过手搓力度控制。

巩丝：单股素圆丝或两股花丝在两根细棍上穿插缠绕成 8 字形，将两根细棍抽出，呈 8 字形拱丝，将其拉开成为门洞丝。压扁的巩丝主要用于立墙和镂空花纹的制作中。

螺丝、祥丝：将细素圆丝等距离搓绕在一根衬丝上，去掉衬丝形成螺丝。祥丝的制作基本同螺丝，所不同的是螺丝有间距，无衬丝；祥丝无间距，有衬丝。螺丝常作为包边石碗的外围花边和套泡丝的料材，祥丝多用于制作大边。

码丝：螺丝推倒压扁。

套泡丝：根据螺丝的间距根根相套在一起。

拉泡丝：将套泡丝展开，压扁后筛红焊药焊接固定。

赶珠丝：将素圆丝横放在锉活板上，用特制的赶珠刀赶出成串的珠丝。

4.3.2　鳔丝

鳔丝是制作各类花丝的前道工序。鳔丝时首先将两根圆丝搓成花丝或素丝（图 4-3），然后压扁。4～6 根双股花丝、扁丝为一组，顺序缠绕在秫秸秆或塑料管上（图

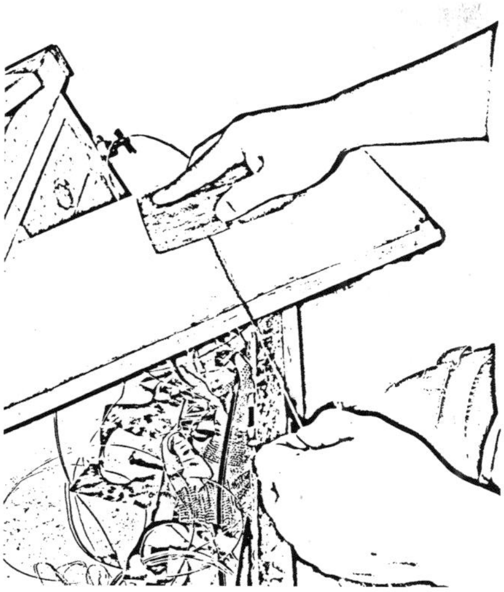

图4-3　搓丝

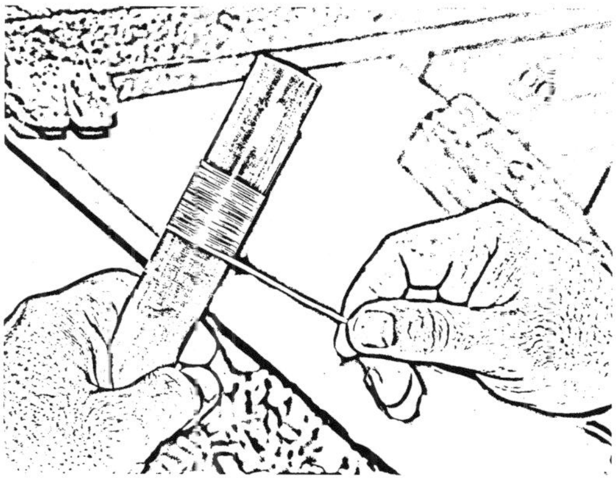

图4-4　鳔丝

4-4），用鱼鳔、乳胶涂敷在花丝表面，黏接后取下，待用。

4.3.3　掐丝

掐丝是用掐丝镊子将花丝掐制纹样的工艺，掐丝所用丝必须是扁丝，丝的长度要用制板、制子等特制工具，等距离地量制出来。掐丝有两种方法。第一种方法所用工具为掐丝镊子，主要掐制各种花丝纹样。首先用制子断出长度，放在金属板上，掐丝镊子垂直向下与掐活板成90°直角掐制花丝（图4-5）。第二种方法所用工具为掰活镊子，主要掐制大边类素丝，掐制时掰丝镊子垂直向下。在不同花丝纹样的掐制中要始终保持镊子垂直，才能使花纹线条软硬适度，线条流畅，过渡自然。掐制好的纹样用白芨黏接在同样质地的片材上（图4-6、4-7），筛红焊药，焊接后剪下。可在掐制好的花丝纹样上点篮、点翠，也可在掐制好的素丝大边内填丝。

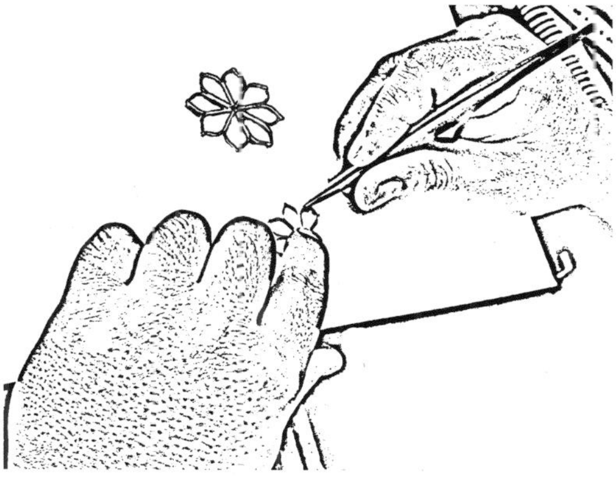

图4-5　掐丝

掐丝是花丝工艺中的基本功，也是最难掌握的一门技术。掐功高超的花丝艺人，可以一镊子掐出各种人物、动物、植物的图案。民国时期著名的掐丝艺人张聚伍先生，只用一把镊子就掐制出一套线条流畅、生动自然的二十四孝

图 4-6　蘸白芨

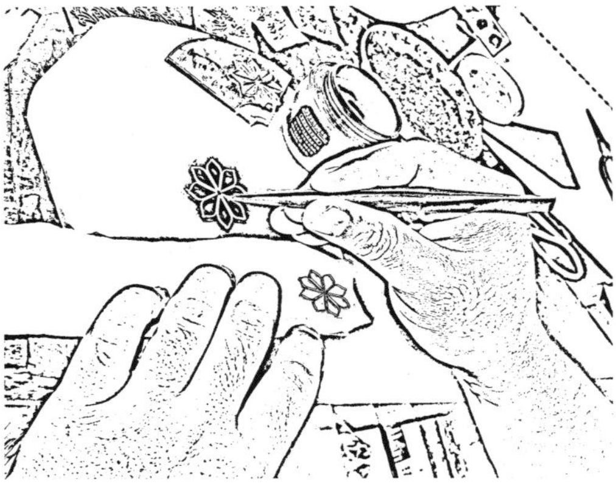

图 4-7　黏接在银片上

图；当代工艺美术二级大师姚迎春先生仅用一根银丝就掐制出了飞天图中的仙女，其造型栩栩如生。

4.3.4　填丝

填丝是将花丝制成的图形填在规定轮廓内的工艺。业内人士称轮廓为“大边”。填丝所用的丝均为单股，纹样的轮廓一般用较粗的素丝掐制成形，而后对口焊接，也有少量的轮廓是用压扁的粗花丝掐制成形的。填丝是将巩丝、卷头等花丝纹样平填在规定的大边内，也称平填。所填丝材应是单股花丝或素丝。

填丝所用工具有，填丝镊子、剪子、白芨、粘活板等。

填丝前首先要制作大边，将素丝掐制成型的轮廓蘸上白芨，黏接在黏活纸上，依据图案设计的要求，将预先掐制的巩丝、卷头（图 4-8）、花瓣（图 4-9）、各种锦地等平填在大边内，填丝时要求高矮一致，疏密适当。在填制的花丝纹样上均匀地喷洒硼砂水后，筛少许红焊药，焊接。第一遍焊接时，焊药不要太多，头遍焊接后，用整丝镊子，整理花丝纹样，对未焊接到或没有焊牢的部位，可再次筛红药焊接，直至花丝纹样之间和花丝与大边之间焊接牢固为止。焊接完毕，将半成品浸入酸中，待去除氧化皮后，用水清洗，自然干燥。最后用小锉将滞留在大边和纹样上未熔化的焊药锉掉。

我国四川成都的花丝平填技术享誉天下，主要工艺品种有花瓶、果盘、烟具、茶具、挂瓶、首饰等。至今仍陈列在人民大会堂四川厅中的平填银丝大挂盘《丹凤展翅》和《孔雀开屏》两幅作品，就是成都花丝工艺师们的杰作。

明清时期兴起的点翠工艺，也属于花丝工艺中填丝技法的范畴，点翠时将翠鸟的羽毛剪成不同的形状填在有底托的金银质地的大边中。明十三陵出土的凤冠和故宫博物院

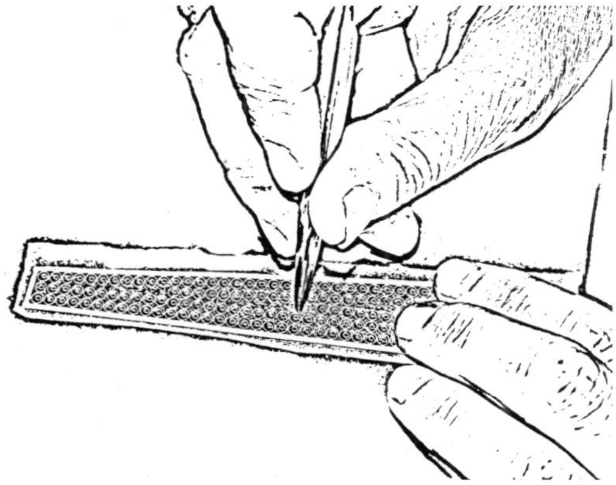

图4-8 填卷头

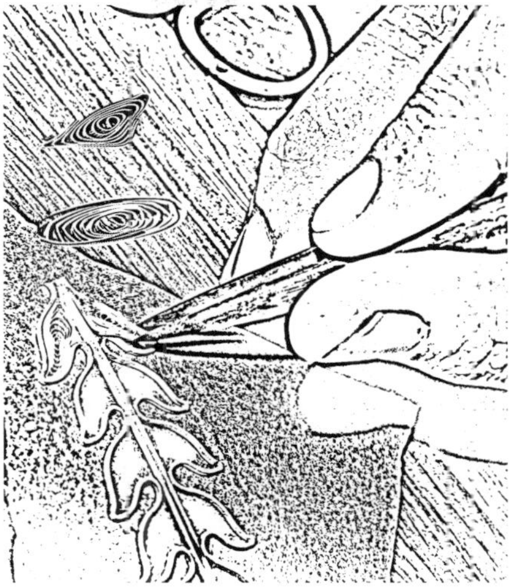

图4-9 填花瓣

珍藏的清代后妃首饰中有大量的点翠饰件。

4.3.5 堆垒

堆垒是在塑好的炭粉形体上，缠绕码丝或螺丝后筛药焊接成型的工艺。炭灰的制作方法如下：先将木炭磨成细粉，再把白芨和炭粉用水调制成黑色膏泥状；根据所塑器型，用膏泥捏出胎型，待模型干燥后，用镊子将码丝、螺丝及各式花丝纹样黏上白芨水码放在炭灰上，固定焊接。焊接时，要根据纹样的疏密来确定筛药的方式，对紧密环绕的花纹要用小筛箩筛药，反之则要用镊子将药搭放在纹样接口处。焊接过程中先虚火后实火，在具体的工作中往往根据工艺要求和工匠的个人习惯而定。堆垒工艺既可以联合使用，又可以各自独立应用。

垒丝分平面垒丝和立体垒丝两种。平面垒丝同平填丝有所不同，平填丝是把花丝纹样填充在固定形状的边框内，而垒丝则是将两层以上的花丝图案叠加在一起（图4-10），以便体现产品立体效果的一种技法。立体垒丝可在实胎或炭灰上叠码花纹图样进行焊接，也可以在没有实胎的情况下两层花丝纹样叠码焊接。

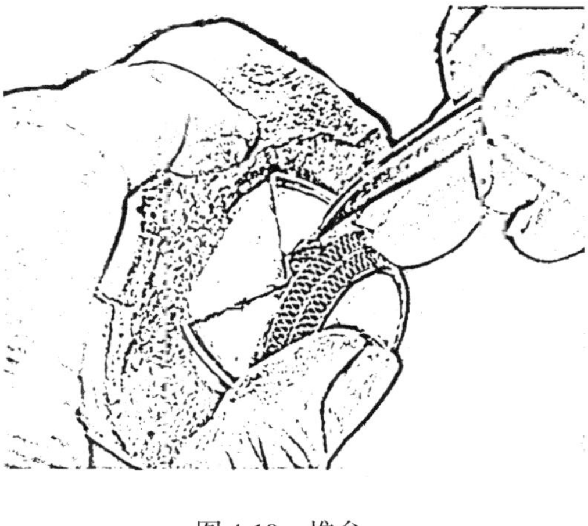

图4-10 堆垒

一件以堆垒技法制作的花丝空心球的工艺流程如下：用炭泥塑出圆球型，将花丝纹样均匀地码放在干燥后的球形胎体上，在花丝纹样处先喷撒熟硼砂水，后筛红焊药，堆垒焊接要求一次焊接成功，焊接后炭泥化为白色灰烬，一件镂空花丝球制作完毕。

4.3.6 织编

在金银器的制作中，织编的应用极为广泛。

细金工艺中的织编是用多股丝材编织成型的工艺，编织所用的材料有：圆素丝、圆花丝、扁丝等。多数花丝的制作均离不开手工编织，因此在花丝的制备中编织是必不可少的，通过手工编织的花丝纹有小辫纹（小辫丝就是用三根或更多的两股花丝或素丝编织成类似小姑娘的小辫形状的花丝）（图4-11）、十字纹、螺纹、席纹（图4-12）、套泡纹、拉泡丝等多种。其中套泡丝和拉泡丝是近代首饰制作中常用的编织材料，由多根罗丝编织而成的泡丝坯子拉开为拉泡丝，罗丝之间相互套在一起的为套泡丝。泡丝坯子在没有焊接之前柔软如纱，有很大的随意性，可以拉制出圆孔、方孔等不同纹样的网，这些网状纹样经整形焊接后多用在花丝侍女人物的飘带、动物的羽翼等部位。套泡丝常用于凤冠、龙身的制作。现代嵌宝石银鱼（图版1）的尾部和鱼稽的制作中使用的材料就是拉泡丝。

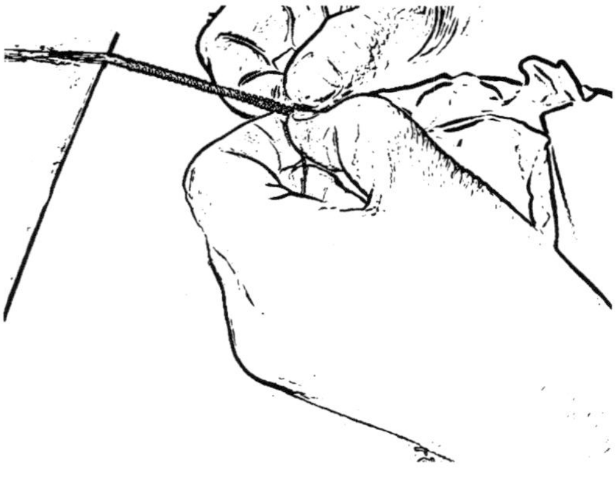

图4-11　编小辫

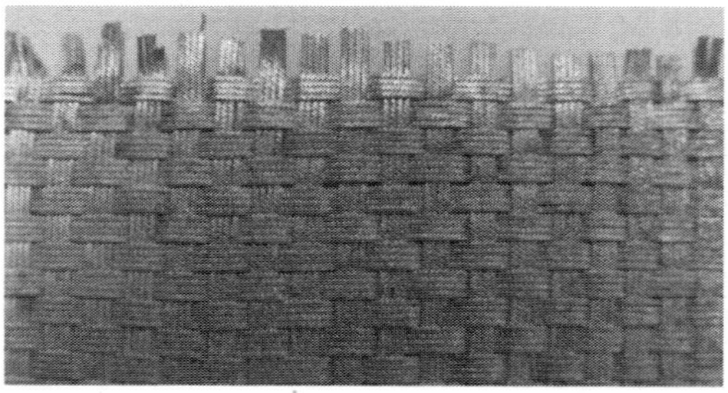

图4-12　席纹

平面编织的纹饰可以作为大型摆件的一部分或作为器物的底纹，立体编织的纹饰可以直接制成玲珑剔透的工艺品。编织花纹时要用力均匀，花纹要疏密适度，平整自然。

金银丝编织中的一些编织技法在不同时代出土的金银器文物上得以印证，如“灯笼空”的编织法在唐代法门寺金银丝笼子、辽代陈国公主墓出土的银丝网络、明代万历金冠的编织中多次出现。

4.3.7 花丝工艺中的攒焊

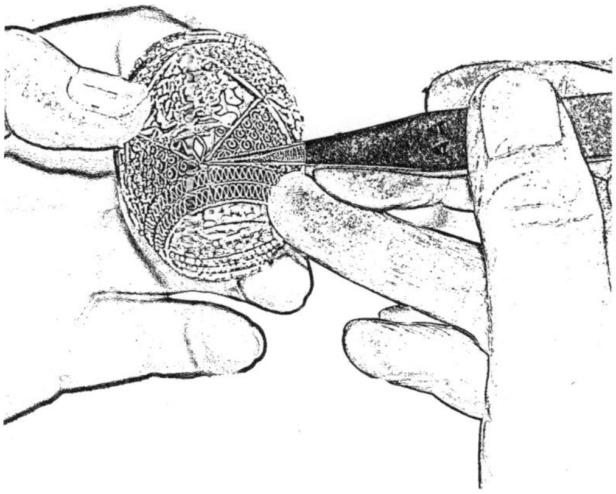

图 4-13 攒活

花丝工艺中的攒与焊接是相连的两道工序。攒即是组装，攒活（图 4-13）的主要工具有攒活镊子、卡子、铁丝、白芨等。花丝工艺中攒的方式有平攒、叠加攒、部件攒。

平攒：即将平面的花丝纹样连接在一起。平填丝就是平攒的一种表现手法。

叠加攒：就是将单一的相同纹样或不同纹样一层一层地攒接在一起，相同纹样的攒接有龙鳞、鱼鳞的组装；不同纹样的攒接有镂空的立墙大边的组装。

部件攒：用于花纹的筋脉相攒、动物不同部位的组装。

花丝工艺中的焊接是整个制作的关键环节。焊接工具有焊枪、焊药、硼砂、反老虎（图 4-14）等。焊枪以天然气、氧气、汽油为燃料，20 世纪 70 年代以前，原北京花丝镶嵌厂的一些老艺人曾使用一种以煤油为燃料的焊接方式。焊接工具是煤油壶、特制的空心铜管（图 4-15）、灯草（一种中草药）。据邢玉珍老师傅讲述，在清末民初时期就已有了这种的焊接方法，焊接时将煤油倒入茶壶状的煤油灯内，灯芯自壶嘴插入壶身，用口通过空心吹管向壶嘴火焰处供氧，通过改变气流来控制火焰大小，以达到焊接的目的。这一焊接方法是否传承了下来，还有待进一步考证，但是可以认为，清末民初时期，细金工艺行业中就已使用了这门焊接技术。

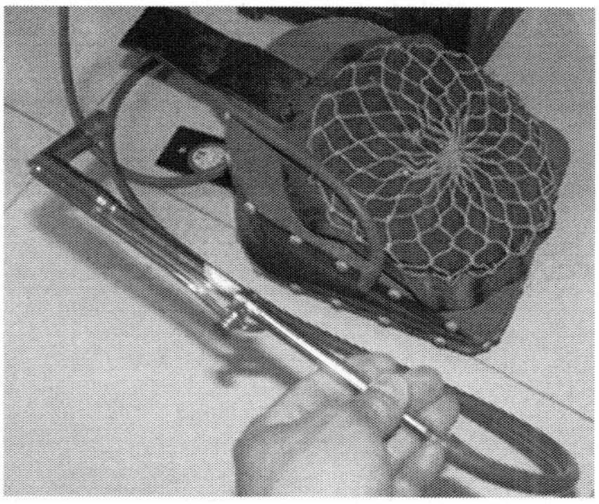

图 4-14 焊枪、皮老虎

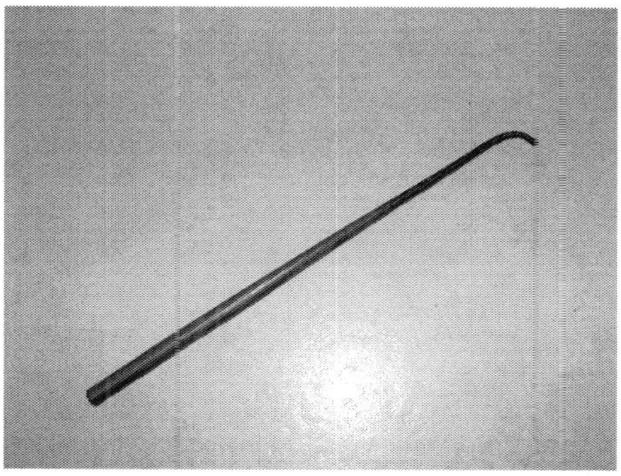

图 4-15 铜管

通过各种花丝工艺技法制作出的饰件不同于其他细金工艺产品。因为整个器物是用极少的金银丝制作而成的，所以它的焊接难度要高一些。花丝产品的焊接分搭药（图4-16）、筛药攒前焊接、半成品组合焊接、成品组装焊接几部分。花丝所用焊药除少量用于对边焊接的黄焊药外，均为红焊药。花丝器物的焊接方式分为点焊、片焊、整体焊接（图4-17）。在焊接中焊药、焊枪的选择与火候掌握十分关键。在焊药的选择方面，一是要根据饰件焊接的顺序和部位来选择不同熔点的焊药，二是要根据制作工艺的不同选择焊药的类型。焊枪的选择要根据器物的大小、薄厚而定。

图4-16　搭药

图4-17　焊接

图4-18　糊泥保护

一件器物往往要经过多次焊接，攒前焊和半成品组合焊接要用熔点较高的老焊药，第一遍整体焊接时焊药的熔点要略高一些。对于一些胎形较薄，花丝较细的区域，在第二次焊接之前可将这些部位涂敷一层黄土泥（图4-18），加以保护。个别未焊牢的地方，则要采用点焊来补救。

4.3.8　金珠

金珠主要用在金银器表面的装饰上，是根据器物上所需金珠的数量和直径大小而特制的。金珠的制作方法有吸珠、泼珠（炸珠）、研珠、赶珠、吹珠等多种。吹珠适用于制作用量少的金珠，它的制作方法如下：用钳子夹住金银丝的下端，用火焰灼烧丝的顶端，丝局部熔化流向下方形成珠状，珠子的大小可用火焰大小来控制。

对于数量较多而且要求大小一致的金珠，就要采用吸珠的方法：将丝截成相同的长度，插入磨平的木炭中，用焊枪加热，直至丝熔化成珠状，经这种方法制出的小珠子表面光滑，大小均匀。泼珠（炸珠）是金珠制作中常用的方法之一，将金银或合金放置在坩埚内熔化，快速倒入冷水中，炸出大小不等的金银珠。研珠是较为现代的制珠方法，将已截成段的金银丝与滑石粉一起放入研珠机内研磨，研珠机由上、下两部分组成，上半部有锉齿，下半部是光滑的平面，研制好的珠子再放入光亮机中进一步研制。赶珠是在一根素丝上用特制的工具制作出圆珠的形状，赶珠主要应用在器物外边的装饰上。

古代细如黍米的金珠是如何被焊接在金银器上的呢？这一疑问一直为考古、文物保护工作者和有关人士所关注。据我所知，在现代细金工艺制作中，对于少量金珠的焊接一般采用搭药焊接技术，将金珠放在龙眼、凤眼或花蕊等所需点缀部位，用镊子搭少许焊药和硼砂置于金珠底部，运用点焊技术来完成。而对于金珠比较密集部位的焊接则需要有一定的焊接功底，首先要将金珠依据图案要求蘸上白芨水黏接在金片表面，再用特制的镊子把焊药放在金珠之间的孔隙和周边部位；焊接中，焊药与焊枪的选择及火候的掌握都是至关重要的。焊接后的金珠依然保持各个饱满，无迷药和脱落，这需要花丝艺人具有高超的焊接技术。

朱中一先生在《首饰加工》一书“金粒的制作与镶焊”一节中谈到，要使金粒保持球形，金粒与基体间看不出焊接痕迹的方法称“粒化法”，其工作原理是：“在粒化加热 100℃时，焊糊中的有机物炭化并与铜的化合物分开，600℃时，有机物成为炭渣，850℃时炭渣与铜化合物中的氧结合生成二氧化碳气体，铜被还原成金属，在金粒和基体之间留下一层薄薄的纯金属铜，继续加热，因铜膜的作用而使金粒和基体之间的表面张力降低，金属原子发生扩散，使金粒和基体结合。”“粒化法”中金粒的焊接要经过以下几个步骤[3]：

① 把所要加工的 K 金工件放在电炉中加热至 650℃，保温几分钟，使表面的铜氧化，生成“火锈”。

② 把以上工件浸入热的稀释的硝酸中，使表面氧化铜、银溶解，而金得到富集。

③ 重复以上两个步骤，直至工件表面全为金覆盖，然后以流水彻底冲洗酸液。

④ 用白铜丝轮把工件打亮，以肥皂水作润滑剂，可保持金不被磨掉又能光亮明如镜。

⑤ 用毛刷把特制的焊糊薄薄地刷在工件上要置金粒的地方，而把金粒也泡在稀释的糊剂中。焊糊是用铜的化合物和有机胶水制成。可使用的铜化合物有氢氧化铜、氯化铜、硫酸铜、氧化铜等（如果工件为银饰，则要使用三氧化二锑和硼砂），而有机胶水可用动物的骨、皮或植物的干、叶熬制成。

⑥ 用镊子把金粒黏在基体上，摆成所需图案后彻底晾干。

⑦ 把晾干的工件夹放在炭火上，另用焊枪加热工件至红色（约低于熔点200℃左右），炭火的作用是使整个加热过程均匀一致。焊枪火焰一定要为还原火焰，而且足以覆盖需粒化的部位，以防止工件氧化，加热速度要快，要防止糊剂中的有机物炭化。还原性火焰和控制加热温度是成功镶焊的关键。

⑧ 在还原性气氛中金粒和基体之间的焊糊中的化学物质还原成金属，并在控制温度下扩散到金粒和基体中，从而使金粒和基体紧密的结合在一起。

花丝工艺的各类技法是制作花丝饰件的基本功，对于从事细金首饰工艺制作的艺人们来说，在不同的工作时期内除了要了解并掌握相应的技术手段，还应能制作出各种难度的饰品。如1级花丝工要熟练地掌握鳔多股花丝、素丝和剪坯各式烧篮花叶的技术。5级以上的高级技师除了要有堆炭灰制作透空锦地花球的手艺外，还应能独立完成黑胎生产的各道工序并制出成品（表4-1）。列出1983年北京花丝镶嵌厂技术部门对1～5级花丝工人制定的部分技术指标。

表4-1　1～5级花丝工部分技术指标

级别＼名称	掐丝	填丝	搓丝	编丝	镶石	光片工
1级工	四、五股小花叶（梅花、小蔓）	花头、独叶花丝瓣、拱丝底	两股花丝、反正丝、管丝、围松	多股小辫	素石碗、抱爪石碗、平顶石碗等	
2级工	多股平面花叶、素丝加花丝如意头	飘带、丝瓣、小卷头	祥丝、泡丝、螺丝、码丝、黄瓜架丝		随形抱爪石碗、围花口石碗等	
3级工	穿枝过梗花叶（四季花、草龙花）	鱼鳞锦、素核锦			通眼及半眼珠碗、蕊珠石碗	用锤光出3cm方形片
4级工	花鸟图案、浮雕烧蓝花			花篮、笼篓	各种石碗	用锤光出6cm方形片
5级工	动物、山水立体兽头（龙头等）		匀制赶珠丝、竹节丝			用锤光出10cm以上方形片

4.4　出土文物中透露的传统花丝工艺制作信息

花丝工艺是一门传统手工艺。在我国出土的以花丝制作工艺为主的金银器文物中，无论是在花丝的种类、制作的技法还是在焊接的工艺方面，均可在现今许多花丝制作技法中找到痕迹。

花丝饰件由不同的花样丝所组成的。迄今为止花样丝的种类有几十种（图 4-17、4-18、4-19），其中的一些纹样已经延续了两千多年。

图 4-17　花卉纹样

图 4-18　凤鸟纹样

图 4-19　八仙纹样

4.4.1　巩丝

1976 年新疆焉耆县黑格达遗址出土了一件长 9.8cm，宽 6cm 的西汉时期八龙纹金带扣（图版 2）。这件以花丝制作为主的带扣，其中心部位的龙纹是由细花丝、小金珠和嵌宝石石碗组成的。金带扣的大边是由两条金扁丝之间填入巩丝组成的，大边中的平填巩丝疏密适当，规矩自然。

1975 年内蒙古巴彦淖尔盟临河市高油房出土了西夏时期五件桃形镶宝石金冠饰（图版 3）。其中两件冠饰上的宝石大部分脱落，所有镶宝石石碗均由金片制成，石碗的外沿镶口处装饰了一圈花丝和变形巩丝，中心桃形石碗的周围焊接着上下两层由两股花丝掐制的巩丝纹样。

1988 年山西省大同市灵丘县曲回寺村出土了元代七件纯花丝饰品，无论是耳坠还是头簪，其大边的制作均采用了在素金丝内填制多层祥丝、花丝、巩丝的纹样（图版4）。

1958 年江西南城益庄明墓出土的立凤金簪上刻有“银作局，永乐贰拾贰年拾月内成造，玖成色金贰两，外焊贰分”的铭文。这件金簪造型优美，制作工艺精湛，整体风格高贵华美，充分反映了明代细金工艺的水平。立凤金簪由金凤和祥云两部分组成，卷头等花丝样分别平填在双翅和凤尾之中，在凤鸟的颈部有素巩丝装饰的纹饰（图版5）。

在清代后妃的首饰中，巩丝多作为包边镶石的装饰外边，如道光年间的金镶玉菊花金簪就是一件花丝与镶嵌相结合的精品，在菊花金簪中心镶嵌的珍珠周围围绕着一圈巩丝（图版 6）。

在现代花丝饰件和摆件的制作中，巩丝同样被作为常用的花丝样之一，尤其是在有镂空效果的饰件中，应用十分广泛。银花丝子孙盒上盖镂空处的花纹就是用巩丝装饰的（图版 7）。

4. 4. 2　螺丝和码丝

螺丝顾名思义呈螺旋形，形状如同弹簧。将螺丝顺向压倒就成为花丝纹样中的码丝，也称垒丝。

1987 年陕西扶门县法门寺地宫出土的唐代金银丝结条银笼子，是一件以编织为主的纯花丝制品。在银笼子的上盖处有一圈由码丝装饰的纹饰（图版 8）。

现藏于内蒙古哲里木盟博物馆中的辽代契丹女神金像，女神的主体由金片制成，在金片的外围缠绕着金花丝。女神头部和底座上缠绕的金丝为两股花丝，上身部位缠绕的花丝为螺丝（图版 9）。

湖北武汉武昌区张揩松墓出土的清代风冠，是一件诰命夫人的凤冠。凤冠正中镶嵌红宝石的石碗镶口上端焊接一圈由螺丝压倒的码丝（图版 10）。

故宫博物院珍藏的一件镶宝石蝴蝶金簪，是一件集镶嵌、点翠、花丝为一体的头饰。蝴蝶上的触角是由两根螺丝配以珍珠共同组成的。螺丝的一端与蝴蝶的腹部相连，另一端穿在珍珠孔洞之中（图版 11）。

4. 4. 3　两股花丝、麦穗丝、卷头（旋罗纹）

两股花丝是花丝工艺中最常见的纹样，在它的基础上通过二次加工可制作出多种花丝样如麦穗丝、麻花丝、凤眼丝、卷头等。在现代花丝饰件的制作中，处处可见到它们的影子。

1991 年湖北省安乡县黄山头林场南禅湾刘弘墓出土中了一件西晋时期的金带扣，带扣上的花卉等纹饰均是用花丝掐制而成，金带扣的外沿则是由花丝和麦穗丝组成的（图版 12）。

1957 年陕西省西安市隋朝李静训墓出土的嵌珍珠宝石金花蝶头饰。这件饰品构思巧妙，制作工艺精湛。该头饰上半部分由数朵经剪坯、錾刻成型的小花与珍珠、红宝石组成，下半部蝴蝶的腹部是编织而成，头和双翅上填满了小卷头（图版 13）。

1970 年陕西省西安何家村出土的呈半圆形的金梳背，是由两层金片合并成月牙形状，金丝掐制的 14 朵圆形团花和卷草纹分别焊接在梳脊和器身之上，无数个由金珠组成的花卉均焊接在梳背的两面。在卷草纹的周围，装饰有一圈规整的四股花丝制成的麦穗图案（图版 14）。

1988 年山西省大同市灵丘县曲回寺村出土的飞天金簪，是一件做工精美的元代头饰。金簪的制作手法集多种工艺为一身，飞天身上的飘带是由直径为 0.33mm 两条两股花丝搓制而成的（图版 15）。

江苏省南京市平板村三号墓出土的明代桃形金插花簪头是一件镂空花丝饰件，花丝焊接处干净利落，无迷药的痕迹。簪花部位的小卷头是由两股花丝掐制而成的（图版 16）。

在故宫博物院收藏的许多清代花丝首饰上均有卷头等纹样。如道光二年金镶珠福缘善庆簪（图版 17）、道光的二十年银镀金福寿簪、清代光绪金簪等。

4.4.4 剪坯

剪坯是花丝工艺的基本技法之一。制作中要根据图案来掐制各种形状的花丝纹样，将掐制好的纹样用白芨水黏在金、银片上，焊接后沿花丝边缘剪下。

陕西省西安法门寺出土的银芙蕖上的荷花，是由 16 块极薄的银片剪坯组成（图版 18），翻卷的荷叶和含苞欲放的荷花固定在银丝之上，随风摇摆。

湖北省蕲春蕲州瑞王朱厚烇妃刘娘井墓出土的凤冠上，几乎所有宝石的镶嵌方法均为包边镶，石碗的外沿围绕着一圈巩丝。镶嵌在凤冠中间的两块蓝宝石下面的花卉，其制作采用的就是剪坯技术（图版 19）。

山西省灵丘曲回寺出土的双凤金步摇，重 11.73g，通高 4.54cm，宽 8.94cm，在双凤的口中各衔一枝折枝花，折枝花上莲叶、莲蓬、莲花（莲花为勾子莲，既在三瓣莲叶上有一朵含苞欲放的荷花）的制作中运用了剪坯技术。在 0.2mm 的金片上剪出不同形状的荷花、荷叶后，再用錾刀錾刻出所需的纹饰。在它们的中间各有一小孔分别插放在折枝花的主干之上（图版 20）。

甘肃省博物馆收藏的明代金凤凰和金龙上的凤尾、龙尾等部位的制作均采用剪坯工艺。

湖北省武汉清代张揩松墓出土的凤冠上，凤鸟（图版 21）、龙纹、蝙蝠、花卉、文字等图案也是经过剪坯工艺制作而成的。

4.4.5 金珠

汉代就有了焊缀金珠的金银器。这门工艺一直传至今日。

1983 年宁夏回族自治区固原南郊乡九龙山汉墓中，出土了两件西汉时期的镶松石金带饰（图版 22）和 29 枚桃形金花饰，它们造型不同，但制作手法完全相同。虽然器物上所用原料较为单一，除绿松石外，仅有金片、素金丝和小金珠，但其线条流畅，主题突出。金带饰和金花饰上的桃形纹样由金丝与金珠组成，制作中将掐制成所需图案的素金丝黏在金片上，小金珠除了依次黏接在金丝掐制的外缘之外，还在带饰的上下两侧用小金珠等距离地构成了菱形的连续图案，最后焊接固定。

陕西省西安沙坡汉墓金丹灶（图版 23）的制作使用了金粒焊缀工艺，灶上釜中盛满了金粒，灶四壁的金珠焊接在素丝旁。

西晋时期的一件镶嵌绿松石的金垂饰（图版 24）上焊缀有许多小金珠，金珠主要分布在纹饰和镶嵌绿松石的部位。纹饰上的金珠焊接在素丝掐制的大边中，宝石处的金珠则焊接在石碗的周围。

2004 年山西省大同市出土的北魏金耳坠长约 10cm，耳坠从上至下由 7 部分组成，其中中心部位有一缀满金珠的镂空金球，金珠的直径为 0.3mm 左右（图版 25）。

1988 年陕西省咸阳机场贺若氏墓中出土了两件唐代金栉背（图版 26）。这两件由纯金制成的金栉背上的花鸟纹饰及石碗是由素金丝掐制而成，金珠组成的鱼子纹图案密集型的分布在花纹中间。

4.4.6 编织

花丝编织技术除了应用于前期不同花丝的制备外，还可用于编织整件器物或编织边缘纹样和底纹纹样。编织类金银器的制作要经过金银熔炼—拔丝—花丝制作—编织—局部焊接等多道工序才能完成。

出土的金银器中整件器物为花丝编织的文物有陕西省法门寺出土的唐代金银丝笼

子，内蒙古自治区辽代陈国公主墓出土的公主、驸马银网丝络，阿鲁科尔沁旗宝山1号墓出土五角花形金饰件，北京市明代定陵出土万历金冠等。将编织好的不同花丝纹样装饰在金银器、石器、玉器上的文物有西汉满城汉墓刘胜的金缕玉衣，唐代银龙饰、宋代鎏金腰带，辽代陈国公主墓的玉璧鞴、双凤琥珀握手，山西灵丘金代金饰以及故宫清代后妃蝴蝶簪等。

1957年辽宁省西丰县西岔沟出土了4件西汉时期的金耳坠（图版27），金耳坠是由一根金丝配以管状玉石编织而成。其中一件金耳坠的制作方法如下：在经锤打成型的金丝上先穿入一管状玉石，将金丝的下端锤打成水滴形薄片，在据金片3/4处的金丝处逆时针编出第一个金圈后，在耳坠的顶端穿一颗珠子，接着再逆时针方向编第二个金圈，金丝在两金圈之间编织缠绕，至平行于第一个金圈处编织第三个金圈，而后再穿入管状玉石，这时将金丝继续缠绕到金片。在金耳坠的编织制作中，充分利用了金良好的延展性能，仅用四根金丝就编织出两种不同形状的耳坠。

1964年河北省定县华塔墓出土了一对北魏时期的金耳坠（图版28），这一时期不同地域出土耳坠的特点是：饰件由多部分组成，制作工艺以编织、剪坯为主。这对耳坠下半部分花丝的制作就采用了编织技术。

1987年陕西省法门寺出土的唐代金银丝笼子（图版8）的主体就是由两股素丝编织而成的，器物的纹饰呈六角形透空灯笼纹样，金银丝笼盖中心金花的形状与编织方法与辽代阿鲁科尔沁旗宝山1号墓出土的五角花形金饰件相似。金花上有一个由三股单金丝编织的小辫纹螺旋饰物。在上下口沿、底部、提梁等处装饰着由金丝编织的对称如意纹样。

1983年内蒙古自治区哲里木盟奈曼旗青龙山镇陈国公主墓出土了一整套完整的公主银丝网络（图版29），在契丹民族中，以金银面具和金属网络覆尸是十分盛行的葬俗。这一时期出土的网络葬衣中有银丝网络、铜丝网络和鎏金铜丝网络，但大部分残缺。像这样保存完整的银丝网络极为少见。该银丝网络全长168cm，是一件纯银丝编织的精品，由0.5～0.7mm的银丝分为七部分编织而成，最后再连接在一起。公主身上的银丝网络呈六边形孔状，胸网和腿网的孔径为1.5～2cm，其余部位网孔径为1.0～1.2cm[4]。

1994年内蒙古阿鲁科尔沁旗宝山1号墓出土了直径为3.5cm的五角花形金饰件（图版30）。该器完全用单股圆素花丝编织而成，五角花分为四部分。器物的中心有大、小两个金环，在下方的大金环上套有由50根单股金丝编织而成的长短不一的两股花丝，组成了五角花瓣；上方盘绕的小金环上分别系有13组两股花丝，并与下方的五角花相连。整件器物的衔接部位全部用金丝编织连接而成。该器同银丝网络一样是辽代出土花丝编织器物。

1956年江苏省南京市栖霞山出土的明代金丝髻罩是一件束罩发髻的冠饰（图版

31)。髻罩主体是由金丝编织的灯笼空图案，冠饰上点缀的花卉固定焊接在灯笼空纹样上。1996 年义乌市青口乡白莲塘村明墓也出土了一件金丝鬏髻，它的制作方法同上，是在粗金丝骨架上用细金丝编织出六角形纹样。

1957 年北京市昌平定陵出土的万历翼善金冠是花丝编织技术的代表作之一（图版32)。金冠前屋、后山、翅三部分的灯笼空儿纹样是由 922 根 0.2mm 的金丝编织而成的，在金冠底部有由六股花丝编织成的小辫纹。金冠上编织的花纹均匀，找不到接头和断丝的痕迹，是一件不可多得的艺术珍品。

现故宫博物院珍藏的清代同治三年制作的银镀金蝴蝶耳簪（图版 33）是集镶嵌、点翠、焊接、编织为一体的首饰，其中耳簪中部的小辫纹是由 7 根银丝编织而成，蝴蝶的触须则是由两根缠绕螺丝组成。

编织小辫的金银丝有 3 根或多根。现代烧蓝花丝戒指中的小辫纹样就是三股花丝编织而成的（图版 34)。

现代著名的工艺美术大师毕尚宾是花丝镶嵌行业中德高望众的老艺人，他 14 岁开始学艺，掌握了花丝镶嵌中全套工艺的制作技术。他设计、制作的北海九龙壁、龙凤灯、紫禁城角楼、蝈蝈葫芦等精品均是当今细金工艺中的代表作。其中金花丝蝈蝈葫芦（图版 35）的制作运用了花丝工艺中的编织技术，葫芦上的花纹采用套古钱纹样，纹样的制作材料以单根花丝圈成的小金圈为主，先将四个金圈套成古钱状，再将多个古钱编织相连，焊接成型。这件作品构思巧妙、制作工艺精湛，湛蓝的釉色、绿色的蝈蝈和黄色的花丝相互呼应，生动自然，惟妙惟肖。

4.4.7 码龙鳞

古往今来龙纹是金银器中出现较多的纹样。錾刻工艺制作出的龙纹，是用龙鳞錾在金、银片上錾刻而成的；而花丝工艺中龙鳞的制作则是以花丝为主要材料。

1957 年北京市昌平县明定陵出土的万历翼善金冠、孝靖皇后凤冠上的龙鳞，是经掐丝、填丝、堆垒、焊接制成的。

1953 年甘肃省兰州市征集了一件明代金龙（图版 36)，龙首耸额凸目，龙足屈伸相应，利爪如勾，龙身似盘似舒，蜿蜒多态，分叉叶状尾轻轻摇摆，再配以摇曳的飘带般的长须，展现了飞龙的动势[5]。金龙的制作技法包括掐丝、填丝、码丝、剪坯、焊接等工序。龙身上透空的龙鳞给器物增添了动感，使之栩栩如生。

4.4.8 点翠

点翠工艺是明清时期兴起的一种在金银丝框内进行填制的技术。点翠是将翠鸟的羽毛剪成不同的形状填入规定边框中的工艺。

翠羽一词在许多古文献中有多种称谓，宋赵汝适在《诸蕃志较释》一文中将翠鸟上的羽毛称为翠毛；而《本草拾遗》中称作鱼狗；《而雅· 释禽》中称作鴗、翠鹬；《淮南子· 人间训》称作翡翠；《政和证类本草》卷一九引二六中陈藏器余云："鱼狗，今之翠鸟也，有大小，小者名鱼狗，大者名翠，取其尾为饰……。"古往今来，翠羽一直被作为达官贵人身份的标志，美丽的翠鸟羽毛或被用作金银饰件上的装饰物，或与金丝银线捻织在一起制成衣裳，此种技术在宋赵汝适的《诸蕃志较译》一文中有这样的描述"邕州右江亦产一种茸翠，其背毛悉是茸翠。穷侈者多以捻织。如毛段然"[6]。

1957年北京市十三陵出土的明神宗孝靖皇后凤冠（图版37），以丝竹编胎，外髹漆，顶部饰有金龙九条，口衔珠滴，下有点翠八凤，后部还有一凤，凤冠后侧下部饰有点翠地嵌金龙珠滴三博鬓。整件凤冠镶嵌红宝石百余颗，珍珠五千余粒。凤冠上九龙、九凤等纹饰由掐丝、镶石、焊接、点翠等工艺制作而成，凤冠上的祥云、羽翼、花卉等处均填入了翠鸟的羽毛。

明清点翠饰件多出于皇家，在清朝历代后妃头饰的制作中，有许多花丝、点翠、镶嵌工艺相结合的簪、钗和凤冠。其中故宫博物院藏嘉庆年间嵌宝石福寿簪是件构思巧妙、寓意深远、做工精湛的清宫饰件。这只金簪由蝙蝠、祥云、寿字三部分组成（图版38）。在蝙蝠的头部，两个掐丝石碗内嵌着的两粒金珠是蝙蝠的双眼，其上双耳是金片剪制而成，八根略有弯曲的金丝（胡须）对称焊接在头的两侧。蝙蝠的主身上，一颗随形红宝石镶嵌在由拱丝组成的石碗之中。蝙蝠的双翼制作由点翠、花丝、镶嵌三部分组成。靠近主身的点翠部位、蝙蝠尾部以及点翠寿字和祥云的制作方法是：将两股花丝掐制成所需形状，黏结并焊接在金片上，然后剪坯，在形成的边框内点翠。点翠技法的要点在于眼和手的配合，剪下的翠羽形状准确，不能回剪，填在框中应不差分毫。从福寿簪上蝙蝠翅膀及尾部翠羽脱落的地方可以清楚地看到上述制作的痕迹。另一部分的制作方法则是在以花丝为筋脉的不规则边框中填入小卷头。所有的部位制作完毕后开始组攒，先把蝙蝠的尾部、双翼焊接在主身上，再分别将蝙蝠的尾部、寿字及四朵祥云的背面焊上小环和金丝，最后将红宝石和珍珠镶嵌在石碗之上。嵌宝石福寿簪的制作，运用了花丝工艺中的多种技术，而这种将多种工艺有机地结合并运用在金银器制作中的饰件，在宫廷首饰中极为普遍。

4.5　出土金银器中花丝工艺制作技法简介

4.5.1　元代金器

1988年山西省大同市灵丘县曲回寺村的农民在采石崩山的过程中，崩出了一银罐，其中金器共 16 件，总重 121.38g；银器 4 件，总重 295.83g。在这 20 件元代金银饰品中，从造型和制作手法上来判断，内相双飞蝴蝶簪（2 对）、缠枝金花步摇和唐草纹金耳坠（1 对）这 7 件花丝饰品，应出自同一位细金花丝工匠之手。

1995 年为了配合全国文物精品展，原中国历史博物馆文物保护中心对这批文物进行了科学保护，在保护的过程中，对灵丘金银器的制作工艺有了更进一步的了解与认知。

灵丘出土的 7 件花丝首饰技艺娴熟，工艺精湛，纹样大同小异，各类掐制的花丝纹细腻流畅，其中唐草纹、缠枝纹形象逼真、层次清晰，在制作过程中运用了传统花丝工艺的掐、攒、填、焊、堆垒等技法。

应用在这些金饰件上的材料种类有：素金丝、两股花丝、四股花丝、巩丝、祥丝、金片、金珠等。具体的制作方法包括掐丝、填丝、编织、吹珠、堆垒、攒焊等工艺。

1. 内向双飞蝴蝶簪（两对）

两对内向双飞蝴蝶簪均为左右对称形。

蝴蝶金簪 1（图版 39），重 24.8g，通长 4.92cm，宽 4.39cm。蝴蝶的头部是由三个花丝石碗焊接的三角形组成，胸部是一个素石碗，石碗的上半部有掐丝菊花填入，腹部由六个花丝小石碗组成。石碗中应有宝石，但均已脱落。蝴蝶触角及前、中、后三足是用 0.11mm 的四股花丝编织在一起后再焊接在头部和腹部上。双翅靠近胸部的翅脉部位是两朵富丽的宝相花，宝相花中的花蕊为七颗大小均匀的小金珠。众多小金珠将头、胸、腹、触角连接成一体。主翅脉由两个随形石碗和唐草纹、缠枝纹组成。在内向双飞蝴蝶簪的外沿花丝处，焊有由小金珠连成的鱼子纹，金珠直径为 0.54～0.60mm。

蝴蝶金簪 2（图版 40），重 22.6g，通长 5.5cm，宽 4.1cm。蝴蝶簪的头部由四个菱形花丝石碗组成。胸部为一素石碗，石碗内侧有装饰唐草纹，腹部由五个花丝石碗构成，触角由两股素花丝组成，素花丝上焊有小金珠并被弯曲地焊接在上翅的前缘处。前足焊接在胸内侧，中、后足分别焊接在下翅后缘和腹尾部。翅脉是由两个随形石碗和卷草纹组成，顶角处的花丝纹为缠枝花纹，花纹的中间有七个小金珠点缀。

内向双飞蝴蝶簪的制作分为双翅、头与腹、胸、触角、立墙、后包片 6 部分进行。然后将其攒、焊在一起。

双翅的制作：用素扁丝掐出翅膀外沿轮廓，翅膀内石碗的形状依所镶宝石而定，制作中依据宝石的大小剪下一块金片对口焊接成石碗，靠近翅根部位的一根素丝将翅膀外沿与内口石碗焊接相连，形成翅膀的大边。将翅膀外沿与石碗底部蘸上白芨黏在纸上。依次将由两股花丝掐制好的宝相花和唐草纹平填在翅膀外沿与石碗之间的大边中，筛红药焊接，一次焊接为面焊，焊接不到之处，可用点焊的方式二次焊接。

胸部的制作：用素扁丝掐制一随形大边，对口焊接。在大边的上部平填菊花形花丝纹样并焊接。

头、腹部的制作：头、腹部是由数个小石碗组合而成，制作方法同翅膀。

触角、足的制作：将两根 0.22mm 的素丝搓合在一起制成两股花丝，制作触角和足。

立墙的制作：立墙主要起到把上层平面花丝纹样与下层金片相连的作用，使器物呈现立体效果。7 件花丝首饰的立墙全部由巩丝、花丝、祥丝组成。立墙上花丝纹祥有五层，排列顺序是花丝、祥丝、巩丝、祥丝、花丝。制作中先将花丝和祥丝压扁，平行焊接在一起，形成立墙的两条大边。将大边黏在纸上，两边之间的距离根据立墙的高矮而确定。把制好的巩丝压扁后平填在两条大边之内而后焊接。

金银器饰件上的立墙一般都是由一根素丝压扁制成的，而灵丘 7 件金首饰的立墙则采用了多根花丝组合的形式，花丝和祥丝与翅膀、头、腹上的主体花丝相呼应，巩丝特有的制作效果给整件器物增加了活力。

包金片：7 件金饰的正面是玲珑剔透的各类花丝，反面是 0.06mm 的金片。背面金片的形状是根据掐制成型的蝴蝶头、胸、腹及翅膀的轮廓来进行裁剪的。

组攒焊接：各部位制作完成后，要经过多次组攒和焊接，其顺序如下：

① 制作好的立墙要按照蝴蝶各部位的形状，在掐制成型后对口焊接。

② 翅膀、头、胸、腹平面大边的上面与金珠搭药焊接，下面与立墙溜缝焊接。

③ 头部、胸部小石碗组配焊接成三角形和菱形图案。

④ 将翅膀、头、腹部分别焊接在蝴蝶胸部的上下左右处。

⑤ 焊接背面的金片并使其咬合在成型的立墙上。

⑥ 簪头和触角分别焊接在金片之上。

这两对内向双飞蝴蝶簪的外缘处，布满了由众多小金珠连成的鱼子纹。金珠直径在 0.54 ~0.60mm 之间。金珠与器物的焊接处经扫描电镜无损定性分析检测，含有大量的金、银、铜元素（金焊药的主要成分）。

虽然两对内向双飞蝴蝶簪的形状略有差异，两对蝴蝶翅膀上平填的花丝样有所不同，但是它们的掐丝手法、平填技术、焊接工艺和制作风格是一致的，代表了元代花丝工艺的制作水平。

2. 金花步摇

步摇是缀有宝石等物的首饰，是头饰的一种。《续汉书· 舆服志》中记载：“步摇以黄金为山题，贯白珠，为桂枝相缪。”《释名· 释首饰》中也这样记载“步摇、上有垂珠，步则摇也”。

山西省灵丘出土的金花步摇（图版 41），重 4. 8g（带宝石），通长 4. 07cm，宽 2. 56cm。器物上的主要纹饰是由两股花丝掐制的典型缠枝卷草纹组成。花丝的直径 0. 26mm（单根金丝直径 0. 13mm）。金花步摇上沿周围环绕着一圈由小金珠组成的鱼子纹，小金珠直径 0. 5mm。中心石碗内镶嵌一松石。每个缠枝卷草纹的中心都有一朵由七个小金珠组成的花朵。步摇的顶端有一个两股素花丝盘绕而成的金圈，该圈直径 0. 46cm，像是系在某一饰物上，如“簪”或“钗”，双侧和底部有五个同样的小金圈。与这批金银器同时出土的还有五颗采珠。步摇的背面用 0. 06mm 的金片合咬在步摇立墙的大边上，立墙则是由巩丝、素丝、祥丝组成。制作工艺同蝴蝶金簪。

3. 缠枝花耳坠

缠枝花耳坠（图版 42）以上、下两个石碗托为主体，石碗为包边镶。在石碗的周围满着缠枝卷草纹。缠枝花是由直径为 0. 26mm 的两股素花丝掐制而成，卷草纹线条清晰，茎叶缠绵。石碗大边高 0. 14mm，花丝石碗大边的底部是由重叠的大、小两朵宝相花构成。宝相花的制作以掐丝为主，它是用特制的镊子将预先制作好的花丝掐成宝相花的形状，在掐制时要求花丝软硬适度，花瓣弧度圆滑自然，线条流畅。缠枝纹上点缀着由小金珠轧扁而成的素金钉。耳插是直径为 1. 78 ~2. 16mm 的素金丝。大边立墙是由巩丝、花丝、祥丝制成的。耳坠的下部有一小孔是系流苏之处。

整个耳坠工艺制作基本与内相双飞蝴蝶簪和金花步摇相同。不同之处是：前两件饰品的反面采用的是包金工艺，而缠枝花耳坠的正、反两面均是以花丝组成的缠枝卷草纹为主。

缠枝花耳坠的制中巧妙地运用了堆垒焊接的技术。把掐制好的缠枝花形等纹样码放在塑好的炭粉形体上，将金焊药用小筛子均匀地撒在上面。在焊接时要依据实践经验掌握火候，提前焊接会使焊接部位开焊，导致整个器物疏松散架；反之，火候过甚焊药就会迷流在花纹上把纹饰掩盖住。因此，在焊接时既要有扎实的基本功，又要胆大心细。焊接完毕，木炭烧为灰烬，方可呈现出正、反两面美丽清晰的缠枝卷草纹图案。这件首饰的焊接技术已经达到了炉火纯青的境界。

灵丘出土的这7件花丝饰品工艺考究，制作中仅用了极少量不同规格的金丝（表4-2）。就制成了体积较大、玲珑剔透的花丝金簪、耳坠、步摇。当今著名工艺美术大师们见到这些珍品时，也不禁被古人巧妙的设计和精湛的做工所折服。

表4-2　部分山西灵丘金器制作材料及尺寸

器物名称	测量部位	工艺名称	厚 mm	直径 mm	
内向双飞蝴蝶	缠枝花上金珠	金珠	—	0.60	
内向双飞蝴蝶	足部	四股素花丝	—	0.44	单股素丝 0.11
内向双飞蝴蝶	簪头	金片	0.16	—	
内向双飞蝴蝶	后包片	金片	0.06	—	
缠枝花耳坠	包边镶	素金片	0.18	—	
缠枝花耳坠	耳插（粗）	素丝	—	2.16	
缠枝花耳坠	耳插（细）	素丝	—	1.78	
缠枝花耳坠	大边	巩丝	—	0.28	
缠枝花耳坠	缠枝花	双股素花丝	—	0.26	单股素丝 0.13
缠枝花耳坠	小环	双股素花丝	—	0.46	单股素丝 0.23
金花步摇	缠枝花上金珠	金珠	0.50	—	
金花步摇	缠枝花	双股素花丝	—	0.26	单股素丝 0.13
金花步摇	后包片	金片	0.06	—	

4.5.2　清代银器

2006年5月，国家博物馆文物保护中心为武汉市博物馆保护修复了一件出土于湖北省武汉武昌区张揩松墓中的清代凤冠。

明清时期凤冠也称之为彩冠，多为一般女子婚礼时佩戴。《后汉书·舆服志下》：“太皇太后、皇太后、皇后祭服之冠饰，上有凤凰。”《明史·舆服志二》：“皇后礼服的冠饰有九龙四凤，皇妃九翚四凤。”

这顶清代凤冠由龙骨架和众多小饰件组合而成，龙骨架是由錾刻有镂空花纹的三块银片和六根银丝组成的，银丝分别插在由银片制成的细管中，凤冠上的2条银龙、15只银凤、“一品诰命”字牌、蝙蝠、蝴蝶花、祥云、火龙云等都系在龙骨架的银丝之上。

凤冠上除骨架和龙凤主身的制作采用锤揲、錾刻工艺外，其他部位的制作主要运用了花丝工艺中的掐丝、剪坯、焊接技术。

凤冠上各种小饰件的制作：凤冠上装饰的龙、凤、祥云等小饰件达几十个之多，在制作过程中运用的花丝种类有素丝、两股花丝、罗丝等。凤冠制作材料及尺寸见

（表 4-3）。

表 4-3　清代凤冠制作材料及尺寸

测量部位	厚 mm	直径 mm
龙骨架银片	0.33　0.37　0.28	
龙骨架银丝		1.43　1.45　1.49
凤身银片	0.41　0.42　0.38	
凤身后银丝		0.58　0.59　0.61
龙身银片	0.41　0.42　0.37	
龙身后系银丝		0.49　0.43　0.45
龙头银片	0.45　0.37　0.34	
龙须银丝		0.66　0.59　0.61
龙尾银片	0.48　0.46	
龙爪银片	0.45　0.41　0.36	
蝴蝶花石碗银片	0.39　0.32　0.41	
蝴蝶花后系银丝		0.67　0.63　0.57

蝴蝶花：蝴蝶花位于凤冠的中部，是由两层多个花瓣组成，花瓣的制作是将两根直径为 2.90mm 左右的素丝，搓制成花丝，用掐丝镊子将两股花丝掐出各种花瓣的形状。掐好的花丝纹样整形后，蘸上白芨水黏在银片上，筛药焊接后，剪切出单片花瓣，再将制成的多片花瓣组合焊接成花朵，两层花朵之间用一根银丝焊接相连。高 0.67mm、厚 0.32mm 的嵌蓝宝石石碗焊接在蝴蝶花心处。

火龙云：火龙云由两部分组成，上层是火龙云，下层是一朵异形花卉。上下两层同样用银丝相连。火龙云的制作方法与其他纹样略有不同，即剪坯后的火龙云中心部位焊接的随形石碗周围装饰有一圈花丝和一圈码丝纹样（图版 43）。

“一品诰命”：“一品诰命”四字的底部外缘呈火烧云状，在中间两股花丝的圆形内，分别平填有一品诰命和如意云朵图案，背面焊接一细银丝，系在龙骨架银丝之上。

凤纹：17 只大小不一的银凤分别位于凤冠的不同部位，其中 9 只银凤系在骨架的最低部，这 9 只银凤由凤头、双翅、主身、凤尾、珠花、玻璃串珠 6 部分组成。具体制作如下：

① 凤头和凤冠的制作是由两片经掐丝、填丝、剪坯、合焊成型的单面银片组成，花丝凤眼中点焊着一粒银吸珠。

② 主身采用的是剪坯与錾刻结合的制作手法，在 0.41mm 的银片上剪裁出凤身，通过台、镂刻、平錾工艺完成。

③ 凤翅是由花丝翅头和剪坯成型的两片羽毛状翅膀组成，将它们组合成完整的双

翅需要多次焊接，首先把长短不一的两片羽毛焊接在一起，再将花丝翅头覆盖其上进行二次焊接，最后将花丝翅头焊接在凤身之上。

④ 每一只凤的凤身与凤尾处都装饰一朵镶嵌玻璃珠子的小花，它与凤冠上的蝴蝶花上下呼应，其制作同蝴蝶花。

⑤ 由5片造型各异的掐丝银片组合焊接的凤尾，其制作工艺同上。

⑥ 9只银凤口中各衔有一串由20粒乳白色玻璃珠组成的串珠，最下端的一颗水滴状红色玻璃珠子镶嵌在四瓣花上。

凤冠的上方还有五只银凤，其中有两只是回头凤，它们的制作风格与上述九凤相同，唯一的区别在于凤尾造型有所不同。有的凤尾是由宽1.1mm、厚0.58mm的拍扁素丝制成，有的凤尾造型类似于花朵状。

龙纹：在凤冠蝴蝶花的两旁各有一条银龙。龙纹是由龙头、龙身、龙尾、龙爪、祥云组成。龙头和龙身的制作工艺以錾刻为主，在一块银片的正面用勾錾勾勒出龙头的外轮廓以及眼、鼻等细部，在银片的反面，根据各部位形状的不同采出相应的高度，通过采、掖、丝錾等手法对鼻、眼等部位花纹进行精心的錾刻。龙须是由两根素银丝制成，龙身上的龙鳞用特制的龙鳞錾錾刻，龙脊、龙尾、龙爪、祥云的制作则采用了花丝工艺中的掐、填、焊等工艺。

骨架的制作：凤冠骨架由银片、银丝、银管组成，制作中运用了镂空、平錾、焊接的工艺。骨架上三块银片上的花卉图案采用了主体镂空錾刻，局部平錾的技法，连接银片的银丝和插饰件的银管分别焊接在骨架的背面。

组攒焊接：由于凤冠上所有的掐制花丝纹样均为平面，且造型简约，所以均采用搭药法焊接。先用搭药镊子夹少许与硼砂水均匀调制后的粉末或块状焊药，沿着掐制好的花丝纹样的走向搭药。在焊接时先用低温虚火将焊件加热，待整体微红后，转用实火，实火要直接作用于搭药部位。待焊接牢固后用剪刀沿着花丝外缘剪切，然后在其背面再点焊上一根素银丝。清代凤冠上各个部件的组攒焊接工艺贯串整个制作过程。如花丝与银片的焊接，镶嵌石碗与花丝、码丝的焊接，龙身与龙脊的焊接，凤尾的组攒焊接，羽毛之间的攒焊，字与银片的焊接，牡丹花瓣之间的焊接等。单组攒一只银凤就需要焊接26次之多，那么，这件凤冠的制作需要反复焊接几百次方能完成。

凤冠上300多个零部件的制作分别采用了花丝、镶嵌、錾刻、锤揲、焊接等工艺。其中花丝工艺以掐丝、剪坯、组攒焊接为主。整件器物做工繁缛，从一个侧面反应了清代花丝工艺的制作水平。

通过对以上金银饰品的保护心得并结合对部分历代出土的金银器制作工艺的研究，可以认为：传统花丝工艺的制作技法，应一直以师徒相传的方式延续着，祖先留下的花丝制作技法，在当今的细金工艺行业中仍被广泛应用，并不断发扬光大。

注　释

[1]　新唐书· 卷四八. 北京：中华书局，1986.

[2]　柳淑兰. 中国首饰. 北京：轻工业出版社，1989.

[3]　朱中一. 首饰加工. 广州：广东高等教育出版社，1999.

[4]　内蒙古文物考古研究所. 辽陈国公主墓. 北京：文物出版社，1993.

[5]　甘肃省文物局. 甘肃文物菁华. 北京：文物出版社，2006.

[6]　赵汝适著，杨博文校释. 诸蕃志校释. 中外交通史籍丛刊书目. 北京：中华书局，2000.

第五章　实镶工艺与文物

5.1　概　　述

实镶工艺同錾刻、鎏金、花丝等细金工艺一样有着悠久的历史。实镶也称镶嵌，具体分为以锉工见长的镶宝石工艺和嵌素金银丝的错金银工艺。它与传统的花丝和錾刻工艺的不同之处在于：花丝工艺是以金、银丝片为材料，通过掐、攒、填、堆垒、编织等手法来表现；银丝银片的成分一般应在92%以上，金丝金片多为足金，如原材料为K金，则要用二元合金的金、银软金；而实镶工艺的制作形式则是以锉、削为主，所用原材料以镶嵌K金的片、丝为主，材料要有一定的硬度以便制作。錾刻工艺与花丝工艺的主要工具有锤、各种类型的錾刀、掐活镊子、掰活镊子、绕卷活镊子、掐丝板、制子等，而实镶工艺的制作工具则为焊枪、锉刀等，其中主要加工工具锉刀又分为板锉、方锉、三角锉、半圆锉、刀锉、柳叶锉等。制作中以锉工和嵌宝石为主，如一件镶嵌宝石戒指的制作，应先锉制后镶嵌，将所需金银材料锉成精致的托、爪形或石碗后再镶嵌以各类宝石或珍珠，实镶工艺的加工技法有锉、搂、捶、闷、打、崩、挤、镶。

早期的嵌素金银丝制作工艺，可见于我国古代青铜器和铁质文物的错金银工艺制作中，同时也见于带有中世纪西亚风情的卡克图制品中金银丝的制作，以及蒙镶工艺中素金银丝花纹的制作中。

明清以前，金银器上宝石的镶嵌方法多为包边镶和冷镶嵌。明清以后，除了包边镶外，又开发出了几十种在金银器上镶嵌宝石的方法，其中有明清以后开始流行的抱爪镶、落爪镶、闷镶，还有当今常用的轨道镶、绕镶、挤珠镶、群镶等。

5.2　实镶工具与材料

“工欲善其事，必先利其器。”在细金工艺制作中，工具是十分重要的。

镶嵌的工具包括锉刀、锉活板、蛇皮钻、搜弓子、台钳、号棍、镊子、平錾刀、戗刀、焊枪、锤子、砂纸等（图5-1）。

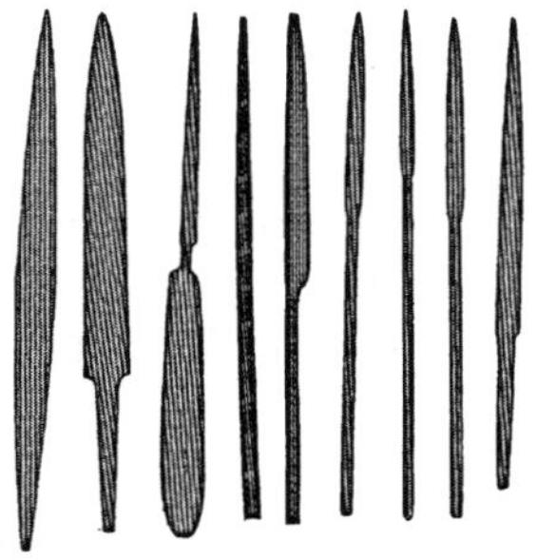

锉刀

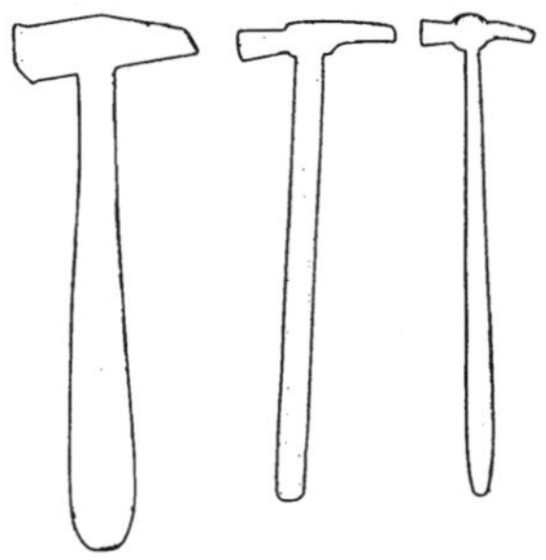

锤子

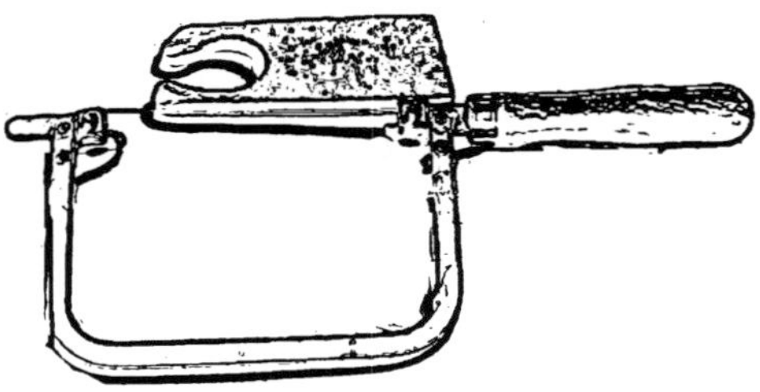

搜弓子、搜活板

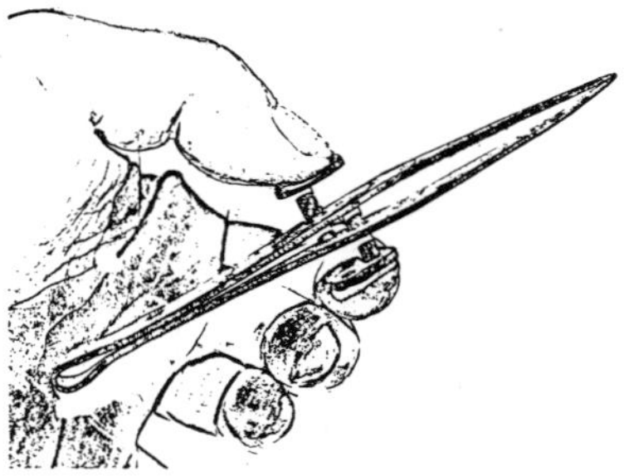

焊活工具

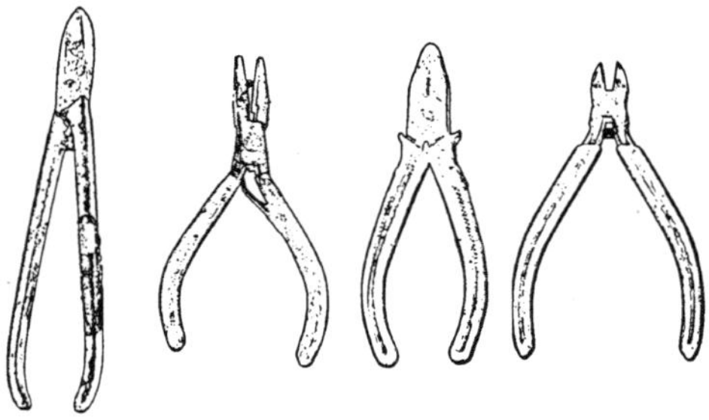

钳子

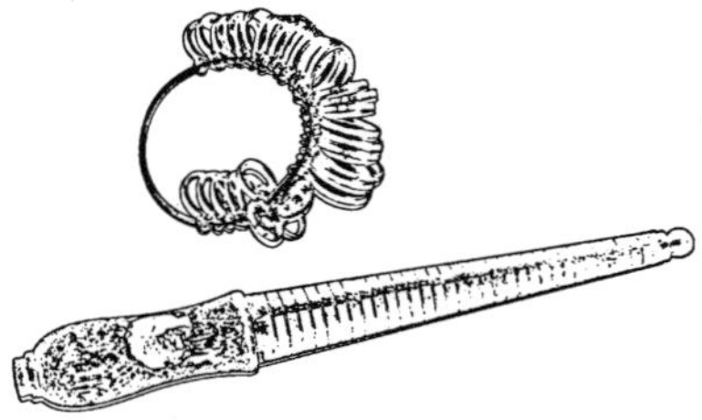

戒指号棍、戒圈

图 5-1　实镶常用工具

5.2.1　锉刀种类

应用于镶嵌工艺的锉刀有许多种，按照锉刀横截面形状的不同，可分为板锉、半圆锉、三角锉、刀锉、柳叶锉、三棱锉、蒲面锉、圆孔锉、方孔锉、圆锉等。

5.2.2　锉刀规格

锉刀是按照锉齿的大小形状以及被锉物所达到的表面光洁度来进行分类的，锉刀可根据齿纹及齿距的大小分为油锉、糙锉、细锉、什锦锉（表 5-1）。

表5-1　部分镶嵌锉刀名称及尺寸

粗锉刀	中锉刀	细锉刀	双细锉刀	油光锉刀
0.80~2.30mm	0.42~0.77mm	0.25~0.33mm	0.20~0.25mm	0.16~0.20mm

5.2.3　锉刀的应用

在实镶工艺中常用的锉刀有糙锉、中糙锉、油锉三大类。糙锉以板锉为主；中糙锉在首饰行业也叫什锦锉，包括方锉、圆孔锉、三角锉、平锉等；油锉也称柳叶锉，种类较多。各种锉刀在实镶中的功能如下：

① 平锉主要用来锉首饰的平面和犄角旮旯处。

② 方锉用于掏方眼、锉方孔。

③ 三棱锉的用处比较广泛，多用在锉内角、掏硬角孔及镶钻石时是拉砚工序中。

④ 蒲面锉一面是半圆，一面为平面。主要用来锉戒指身的不同部位。

⑤ 柳叶锉多为小锉，有多种规格，主要用于锉细活、锉薄及器物焊接后药疤瘌的锉除等。

⑥ 圆孔锉主要用于锉异形花石碗、月牙钩形和凹圆弧面。

⑦ 板锉是锉大平面和找饰品大形的常用工具。

⑧ 半圆锉主要用于锉凹弧面、大圆孔或戒指身内侧部分。

⑨ 刀锉是锉尖锐的内角或扁缝时的首选锉刀。

5.2.4　饰品类型

隶属于镶嵌工艺的饰品包括镶嵌各类宝玉石或钻石的戒指、别针、耳坠、手镯和摆件等。各类产品可根据制作工艺的不同细分如下：

戒指：硬镶戒指、闷镶戒指、素托戒指、架丝戒指、花碗戒指、花托戒指、双层托戒指、散攒戒指等。

手镯：节镯、链镯、棍镯、两开硬身镯、多开硬身镯和双层镯等。

别针：双托别针、花托别针、散攒别针等。

耳坠：素托耳坠、开盒耳坠、花托耳坠、散攒耳坠等。

摆件：烟具、茶具、挂屏、人物摆件、动物摆件等。

5.2.5　所用材料

实镶首饰的制作中常用的材料有镶嵌黄金、K白金和各种宝玉石。

镶嵌 K 黄金有：10K、12K、14K、18K、20K 的金、银、铜三元合金（表 5-2）。

镶嵌 K 白金有：9K、14K、18K 以及 226 白金、334 白金、443 白金、622 白金的金、银、钯三元合金（表 5-2）。

表 5-2　镶嵌 K 黄金、K 白金工艺配方

种类	规格	Au	Ag	Cu	Pd	Zn	Pt
10K	镶嵌金	41.66	18.34	40.00			
12K	镶嵌金	50.03	15.00	34.97			
14K	镶嵌金	58.53	10.00	31.47			
18K	镶嵌金	75.10	12.40	12.50			
20K	镶嵌金	83.40	3.00	13.50			
9K	K 白金	27.50	62.50		10.00		
14K	K 白金	58.50	31.50		10.00		
18K	K 白金	75.00	2.00	2.00	18.00	3.00	
125	125 白金	12.50	75.00		12.50		
226	226 白金	20.00	60.00		20.00		
622	622 白金	60.00	20.00		20.00		
334	334 白金	30.00	30.00		40.00		
433	433 白金	40.00	30.00		30.00		
90	铂金						90.00
95	铂金						95.00
99	铂金						99.00

常用宝石有：红宝石、蓝宝石、钻石、祖母绿、猫眼石、翡翠、绿松石、琥珀、玛瑙等。

5.3　镶嵌工艺

实镶工艺是一种以不同锉工方式镶嵌宝石的传统细金工艺。制作的基本表现技法有锉、抠、崩、搜、挤、攒、焊。

5.3.1　锉

镶嵌工艺以锉削为主，锉削是用各种锉具制形打磨的工艺。一个技术全面的镶嵌艺人必须要有深厚的锉制功底。在制作一件实镶饰品时，每一个部位都要用锉刀进行加工，尤其是对于早期零部件的制作和后期成品的修整。以锉的方法锉出饰品的形状与花

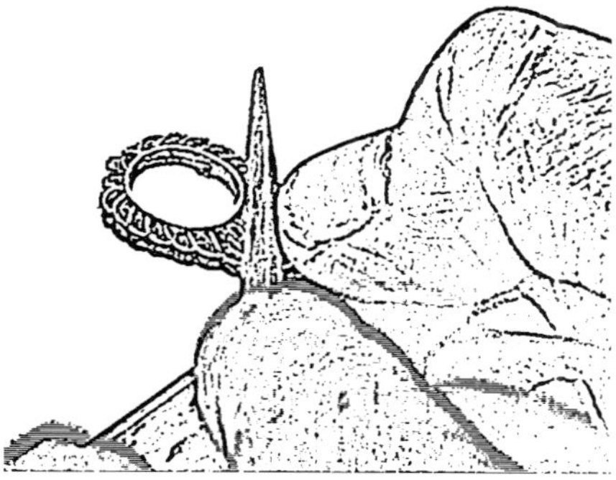

图 5-2　锉花丝戒指

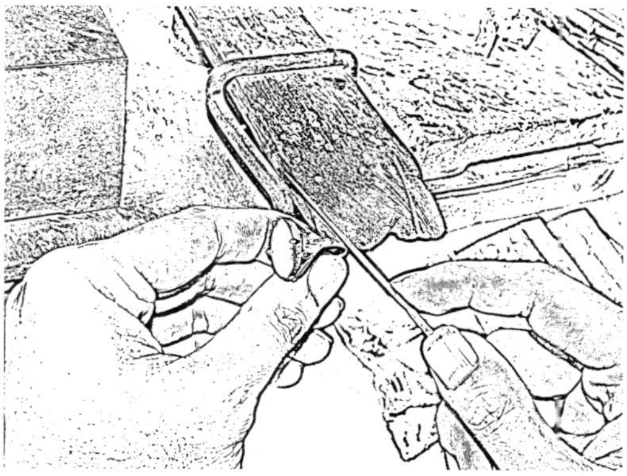

图 5-3　锉实镶戒指

纹，用锉的方法对样品抛光，即“锉削成形，中油锉光，细油抛光”。锉是实镶工艺中最基本的技法，一件实镶饰品的整个制作过程均离不开锉（图 5-2、5-3）。

以制作一枚由宝石、宝石托（石碗托）、戒身三部分组成的镶宝石戒指为例。首先要根据图纸的设计要求并要考虑到宝石的大小和形状，裁出相应的丝材或片材；再根据戒指的款式以及装饰纹饰的要求，选择不同的锉刀进行锉削。凹心的部位用一面平、一面圆的蒲锉锉削；大平面处用平面锉或板锉；小平面用柳叶锉；锉圆孔和掏方孔时用圆锉和小方锉；锉边角用三角锉。一般开始时要使用中糙锉找出器物的大致形状，大致的形状锉出来后再用同样类型、不同规格的细锉、油锉将片材锉细、锉出光泽；如果器身处有花纹，要根据纹样的要求在片材上戗出纹饰。

对成活后不能动锉的素亮部位，要按照方锉、中油锉、细油锉的顺序依次锉削，之后再用砂纸、细砂纸、丝绸对其进行抛光。锉小件饰品时要将其卡在锉活板或环卙上，锉刀要拿稳，姿势要端正，用锉时手腕要活，先进后拉，锉时用力轻重协调，锉平、锉光一致。锉弧面和圆弧面时过渡要自然，不能见棱角。锉直线时要保持方向不变。锉圆形、弧形时形状要准确，边缘要圆滑。对于一些别针、胸花上的花瓣、花叶、飘带状纹样，要通过图形放样、串鼓、弯扭、锉形等多道工序才能达到所需的立体翻卷折叠效果。

5.3.2　搜

搜是在金银片材上搜锯出花纹字样的工艺。其专用工具有搜弓子、钢丝锯条、小舞钻等。具体操作方法：先将要搜的花卉、人物、文字等纹样画在金银片上（在这一道工序中，制作者常把纹样临摹在一张白纸上，用小针沿每条临摹线扎上小孔，再将白纸黏贴在金银片之上，用煤油灯烟熏，此时图案就显现在金银片之上），再在需要搜花的任意一个部位用打孔机打出一小孔，将搜弓锯条从打好的眼中穿过，把片材固定在事先准备好的挖有Ω形的锉活板内，左手按住片材，右手拉搜锯条，沿画线搜出花纹。在搜锯的过程中要拿稳搜锯，锯条齿要向外、向下，绷紧、绷直，以减少锯齿与器物的接触面；锯弓要与工件垂直，锯程要尽量拉长，用力要均匀；拐弯时要紧拉、慢拐，防止锯条断裂；搜花时手腕要灵活，搜口要利落、无毛刺，拐弯处要自然。搜花完毕后，用锉刀将拐弯处的棱角和锯齿留下的痕迹锉平，使得花纹更加流畅自然（图5-4、5-5、5-6）。

图5-4　搜活

图5-5　搜活局部

图5-6　搜出的福字

5.3.3　戗

戗同石雕、木雕制作工艺类似，是用戗刀在器物上戗出花纹和沟槽。戗活的刀具材料为白钢，镶嵌用的戗刀同錾刻的戗刀一样，有三棱形、三角形、圆点形、平面形等，以三角形和平面形为主。戗活时角度要适中，不能跑偏，戗出的花纹要棱角硬实，过渡自然（图5-7）。

5.3.4　崩

崩即指崩簧中的崩，是制作首饰弹簧开关的工艺。崩簧主要应用在耳钳子（罗丝弓钳、崩簧钳、勾钳、山子勾钳)、手镯（带镯、链镯、棍镯、两开硬身镯、三开硬身镯、双层镯等)、别针（散攒别针、花片别针、双层别针、素托别针、花托别针）等饰品的开口处。

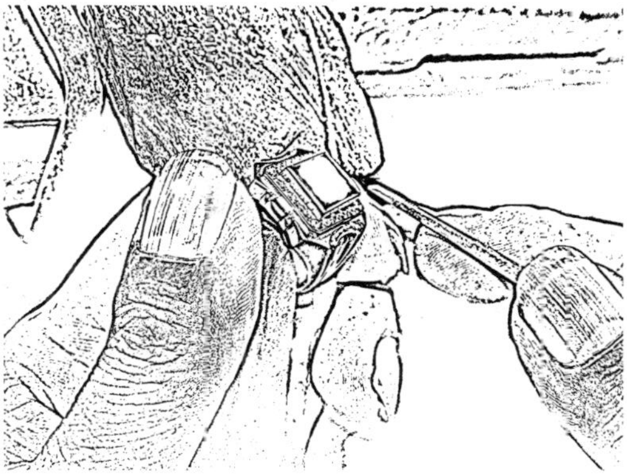

图5-7　戗沟槽

簧的种类有筒簧、勾拉簧、圈簧、长板簧、拉簧等多种，它们分别被组配在项链、镯子、保险链、首饰盒、耳钳中。虽然它们的形状和应用部位不同，但都由簧匣、簧舌头、弹簧三部分组成。崩簧的材料要有一定的硬度，尤其是簧舌头的材料，应为硬金、镶嵌金或硬度高的银铜合金。由于簧舌是伸进簧匣内起到开关作用的重要部位，因此要硬而有力，与簧匣合在一起时要严、紧、稳，崩时要有响。弹簧丝一般要选择有一定弹性的黄铜、白铜或钢丝（图5-8、5-9)。

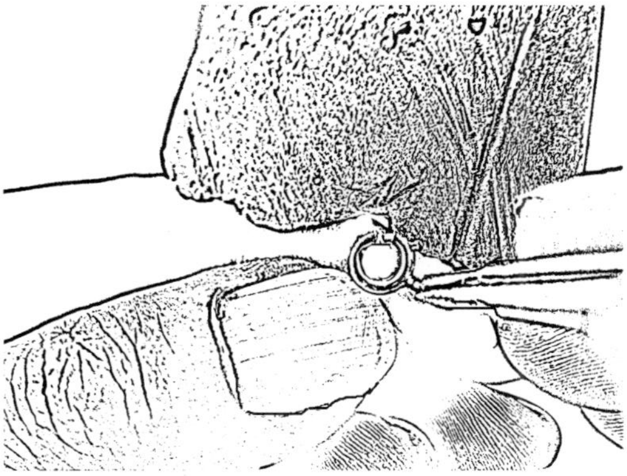

图5-8　制作圈簧

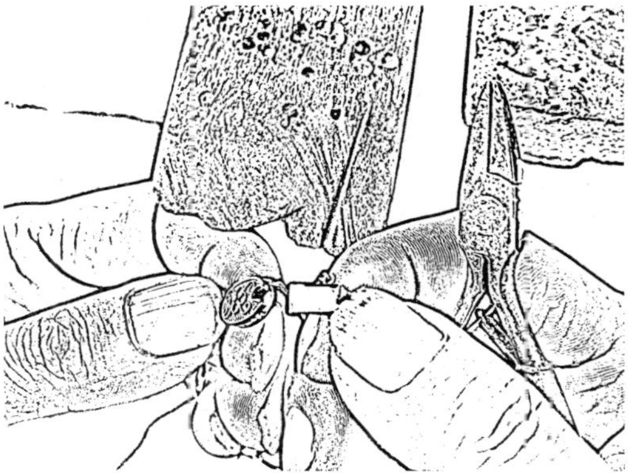

图5-9　制作拉簧

5.3.5　攒与焊接

攒是把各个部件组合为一体的工艺。实镶工艺中，小件饰品上简单部件的组攒与焊接两道工序是紧密相连的，镶宝石戒指上的齿爪与石碗、戒身与石碗、架丝与戒身在焊接前，均需要根据整体造型来进行部件定位，上述部位的攒与焊接几乎同步进行。而对于造型复杂的饰品或摆件的攒合，细金工艺中称为摆坯，摆坯是指在各个零部件完成之后，将其按照所需造型固定在橡皮泥上。传统的攒焊方法是将摆件上的各零件固定在木炭上，或用铁丝捆绑在一起，而后进行焊接。

20 世纪 70 年代原北京花丝镶嵌厂创造了无胎透空镶嵌法，其代表作有“宝石羊”、“宝石龙”、“宝石麒麟”等，这些通身镶嵌宝石的摆件上众多石碗的组攒就需要摆坯。摆坯是一项技术性很强的工作，它不但要求操作者对图纸的设计有深刻的理解，而且还要有很强的审美能力。摆坯有粗摆和细摆之分，粗摆是把零件分别固定在捏成器物形状的橡皮泥上，细摆则要对每一个部件的衔接处进行细化处理，接触不紧密的地方用锉刀找平，直到连接部位严丝合缝为止。大型摆件的摆坯工作要分区域多次进行，当小的攒焊到大面积摆坯完成后，就要进行浇铸，首先在石膏中加入适量的水，调制成糊状，倒在摆有石碗等零件的橡皮泥之上。待石膏干燥后，将橡皮泥小心剔除，这时组攒的零部件被固定在石膏模型上。根据原材料主体成分含量，配制相应的黄焊药，依次焊接部件的接触点。直至把所有接点焊接牢固为止。最后把石膏敲碎，一件无胎透空的动物摆件就栩栩如生地展现在眼前了（图版 44）。

攒焊中使用的黄焊药是实镶焊接的专用焊药，有老药与新药之分，老药用于戒指身和件活等易于开焊的部位，而新药多用在器物的最后焊接中。在器物的组合焊接中，要根据被焊部位适当调整火力的大小，焊接时要先虚后实，由外向内，由面转点，照顾全面，防止素药及撩活。在焊接镶嵌宝石的器物时，一律不得带石头焊接。

5.3.6　镶

镶是将各类宝石镶嵌在贵金属材料上的工艺，具体是指用不同形状的爪丝、包边片材将宝石固定在宝石座上的工艺。镶石分镶宝石、镶钻石两种，传统的镶嵌宝石方式多为包边镶，明清以后又增加了板凳镶、十字镶等技法。我国自清代以后开始流行钻石镶，主要有单粒镶、挤镶、梯形镶等工艺。

5.4　镶嵌宝玉石石碗的制作

镶嵌工艺是将宝石与贵金属材料相结合的一门艺术。无论采用何种镶嵌方式镶嵌宝石，工艺要求都十分严格。镶嵌器物的造型要典雅大方、层次分明，饰品应具有一定的艺术表现力和感染力；饰件上镶嵌的宝石要牢固、端正，不能掉爪、掉石，更不能损伤或损坏宝石戒面，如需在饰品上镶嵌多种宝石，应先镶钻石后镶其他宝石。

镶嵌工艺的精华在于，石碗或齿爪的造型结构会随着镶嵌手法的不同而变化。一件成功的实镶作品，与其所配宝石的颜色、大小、排列等镶嵌宝石的艺术规律和设计者的审美理念密不可分。饰品的设计与制作是一项综合工程，它不仅包括了设计者对作品的创意，而且也融入了制作者对作品的二次设计与理解。

在实镶工艺的制作中，镶嵌宝石的石碗种类很多，可将其分为有包边石碗和抱爪石碗两大类。

5.4.1 包边石碗的制作与镶嵌

包边石碗是宝石的底座，有素碗、花碗、双层托、尖石碗、水石碗等多种。石碗由圈口和闷底组成。包边石碗的材料除了镶嵌金外还有少量的硬金和足金。制作石碗时首先要根据宝石的形状、大小、薄厚确定金银片或花丝围口条的高度和厚度，而后裁剪出长度和宝石周长相符的丝片材，对口焊接在一起。对于有闷底的石碗，则需要再剪裁一块与宝石底部面积相等的金片，将其焊接在圈口片的下端，用细油锉将剪切产生的毛刺和焊药痕迹锉平，在石碗上端口沿内侧处锉出45°斜坡，为下一步镶石作准备。

包边镶也称为包镶，用于包镶的宝石多为随形石，或是上部为拱面、底部比较平整的宝石，包括翡翠、红宝石、蓝宝石、猫眼石等。包边镶时，与宝石直接接触的镊子、扁嘴钳子的上端要贴上橡皮膏，避免对宝石造成损伤，尤其在镶嵌硬度较低的绿松石、琥珀石时更要注意。宝石放入制好的包边石碗内，用平头錾子在石碗外沿上端轻轻敲打，对于高成色的足金石碗，可用镊子的上部顺着口沿压紧边（图5-10）。在包边镶的过程中要避免压口不严和包边高低起伏的现象。

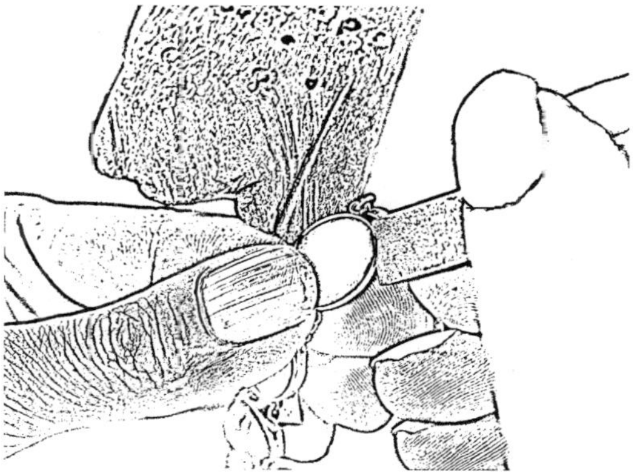

图5-10 包边镶嵌

5.4.2 抱爪石碗的制作与镶嵌

抱爪石碗又分落爪与锉爪两种。

落爪石碗是在包边石碗制作基础之上，将所需的齿爪用锉刀锉制成型。落就是将多余的金片锉掉。如在荷叶碗的制作中，高于被嵌宝石的金片被锉刀锉成荷叶的形状。

锉爪石碗是将不同形状的金属爪焊接在石托上，爪要起到抱石的作用。它与包边镶不一样的地方是，包边石碗由圈口来固定宝石，而抱爪石碗的爪代替了圈口。抱爪镶所用材料多为14K、18K、22K的镶嵌金片和金丝。爪有两爪、三爪、四爪、六爪、八爪等。爪的排列也有多种，石碗上的四爪镶排列有十字形、板凳形等。爪的形状有三角爪、椭圆爪、方爪、尖爪、角形爪、麦粒爪、姊妹爪、随形爪之分[1]。

抱爪石碗是由碗托和齿爪组成，所用原料为硬金、镶嵌金、K 白金和铂金丝材。要依据宝石的形状、大小、薄厚来确定丝的粗细和长短。制作中将金丝拍成宽 6mm、厚 4mm 的扁丝，对口焊接。抱爪的材料一般用丝材，长度以高出碗托 2mm 左右为佳，用锉刀锉出爪的形状后焊接在石碗上。镶宝石时，爪形要壮，长短、粗细要适当，宝石与石碗相互对应，镶嵌时宝石要坐稳、坐牢，不露缝隙，要达到上不露托、下不露石的效果。爪的数量依宝石的形状而定。两爪镶镶于椭圆形宝石的两端；三爪镶适合于水滴石；圆形、长方形、方形等宝石的抱爪以四爪、六爪等距离镶嵌为主。

抱爪镶，顾名思义就是齿爪抱在宝石上。镶嵌时用镊子将宝石放入碗托中，用平头錾对着弯曲的齿爪轻轻敲击，直至每一根爪丝紧紧地抱住宝石。

5.5 钻石镶嵌

钻石的镶嵌工艺是伴随着钻石加工工艺而发展起来的，最早的钻石镶嵌工艺可以追溯到 10 世纪，当时以钻石原晶体形状为对象，用各类爪子将其镶嵌在戒指上。随着 14 世纪钻石切割和磨光技术的产生，钻石的光泽渐渐展现出来。这时的钻石镶嵌工艺也有了改进，采用了透底的包边镶嵌法。17 世纪，欧洲的钻石切磨技术有了进一步的提高，钻石的光泽得到了更好的展现[2]。人们发现，要使钻石光芒闪耀，除了需要切磨师的高超技艺，更需要首饰制作者精巧的镶嵌技法。

用于饰件镶嵌的钻石形状有多种，常见的有圆眼钻、梯形钻、马眼钻、长方形钻、菱形钻等（图版 45）。镶嵌钻石的材料以 K 白金、镶嵌金、铂金为主。镶嵌方法根据钻石大小、形状、质量而定，有爪镶、轨道镶、密镶、闷镶、挤镶等几十种。

5.5.1 爪镶

钻石爪镶是钻石镶嵌工艺中最常见的且相对简单的一种工艺。由纽约著名珠宝商蒂芙尼发明，这种镶嵌方式可尽现钻石之美，便于从不同角度观察钻石切磨水准及颜色与净度。爪镶同样是用金属爪将钻石固定在镶口上的工艺。爪镶又分单粒镶和群镶两种，单粒镶即只在镶口上镶一粒较大的钻石，以体现宝石的光彩与价值。

钻石爪镶时，可用传统的片材、丝材制成不同形状的爪，钻爪镶的截面同其他宝石抱爪镶一样分为三角、圆形、方形等多种。单粒钻石抱爪镶口的制作方法有如下几种。

（1）底托和抱爪为一体的制作方法：在金属片的中心用冲錾打眼，根据钻石的大小画出四爪，用搜锯搜出图形后，在窝墩上用锤子打出爪形镶口。

（2）根据钻石直径、形状的制作方法：首先裁剪一根与钻石大小相符的扁丝，对口焊接成圆形或长方形的底托，将制好的齿爪焊接在底托之上。

（3）依据钻石的高矮，裁剪四根或六根方形丝，丝的上端锉出爪所需的形状，四枚或六枚齿爪间形成V字形，将丝的下端焊接在一起，石碗就制作完毕了。在镶嵌钻石时，要根据钻石直径大小把V字形镶口打开，在镶口的上端合适的位置用小锉锉出凹形槽，将钻石嵌凹槽中，用镊子小心地把齿爪推进钻石，直至贴紧。

例如，在制作一枚马眼钻戒指时，分别将两根同等粗细的、比例为4:6的拍扁丝圈成弧形，对口焊接在一起，在两侧焊接点上再焊一爪丝，用戗刀在两根爪丝上各戗出一道，将马眼钻的两边硬角镶嵌在其中。

钻石爪镶的制作要求：锉爪要正，位置要适当，爪一般成枣核状，中间厚，两头尖；镶钻时要将钻石镶牢、镶正，爪位要均匀，爪头要光滑、圆润，不刺手；尖形石镶嵌时抱尖爪中间缝隙不得过大，方形石镶嵌时抱角要有规矩（图5-11）。

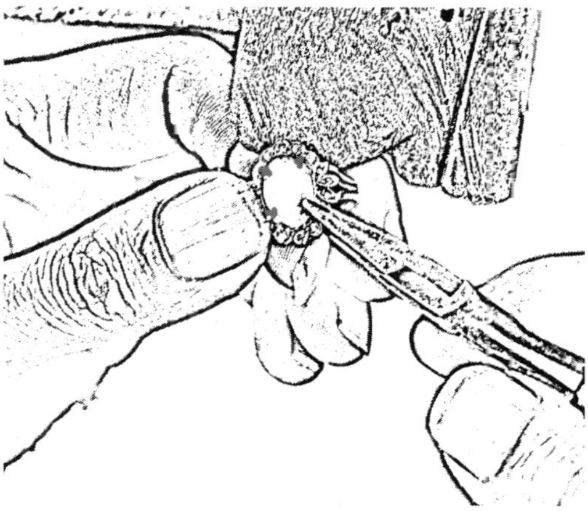

图5-11　爪镶

5.5.2　挤珠镶

挤珠镶也称钉镶，这种镶嵌方法充分利用了贵金属良好的韧性，在镶口的周围用专用工具戗出镶石的爪钉。挤珠镶钻法适用于单粒钻石和多粒钻石的镶嵌。多粒钻石的排列分布多种多样，常见的有线形排列、面形排列、规则排列、不规则排列等。挤镶的类型依据钉的多少又分为两钉镶、三钉镶、四钉镶与密钉镶，其中密钉镶使钻石相互之间十分紧密，从表面看密钉镶镶口内几乎由钻石铺满，能反射更充足的光线，突显钻饰的艳丽光芒（图版46）。

挤珠镶用的片材较厚，制作中要根据不同钻石的大小来选择片材。制作时用蛇皮钻头在片材上打个比钻石直径略小的孔（图5-12），也可用现代方式浇铸出孔洞。孔洞呈上大下小状，将钻石平窝在孔洞中，用专用的戗刀在镶口对等的位置挤压出立爪珠，用以固定钻石。对镶口的凹凸之处用套珠錾錾平，余金用戗刀剔除。挤压时手劲要适度，挤珠要圆滑、不划手，挤出的金珠要牢牢地抱紧钻石（图5-13）。钻石之间的间隔既要均匀，又要高矮一致。

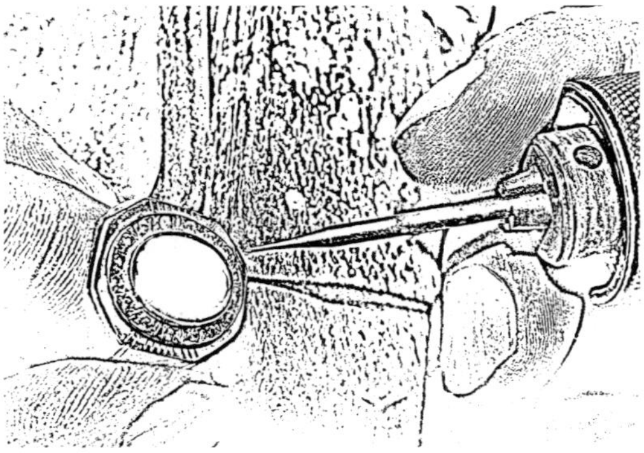

图 5-12　蛇皮钻打孔

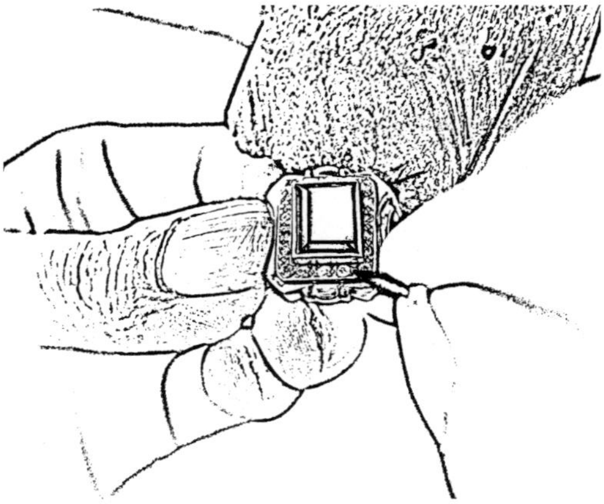

图 5-13　挤珠镶

密钉镶钻时要根据钻石的大小薄厚，尽量镶齐、镶平。边的坡棱一般为 45°。余金同样要剔净。

5.5.3　轨道镶

轨道镶又称槽镶，顾名思义镶口如同轨道，钻石一颗一颗地连续镶嵌在轨道的凹槽内。轨道镶适合于直径相同、比较规整的宝石和直径较小钻石的镶嵌。一些方形、梯形的钻石用槽镶来镶嵌效果极佳。轨道镶是法国著名的范克里特· 阿佩尔斯珠宝公司的阿佩尔斯先生设计的，该技术于 1980 年、1984 年分别传入香港、北京、上海[3]。

轨道镶的效果是镶石均匀整齐，线条流畅。是当今时尚流行的款式之一。

以梯形钻轨道镶的制作为例，首先要根据钻石形状和饰件图纸的排列要求来决定轨道凹槽的类型和片、丝材料的厚度。制作中即可根据钻石位置，在片上用搜锯或脱錾刀搜、錾出梯形，在梯形的里扣焊圆丝（利用圆丝的弧度与钻石的角度卡合在一起），再用平口錾、采錾将钻石与丝边采严。也可在一块片上用戗刀戗出凹槽，槽的深度以钻石镶嵌后与片材在同一个平面为好，将钻石依次压入轨道槽中，再用平口錾压紧镶口（图 5-14）。

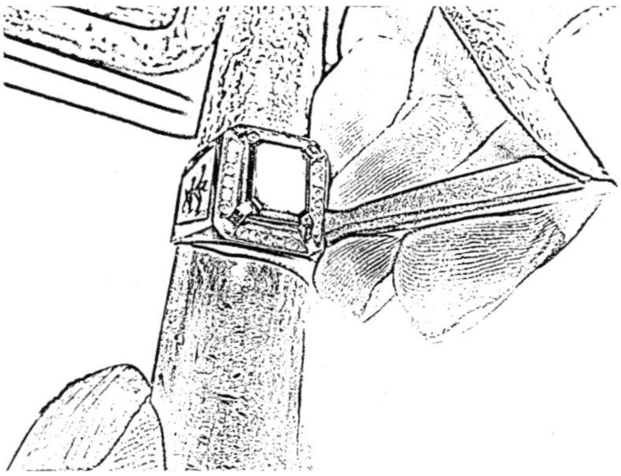

图 5-14　錾压紧镶

5.5.4　包边镶

包边镶是将钻石的腰部以下放入石碗中，能充分展现钻石的光彩和端庄的气质。包边镶是镶嵌中最为古老和牢固的镶嵌方式，适用于一些材质较软的首饰（如拱面宝石）镶嵌，也可以镶一些非圆形的钻石，如狭长方形、祖母绿形、三角形、梨形、公主形、椭圆形、水滴形、马鞍等。包边镶要求钻石底尖不能露出托架，包边与钻石之间应当严密而没有空隙，均匀流畅，光滑平整。

钻石的镶嵌方法还有闷镶、绕镶、澳大利亚镶等。

5.6　镶宝石与嵌金银的文物介绍

在我国出土的金属类文物中，有一批以镶宝石和嵌金银制作工艺为主的珍贵文物。这些金银器上的宝石镶嵌技术与器物的制作工艺密切相连，不同时期的镶宝石的手法各有侧重。常见镶嵌方法有直接嵌入式、包边镶、抱爪镶、落爪镶、轨道镶等。宝石以绿松石、珍珠、玛瑙、翡翠、红蓝宝石为主。

5.6.1　嵌宝石金银器

1992 年陕西省宝鸡市益门 2 号墓出土的春期晚期嵌石金柄铁剑、1994 年楚王墓出土的金带钩（图版 47）和 1965 年江苏省涟水县三里墩西汉墓出土的交龙金带钩（图版 48）的主体制作均采用了铸造工艺。其中交龙金带钩表面较为粗糙，器物上脱落的绿松石处可见一凹坑，以此分析镶嵌宝石的部位是铸造时预留出来。这三件器物上的宝石镶嵌方法是在铸造成形后再将宝石嵌入。

1979 年内蒙古自治区准格尔旗西沟畔墓出土了一件战国时期的金耳坠（图版 49），耳坠上的宝石镶嵌在用金片围成的石碗中，石碗的四周焊接有金珠。

云南省晋宁石寨山 7 号墓出土的西汉有翼虎纹银带扣（图版 50）上虎眼、虎身处镶嵌着橙黄色和绿色宝石，宝石的形状呈圆形、长圆形、三角形。器物上数十处宝石脱落的地方可以看到圆形、长圆形、三角形的凹坑。

1976 年新疆焉耆县黑格达出土的西汉八龙纹金带扣上的数十个掐制石碗焊接在龙身不同部位，金带扣的外沿填有一圈由花丝制作的巩丝花样，从器物上宝石脱落处可清楚地看到，用来镶嵌宝石的石碗是由金片对口焊接而成，石碗的形状是依据宝石形状来掐制的，金带扣上宝石的镶嵌方法为包边镶。

1980 年江苏省邗江县甘泉山二号墓出土的东汉王冠形金饰、1969 年河北省定州陵头村 43 号墓出土东汉掐丝金龙（图版 51）以及 1991 年湖北安乡县黄山头林场南禅湾刘弘墓出土西晋金带扣上不同宝石均镶嵌在石碗中。1983 年宁夏固原南郊乡九龙山汉墓中出土的 29 枚桃形金花饰（图版 52）上的绿松石镶嵌在金丝掐制的石碗内。

1991 年宁夏原州区三营镇化平村北魏墓出土了一对镶松石金耳环（图版 53）。这付直径为 4.8cm 的耳环上镶嵌了三行 20 余粒绿松石和珍珠。在一个宝石已脱落的随形石碗的对口部位可清晰地看到包边镶制作时留下的痕迹。

1957 年陕西省西安玉祥门外李静训墓出土的隋朝金项链上的宝石，形状有圆形、椭圆形、长方形、水滴形多种（图版 54）。球形链珠上近百个珍珠分别镶嵌在各自的石碗中，项链下部由六件饰物组成的一组垂饰中的红色宝石镶嵌则是采用了大石碗套小石碗的方式，最外层的大石碗内分别镶嵌一圈小珍珠，而小珍珠则围绕在一颗镶嵌于小石碗内的红宝石周围。该项链的镶嵌风格的确与其他器物有所不同。

1970 年陕西省西安南郊何家村出土的唐代团花纹金带把杯上的团花纹饰（图版 55），是由金片围成的不同形状的石碗组成的。根据发掘者的回忆，金杯从瓮中取出时其腹部镶嵌的宝石因老化酥解而纷纷脱落[4]，由于宝石已脱落，无法判断其形状，但从器物上由众多石碗组成的花卉图案可推测，这些宝石是根据花纹的需要加工磨制的。

1975 年在内蒙古出土的 5 件西夏桃形镶宝石金冠饰（图版 56）上的宝石大部分已脱落，5 件饰品上石碗的制作可分为素石碗、花丝石碗、錾花石碗。其中一件金冠饰的中心桃形大石碗和四周小石碗的边缘分别装饰了多层巩丝和花丝。该器物上宝石镶嵌的形式均为包边镶。

1992 年内蒙古阿鲁科尔沁耶律羽之墓出土的摩羯纹耳坠和 2003 年内蒙古吐尔基山墓葬出土的摩羯纹金耳坠上绿松石的镶嵌形式同上述金器上的宝石镶嵌技法截然不同。这些宝石的镶嵌既不是在铸造时预留了镶嵌位置，也不是根据宝石形状，用不同丝、片掐制成石碗后再包边镶；而是运用錾刻的特有技术，在镶石处采錾出凹坑，将绿松石黏结在凹坑处。在脱落的绿松石处可观察到黏结剂的残留物。这种镶嵌方法特属于细金工艺中的蒙镶，现代首饰行业称其为冷镶嵌。

1982 年山西省曲回寺出土元代内向双飞蝴蝶簪、缠枝花耳坠、金花步摇七件花丝首饰上的宝石镶嵌，全部是随形石碗包边镶。

南京博物院收藏的明代三枚活圈口戒指中除了一枚马镫戒指外，其余两枚戒指上的红宝石镶嵌手法分别是包边镶和抱爪镶（图版 57）。

1972 年山东省邹城明鲁王朱檀墓出土镶宝石金带扣（图版 58），上镶嵌着不同形状的红宝石、蓝宝石、猫眼、紫晶、珍珠、绿松石共 33 颗。最大的一颗蓝宝石直径 2.9cm。所有宝石的镶嵌方式均为抱爪镶。抱爪石碗根据宝石的形状制成，抱爪略高于石碗，有三爪、四爪。珍珠上的3个爪齿等距离排列；方形红宝石和蓝宝石石碗上的四爪镶排列为板凳形；绿松石、猫眼等圆形、随形宝石的四爪则是十字形排列。

1957年北京市昌平定陵出土的明神宗孝靖王皇后凤冠上宝石的镶嵌（图版59），除了九条龙口衔的珠滴宝石外，其余近百颗无规则红、蓝宝石的石碗制作则是根据每块宝石的大小分别裁剪金片对口焊接而成的。

《故宫博物院藏清代后妃首饰》一书中收录了300余件饰品，其中钗、簪、钿等头饰中宝石种类齐全，有红宝石、蓝宝石、珍珠、碧玺、珊瑚、玳瑁、猫眼、翡翠等。这些宝石的镶嵌都是根据器物的整体设计而定。如乾隆六十三年制作的银镀金嵌宝福寿簪（图版60）上的三分之二石碗是由花丝制成，圆形红宝石和水滴形蓝宝石嵌卧在花丝中的石碗内，蝙蝠背部同样也嵌卧着一块宝石。这件首饰构思巧妙，宝石与花丝相互呼应，融为一体，充分体现了细金工匠的聪明才智和绝佳的技艺。后妃的钗、簪多采用了包边镶石技术，而大部分戒指、耳坠、手镯上的宝石镶嵌则采用了实镶工艺的抱爪镶（图版61）、落爪镶（图版62）和闷镶工艺。

近代镶嵌工艺有了突飞猛进的发展，制作材料从黄金、白银到不同规格、不同种类的K白金、镶嵌金、铂金；镶嵌产品从单一的首饰到许多设计巧妙的实用摆件。虽然镶嵌工艺中的一些工序已经开始采用机械来完成，但是宝石镶嵌至今仍然采用手工制作。随着人们对美的不断追求，这门工艺已经由单纯的包边镶、抱爪镶发展出了轨道镶、群镶、闷镶等。

当一件饰物或摆件需要各种不同形状、颜色、大小、质地的宝石来烘托主体时，就要求宝石与器物造型要浑然一体。嵌宝石雄鸡摆件（图版63）就是一件宝石与素材搭配十分合理的工艺品。这件通体镶宝石的器物颜色搭配很合理，红色的鸡冠、髯；蓝、白的双翼；红、白、蓝、绿相间的羽毛；作者在宝石的组合排列中充分考虑了各类宝石形状与颜色，将它们与昂首挺胸的雄鸡造型有机地结合在一起，使整件器物造型生动自然，让人赏心悦目。

嵌宝石雄鸡摆件是以镶嵌为主的器物，制作中运用了镶嵌工艺的多种技法。器物上所用的宝石有红宝石、蓝宝石、绿宝石、钻石。宝石的形状呈梯形、圆形、随形石、拱形。镶嵌方法包括轨道镶、包边镶、挤镶、抱爪镶、密镶。镶嵌的类型分为单镶、混镶和群镶。

器物上的单镶宝石，是镶嵌在红色鸡冠和肉髯上的两块抱爪红宝石，镶嵌在此处的随形红宝石，即体现了其自身价值又将雄鸡那傲慢与高贵的体态充分的展现出来。雄鸡的颈部、尾部羽毛上镶嵌着蓝色、红色、绿色的宝石，它们将雄鸡五彩斑斓的羽翼装点的美丽、大方。这些经轨道法镶嵌的各色宝石，排列有序，整齐均匀，使颈与尾部羽毛过渡自然，线条流畅。在雄鸡的腹部镶嵌有多粒钻石，钻石的镶嵌方式依据腹部造型分为两钉镶、三钉镶、四钉镶。晶莹剔透的钻石与金灿灿的黄金底座和金挤珠相互呼应。而三块点缀在钻石之间的包边镶嵌的随形红宝石，又给器物增添了一个亮点。

通过对不同年代出土的嵌宝石金银器以及故宫博物院现珍藏的宫廷首饰分析可得出：夏、商、周时期出土的金银器中目前还未发现嵌宝石金器。春秋战国时期出土的金器中，镶嵌宝石的部位有的是铸造时预留下来的，有的则是根据宝石的形状用金片或金丝圈成石碗。从战国到明清，金器上宝石的镶嵌方式大致分为五类：

① 金器上镶嵌的宝石为包边镶，器物焊接的石碗制作中以素石碗居多，有少部分石碗上装饰有小金珠、花丝、珍珠和錾刻的花纹。

② 金器的制作以錾刻工艺为主，宝石被黏结并镶嵌在采錾的凹坑内。

③ 金器的制作以花丝工艺为主，宝石卧嵌在花丝制作的石碗中。

④ 明清时期的首饰制品，宝石的镶嵌以锉工见长。镶嵌在石碗内的宝石的固定依靠各类爪来完成。常见的抱爪有板凳爪、十字爪。

⑤ 现代首饰中宝石镶嵌技术在继承上述传统镶嵌工艺的基础上不断完善，主要镶嵌手段有包边镶、爪镶、轨道镶、挤镶等。

5.6.2 嵌金银文物

错金银技术是春秋时期发展起来的一种金属表面装饰工艺。它是在已铸造的青铜器、铁器上用加工好的金银丝或金银片镶嵌出所需的花纹和文字，又称金错、银错。春秋时期错金银技术盛行，战国时期的错金银工艺水平更加提高，那时我国的工匠就已经可以将细如发丝的金银丝嵌入青铜器中，铁饰嵌金银的工艺要略晚些，《汉书· 食货志》曾有过“错刀以黄金错其文”的记载。错金工艺的制作流程可分为制槽、镶嵌、磨错三部分[5]。制作中根据所需纹饰，首先在金属表面铸成或錾刻出相应的形槽，将金银丝、片镶嵌在槽内，锤打压实。用厝石将嵌入的金银丝磨平，再用皮革、绒布蘸清水反复磨压，使表面光滑明亮，花纹清晰。

近年来田野考古发掘中，发现了一批珍贵的错金银文物，如：战国时期错金银马首铜辕饰（图版64）、云纹错金银犀牛尊（图版65），甘肃地区出土的战国错金银衔环（图版66）和安徽寿县出土错银铜卧牛，在牛的腹下部有刻铭，表明是王室之器。楚国西汉时期错金银铜尊、嵌金铁尺；东汉时期错金银五兽铁镜等。

1953年夏，位于内蒙古赤峰县西大营子村山地的辽驸马赠卫国王墓出土了一套嵌金银饰铁带钩。该墓是一座多室砖墓，墓室内的器物曾被部分盗掘，嵌金银铁饰马具出土于墓室中部。由于文物长期埋藏于地下，锈蚀完全覆盖了嵌金银图案。1999年，中国国家博物馆与内蒙古博物馆的文物保护工作者对这套30余件嵌金银铁饰进行系统的研究与保护。这批铁带饰工艺制作考究，集浇铸、花丝、錾刻、嵌金银工艺为一身。铁带钩的正面纹饰以龙纹（图版67）为主，虽然各有差异但基本相同。龙纹简练、生动、完整，给我们“似像非像，动静莫测”的感觉。带饰的四周是由二方连接的几何图案云纹和水波纹组成，这种几何纹饰组织结构严密，排列整齐有序的，给人以动感美的享受。铁带饰中的所有图案纹饰都是先用錾刀錾刻出沟槽，再将金银丝、片镶入而成的。器物上镶嵌的金银丝、片的龙纹、云纹不仅线条流畅自然而且形象逼真。银丝直径0.2～0.3mm，银片厚度0.4～0.45mm，银丝、片的银含量分别为92.1%和91.7%。视频显微镜下可观看到脱落的金银处有錾刻的痕迹。20世纪80年代初在保护战国犀牛尊的过程中文物保护工作者同样发现，将附着在器身上的锈蚀产物被去除后，也可见到錾刀錾刻的痕迹。内蒙古的这批铁带钩制作工艺为：在已铸好的铁带饰上用錾刀錾刻出所需纹路内，再将经过掐制的金银丝、片嵌入铁器正面及四周的錾刻纹路内，用锖石打磨，再在铁带饰的背面依次将丝织品、皮革、青铜底托用铆钉固定，在器物正面铆钉的上方处焊接并在此处鎏金。

在金属上错金银的工艺直至今日仍然应用在工艺美术行业中，嵌金银佛像（图版68）是现代细金工艺师在紫铜基体上镶嵌金、银丝片的一件佳作，其设计与制作均由一人完成。该佛像高约50cm，紫铜胎体。其制作集库坯、打胎、平錾、嵌金银等多种工艺为一身。具体工艺如下：

（1）制胎：在紫铜片上大致裁剪出佛像的轮廓，在坯胎上以白描为基础，线条为主线，勾勒出脸形、五官、纹饰、璎珞等图案细节，根据不同部位的造型，选择相应的錾刀台采。

（2）戗刻：在需要嵌金银的花纹处，运用戗刻技法，在平面戗出沟槽线。

（3）嵌丝：把金银丝填入沟槽线中，用木槌拍打直至丝与沟槽吻合压实。

（4）打磨：用细锉将嵌入的丝片锉平。

设计者将传统文化和打胎、錾刻、错金银制作工艺巧妙融和，在设计中准确地把握住了人物的神韵与形态，制作时在传统错金银工艺的基本技法上添加了不少时代元素。

注　释

［1］ 劳动和社会保障部等．贵金属首饰手工制作工：基础知识．北京：中国劳动和社会保障出版社，2003.

［2］ 劳动和社会保障部等．贵金属首饰手工制作．北京：中国劳动和社会保障出版社，2005.

［3］ 柳淑兰．中国首饰．北京：轻工业出版社，1989.

［4］ 北京大学考古文博院，陕西博物馆．花舞大唐春．北京：文物出版社，2003.

［5］ 史树青．我国古代的金错工艺．北京：文物，1973，（6）．

第六章　錾刻工艺与文物

6.1　概　　述

在细金工艺领域中，錾刻这门传统工艺的历史比花丝工艺更为悠久。錾刻工艺始于春秋晚期，盛行于战国时期，这一时期的金银器造型美观、工艺讲究。其中，在金银器上錾刻纹饰的制作手法以錾刻、镂雕为主，如陕西神木纳林高兔战国晚期匈奴墓出土的银鹿、江苏涟水三里墩西汉墓出土的两件战国时期的金带钩、山东淄博临淄区窝托村出土的秦代银盘等。

中国古代将錾刻、镂雕工艺称之为钑镂。贺知章《答朝士》诗中就有“钑镂银盘盛蛤蜊”的诗句[1]，《安禄山事迹》中提到唐玄宗赏赐安禄山金银器中也有“银凿镂，银鏁”[2]的记载。“钑”或“镂”，现代也叫镌刻、錾刻、镂刻、雕刻[3]，其中最常见的称谓是錾刻。

在古今金银器的制作中，为了使作品主题突出，达到更高的艺术境界和更好的观赏效果，往往将花丝、镶嵌、錾刻、打胎等工艺融为一体，以其中一种工艺为主并配以其他工艺相衬托。

錾刻工艺既可作为细金行业中独立的艺术门类，用来制作各种首饰、小型摆件和实用器皿；也可以与其他姊妹艺术相结合为作品增加亮点。以龙凤花鸟、亭台楼阁为主的现代花丝镶嵌摆件中龙鳞、凤尾、花瓣、飞檐斗拱上的细部刻画之处多由錾刻工艺完成，錾刻以其特殊的艺术魅力为作品增色。

錾刻工艺包括以下几种具体手法：阳錾，是一种凸出饰物表面的雕刻图纹的工艺；阴錾，是一种凹进饰物表面的雕刻图纹的工艺；平錾，是在饰物表面錾刻的工艺；镂空，是用脱錾将平刻花纹底子透空脱口的工艺；戗錾，是用特制的戗刀戗出花纹与素亮并通过錾刻工艺的不同表现手法，使单一色调的金器展现出多层次的艺术效果。錾花工艺充分运用了錾与戗的手法，使金器中的暗与亮的对比强烈鲜明，增加了饰物的艺术观赏性。

不同的錾刻技法使古今金银器上的纹样种类繁多，常见花卉有牡丹花、菊花、勾子莲、梅花、兰花、八宝吉祥纹样、锦地；人物有八仙、侍女、寿星、观音、童子、罗汉；动物有麒麟、狮子、牛、龙、凤、蝙蝠、怪兽、飞鸟、虫还有祥云、山水等[4]。

6.2　錾刻工具的制作及应用

錾刻工艺面对的多为金银器制作中的半成品或小件饰品。錾花制作工具有：素锤、小铆锤、木槌（图6-1）、羊角台、自制胶（黑松香、白土子、花生油）和各种錾子。

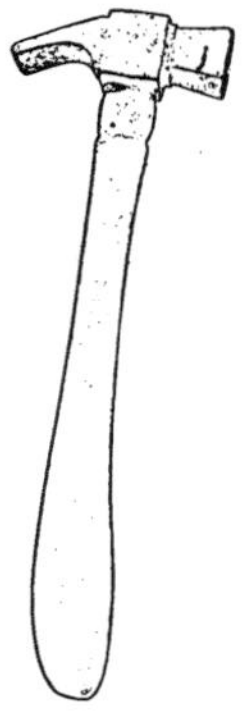

图6-1　錾刻锤子

6.2.1　錾刀材料

春秋时期是青铜时代向铁器时代过渡的重要历史阶段。大量考古发掘出的铁器证明，我国炼铁的历史至迟始于春秋晚期，到了战国中晚期已经进入到大规模的铁器时代。春秋末手工业者就创造了在低温（800～1000℃）下用木炭还原铁矿石的方法，得到了比较纯净但质地疏松的铁块。战国晚期，冶铁工匠已经掌握了将块炼铁固态渗碳制钢的方法，将铁置于900℃以上的木炭中长期加热或在锻造时在木炭中反复加热，温度越高渗碳越多，碳渗入铁内即成为钢[5]。

钢铁的冶炼和使用，促进了社会生产力的发展，与此同时也为细金工艺中金银器的錾刻工具提供了硬度高、韧性好的钢材，因此这一时期的錾刻工艺十分盛行。

錾刀的种类多达几十种甚至上千种。其中常用的有弯钩錾、直口錾、沙地錾、点錾、套珠錾、戗錾、采錾等。这些錾子都是工匠根据所錾刻花纹的需要自制的，制作錾刻工具的材料，除了戗錾刀采用白钢外，其他錾刀用的多为不同钢号的碳素工具钢。这种钢材是基本不含合金元素的高碳钢，含碳量在0.65%～1.35%范围内，加工性能好，热处理后可以得到较高的强度和耐磨性[6]，因而是制作錾刀的首选材料。

6.2.2　錾刀的种类

錾刀是錾刻工艺的主要工具。资深錾刻匠人的身边往往有几百种甚至上千种不同形状的錾子（图6-2）。

根据錾刀口刃和功能，常用的錾子大致可分为直口錾、弯钩錾、沙錾、采錾、硬錾几大类。

直口錾：錾直线。刀刃呈一字形，一面平面，另一面略有弧度。有长短、粗细、大小不同的几十种。

弯钩錾：錾弧线。刀刃呈月牙形，有大小、宽窄不同的数种。

图6-2　錾刀

沙錾：走直线。刀刃呈一字形，有大小、宽窄之分，刀刃较厚的沙錾一般用于台活。

采錾：用于平采、凹采、采亮。錾头圆滑，有方形、圆形、椭圆形等多种，各种形状的采錾有大小区别。

点錾：用于点睛。錾头是圆点，有大小区别。

戗錾：用来去除多余金。刀刃锐，有平戗錾和三角戗錾之分。平戗錾的刀刃一面平、一面有坡度，适合錾刻翻卷折叠的花卉。三角形的戗錾，用于直线戗刻。

脱錾：用于镂空花纹和器物边缘的剪切。刀刃锐利，有月牙、直线等形状（图6-3）。为常见錾刀种类。

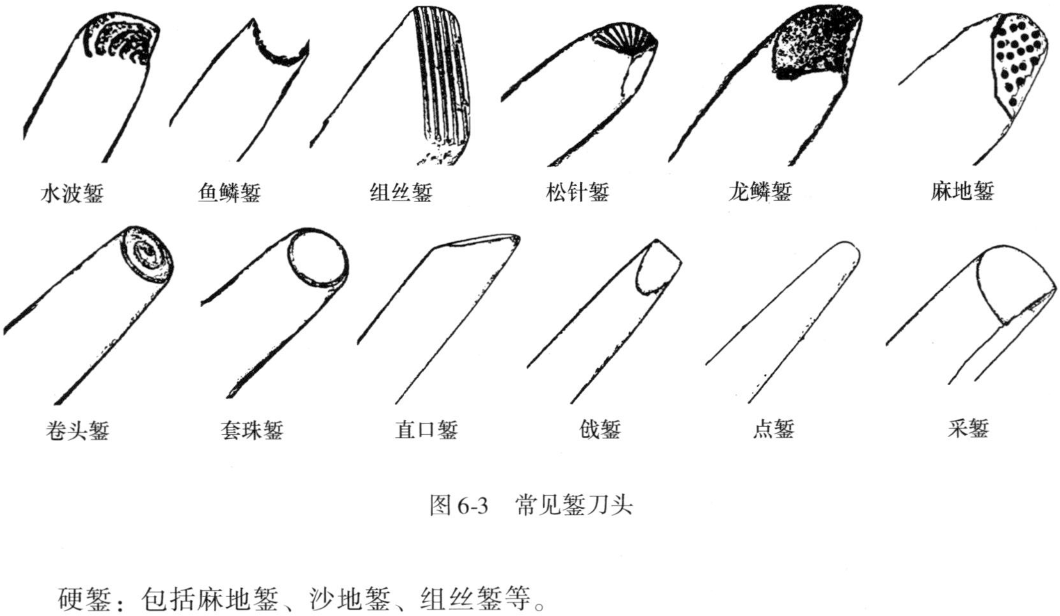

图6-3　常见錾刀头

硬錾：包括麻地錾、沙地錾、组丝錾等。

（1）沙地錾：用作錾沙地。錾头是尖形，也可以将沙錾改制成三角形、方形、圆形粒状的平面。

（2）套珠錾：打底用。立体珠，有大小区别。

（3）组丝錾：錾头是平面，可錾刻不同的丝状纹样，用于动物羽毛、人的五官、衣纹等处的细部刻画。根据所要表现的纹样，组丝錾上的丝纹粗细、疏密各有差异（图6-4）。

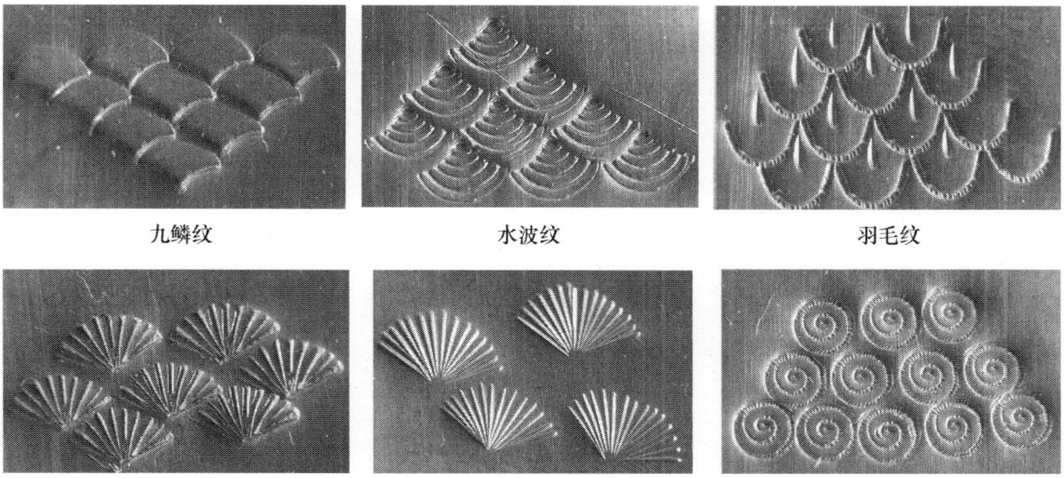

九鳞纹　水波纹　羽毛纹

松针纹　松针纹　卷头纹

图6-4　各种组丝錾花纹

上述每一把錾刀都有各自独特的用途和用法。在一件器物上纹样的錾刻中，往往要利用戗、錾、采等不同的錾刀和运用串、点、台等手法才能完成。例如一朵简单梅花的錾刻就需要数把不同的类型的錾子，梅花的花瓣用大弯钩錾刻，中间的花心用小弯钩对錾，花蕊用沙錾，花蕊的中心点则需用点錾錾刻完成。

6.2.3　錾刀的制作

錾刀的制作是每一个錾刻艺人应具备的基本功。除了一些标准化生产的錾刀外，用于细金工艺的錾刀全部为手工制作。錾刀的制作分錾刀坯和制刀刃两步进行。

錾刀坯：根据錾刀的粗细、大小选择直径5～10mm、长度8cm左右的圆钢，将其放入炉火中加热至通红。用焊活镊子取出，手钳夹住錾刀坯子在铁砧上锻打成下小、上大的长方形，用板锉把击打出的毛刺和凹凸不平的痕迹锉平，并将錾刀身四边的棱角形状锉出。在锻打过程中为了消除锻造应力，细化晶粒，降低硬度和脆性，提高塑性，錾刀坯子应不断退火。

制刀刃：根据各种錾刀刃的形状，运用不同类型的油锉、小板锉、圆锉锉制刀刃

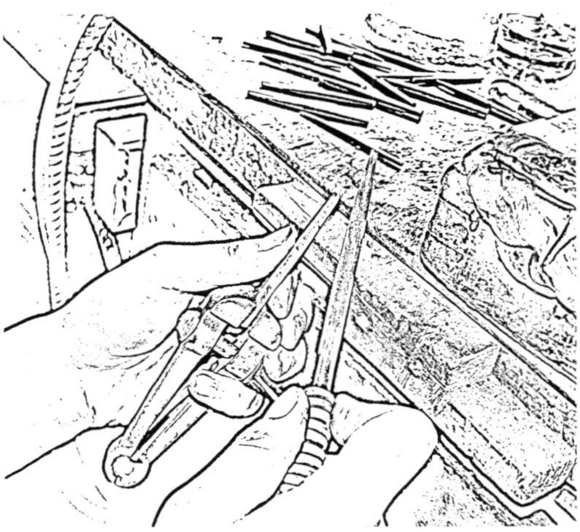

图6-5　锉錾刀

（图6-5），如锉制弯钩錾要用半圆形锉刀；而套珠錾刃的制作方法则是以刀口的中心为点用小锤子往四周赶敲，使之形成凹坑状，经蒲锉修整后，用圆点錾在中心錾出凹坑即可。

錾刀锉成形后，为了增加其硬度和耐磨性，再次将之置于火中加热至通红，将錾刀的两端快速浸入煤油或冷水中淬火。

6.2.4　胶的制作

錾刻使用的胶主要用于固定被錾器物。胶的使用始终贯穿在整个器物的錾刻过程中。制作胶的原料中，松香、白土子、花生油均为天然产物。

松香是将松树上分泌出来的黏稠液体加以蒸馏而得到的一种天然树脂，颜色有微黄色、棕红色等，是一种透明、脆性的固体物质，60℃开始软化，120℃成为液体[7]。白土子（高岭土）主要是由高岭石微细晶体组成的矿物，是一种纯净黏土，其分子式为 $Al_2Si_2O_5(OH)_4$。

胶在制作时，要先将松香放入铁锅中，待温火熔化成液体后，倒入白土子搅拌，熬制成黏稠状，加入少许花生油继续搅拌均匀即可。胶的软硬度要依据被錾器物的錾刻手法而定，戗錾、平錾时需要硬一些的胶作铺垫，台活、串鼓时则需要略软些的随形胶体。因此，在具体錾刻中，以配制好的胶为母体，根据不同的錾刻手法，来调制胶的软硬度。需要硬胶时将母体胶溶化后加入松香，需要软胶时则加入花生油。熬制好的胶要倒置在胶板上（图6-6）。胶板最好使用有一定硬度的红木，在胶板的下方还要铺一块橡胶皮做底垫。

图6-6　上胶板

6.3　錾刻的基本技法

錾刻在细金工艺中称为錾花，专指在贵金属表面雕刻花纹图案的艺术。錾花工艺以锤子、錾刀为主要工具，錾刻的表现手法多为阳錾、阴錾、平錾、镂空，基本技法为勾、落、串、点、台、压、踩、丝、戗。目前常用的传统錾刻方法是勾、台、采、丝、脱。

錾刻时左手拿錾刀，右手悬臂持锤，用锤子轻重适宜地不断敲打錾刀，在器物上錾刻出不同的纹样。花纹的轮廓、明暗、深浅、层次全凭借錾花工匠对各种錾刀的运用以及臂腕的用锤功夫来体现。要想錾刻出的花纹凹凸有致、线条流畅，左、右手上錾刀和锤子的默契配合是关键，只有掌握了制作技巧，才能錾刻出层次分明、线条清晰的精美纹样。錾刻工艺基本技法如下：

6.3.1　勾

勾錾是在器物的正面上进行素描的一种表现手法。勾就是用不同形状的勾錾（直口錾、弯钩錾等），在胎型正面勾勒出基本图案。现代錾刻艺人在勾錾之前可在一张白纸上先白描出所錾刻纹样，将其黏结在金属上，用勾錾沿线描处二次勾画（图6-7）。有经验的錾刻大师则直接在金属片上画出（图6-8）或勾錾出简单的图案。勾錾是錾刻的第一道工序，勾勒时要根据纹饰的需要选择不同类型、不同厚度的勾錾，边缘线的錾刻要流畅自然，对于需要台、串鼓等的地方，勾錾的力度要大一些，以在胎型的背面可清晰地看到勾勒的图案为佳。

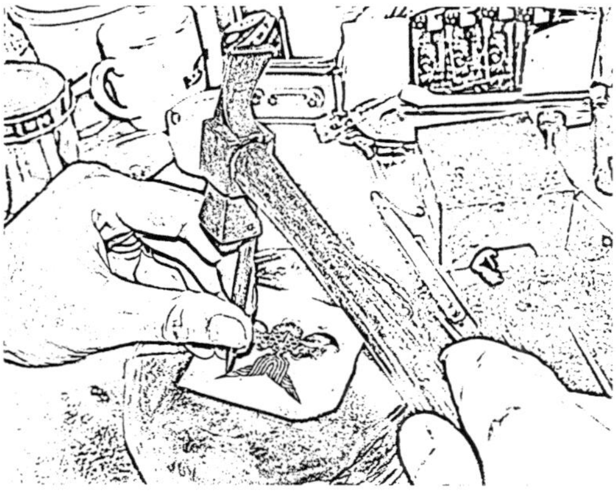

图6-7　勾錾

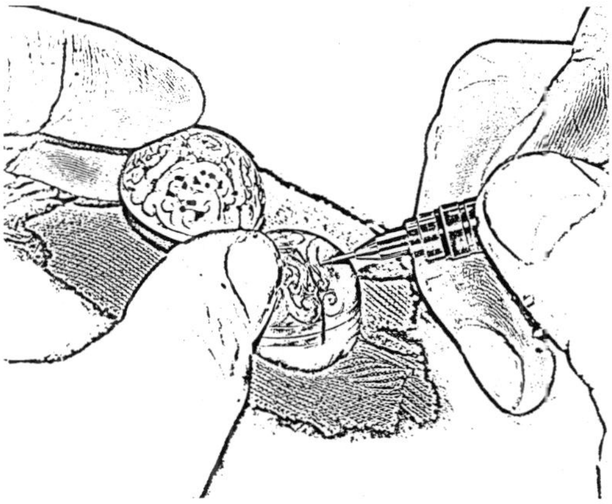

图6-8　绘画纹样

我国的考古工作者在何家村出土的唐代鎏金线刻鸳鸯纹银盒、鎏金线刻飞廉纹银盒、鎏金线刻小簇花纹银盒、鎏金线刻雀鸟纹银碟、线刻折枝花小银盒这些未完成的器物上发现刻有起稿线，而且稿线细如发丝，有的只是图案的一部分（图6-9、6-10；图版69）。这些考古实例说明，古代錾刻艺人在錾刻纹样之前也要对其进行大致勾勒。

图6-9　唐银盒素描（何家村）

图6-10　唐银盒素描（何家村）

6.3.2　台

台是在胎型的背面，用不同形状的台錾顶出所要图形的边缘，它是一种浅浮雕的处理方法（图6-11）。台錾的过程中要根据纹饰的面积和层次来确定台出的高度与深度。台錾工具的形状以大小不同的圆形、方形和椭圆形的平面錾刀为主。对于需要再继续细化的凸出部位可通过串、点手法来完成。这两种錾刻技法也可归纳为台活的范畴，它们同样是在胎型的背面操作。完成平面串、点的工具是面积大小不同的圆点錾，如果是瓶、杯等立体摆件上的立体纹样则要用不同形状的羊角台。

6.3.3　采

采也称为“落”，在胎型的正面操作。制作中通过不同采、落的处理，找出花纹的结构，分出不同部位的层次，已体现出翻转折叠的艺术魅力，使器物更具有立体浮雕效果（图6-11）。采可分为两种：

（1）对于立体纹样上不需要凸出的部位用采錾落下去，大面积的采、落时要用平面采錾将所采部位打下去，而整理纹样时则用小采錾将边缘掖收。

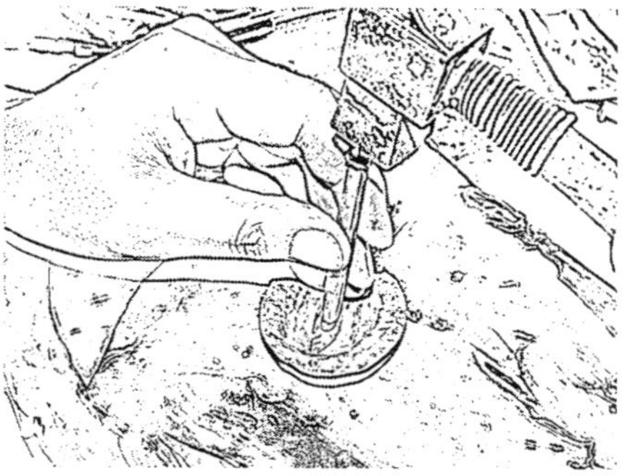

反面台錾

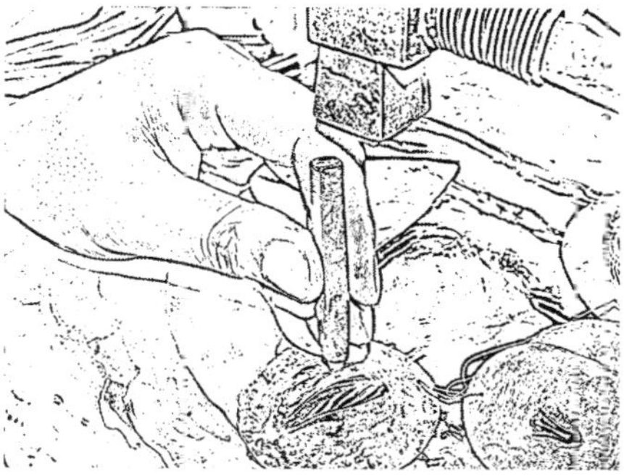

正面采錾

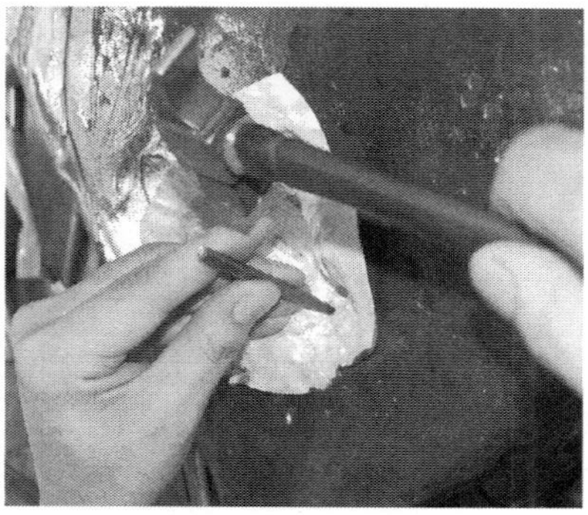

反面台錾

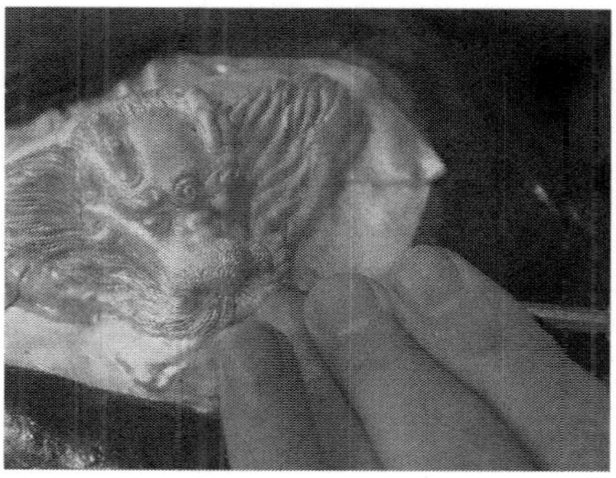

正面采錾

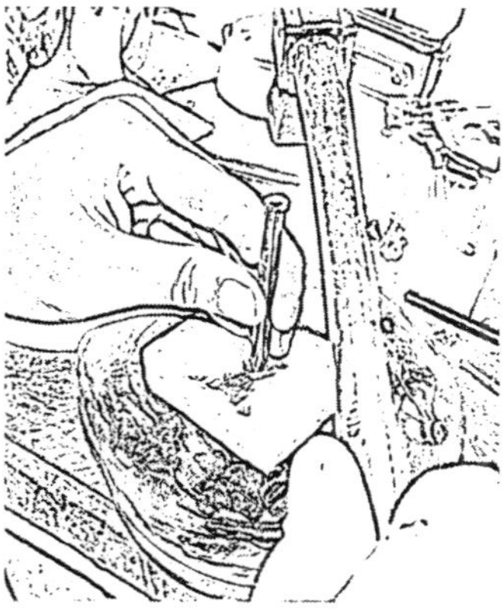

反面台錾

正面采錾

图6-11　台、采技术

（2）平錾纹样的采錾，要通过落底的方法完成，在花纹的周围打出不同的珍珠底、麻底等底纹，以分出层次。

对于有一定美术功底且基本功扎实的錾花大师，在具体錾刻中可勾、采相连，一次完成一些局部的錾刻工作。在錾刻工艺中，采活也作为纹样最后平整和光亮处理的工序。

6.3.4　平錾、丝錾

平錾是用不同形状的錾刀在器物正面錾刻的一种方法。丝錾是细化各个部位纹样的主要表现手法，丝錾工具一般是小型錾刀，刀刃分单一和组合两种。对于一些纹饰的细部刻画，可采用丝錾来完成，如花瓣的筋脉、小鸟的羽毛等部位，通过丝錾把纹样的线条处理的清晰，使图案更具有动感（图6-12）。花卉的錾刻手法以为平錾、丝錾为主。

正面

反面

图6-12　用平鏨、丝錾来表现的花卉

6.3.5　戗、脱

錾刻实际是錾与刻的工艺。戗也称之为刻，戗刻出的纹饰呈浅浮雕的效果。錾刻工艺中运用的戗刻技法，是在平面戗出沟槽线，使纹样形成凹凸面，造成明暗差异，以表现其立体感和空间感。

脱錾分镂空錾和脱底錾两种錾刻方式。镂空錾又称透雕。将图案的底子或背景，用錾子脱出，使器物呈现玲珑剔透的艺术效果。脱底錾是在器物上花纹錾刻完毕后，用特制的錾刀，沿外缘将底子脱出。

在錾刻工艺中，要制作一个图案有时候需要经过上胶板、临摹、勾錾、戗錾、采錾、组丝錾、台錾等多道工序才能完成（图6-13）。

6.4　出土金银器文物中的錾刻工艺信息

錾刻工艺是装饰在金银器表面的一种艺术形式。它既可以独立存在，又可以与其他姊妹艺术结合。以錾刻表现手法为主的文物，多出自唐、宋、辽时期，这一时期出土的大量金银器就是很好的佐证。

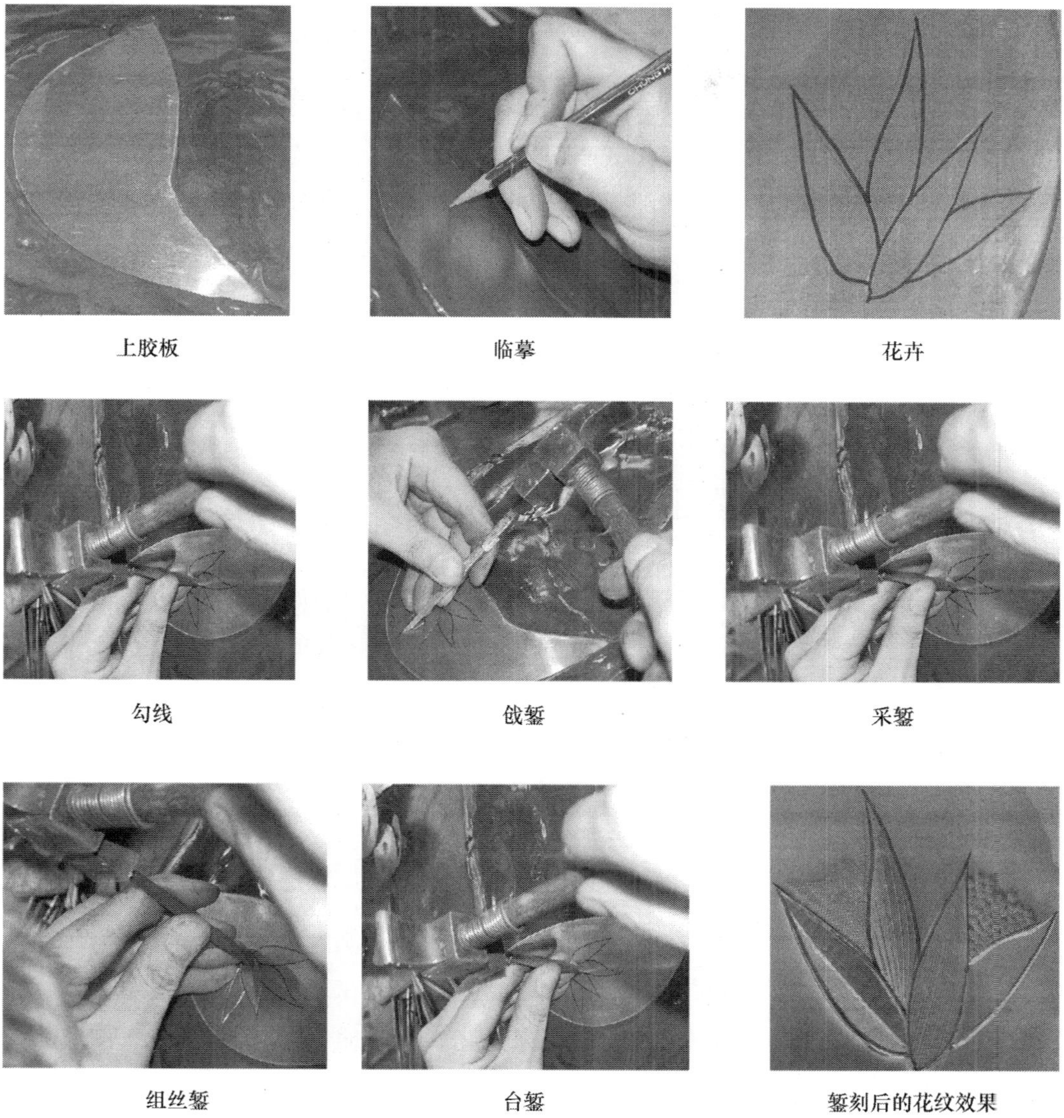

图6-13　錾刻工艺中上胶板、临摹、勾錾、戗錾、采錾、组丝錾、台錾

6.4.1　古代金银器上的錾刻纹样

金银器上的錾刻纹样分为主体纹样和附属纹样两类。主体纹样装饰于器物的显著部位，附属纹样装饰在器物的口沿、底边、转弯等处，有的部位展开后呈条形状[9]。纹样大致可分为植物、动物、人物三大类，錾刻形式有满錾、浮雕、台錾、平錾等。

动物纹样中有象征着权力和身份高贵的中国传统的龙凤纹，有被誉为佳瑞的飞狮、天马、天鹿、牛、兔、龟、摩羯等纹样，有寓意深远的孔雀、鸳鸯、鸿雁、绶带鸟纹，也有日常生活中所见的蝴蝶、蜻蜓、蜜蜂等昆虫纹样。这些动物纹样多以台錾的方式錾刻位于器物的中央部位。植物纹样有折枝花、忍冬纹、宝相团花、莲花、缠枝纹、卷草纹等。金银器上的人物纹绝大多数以平錾的手法錾刻，人物的面貌和服饰以及内容，被用不同方式直观地表现出来，同时也带有鲜明的时代特色。如辽代耶律羽之墓出土的鎏金“孝子图”银罐，从器形看为典型的突厥风格，器物上平錾有八组孝经故事，为“扼虎救父”、“闻雷泣墓”、“刻木事亲”、“为母埋儿”、“劝父尽孝”、“拾葚供亲”、“扇枕温食”、“卧冰求鱼”等儒家理念。一件器物上出现了两种文化因素，这是华夏文明多元一体化的具体表现[10]。

6.4.2　古代金银器上的錾刻技法

我国出土的金银器中有许多表面錾刻有不同纹饰的器皿。如陕西何家村、法门寺和内蒙古辽代陈国公主墓、耶律羽之墓、吐尔基山以及四川宋代彭州等地出土的上千件金银器中，有许多保存完好的实用器和饰件，其中金碗、鎏金银罐、金花银龙纹“万岁台”砚盒等器物表面鸿雁、莲花、人物等图案的錾刻运用勾、串、丝、抢、落、台等工艺。这些錾刻技法至今还在应用金银器錾刻中。

1. 台、采錾

台和采是錾刻中密切相关的两种技法，它们是指分别在器物的正、反面进行操作。制作中首先要从器物的背面台出外轮廓和纹样，再在正面用采錾沿着台出的形状边缘进行“落”和“掖”，器物纹样的高低与台和采的力度密切相关。通过台与采，使器物局部纹样呈现出浮雕效果。我国出土的金银器中以台、采技术制作的纹样有许多，如：

1991年云南省晋宁石寨山71号墓出土的西汉压花牛首纹剑鞘金饰。剑鞘由三段组成，所用金片薄、成色较高，剑鞘上牛首纹、回字纹、麦穗纹等的制作全部运用的是台、采工艺（所用的台、采錾头圆滑）。在金片的反面台錾出各种纹饰的大致形状，采錾将正面台出的花纹凸起边缘整理掖边，剑鞘金饰上的纹样规整，衔接自然、清晰明快(图版70)。

云南省江川李家山47号墓出土的圆形金饰片和一对金夹上乳钉纹的錾刻信息，在器物反面的凹孔处得以证实。这三件文物的錾刻手法同压花牛首纹剑鞘金饰相同，基材均为较薄的金片，制作中仅运用了台与采两种技法，从整齐圆润、凹凸起伏的花纹中可以判断，錾口圆滑，为方形、圆形（图版71)。

1970年陕西省西安市何家村出土的凤鸟纹六曲银盘的器型是经过打胎锤揲制成的，盘中心凤鸟的制作采用了錾刻工艺中典型的勾、台、采技术。首先在盘正面的中心部位勾画出凤鸟纹样，盘反面采用台、錾工艺錾刻出凤鸟的外缘轮廓，翻过来在正面采錾凤鸟外沿和凤身细部纹饰，凤纹处局部鎏金。凤鸟银盘构思巧妙，主题突出，造型简单明快。白色的银盘中一只振翅欲飞金色凤鸟，给人以美的遐想。与凤鸟纹六曲银盘同时出土的龟纹桃形银盘、鎏金双狐双桃形银盘、独角异兽纹六瓣银盘、熊纹六曲银盘的制作风格与其相同，但是台、采錾刻的力度上却各有千秋，其中鎏金双狐纹双桃形银盘上互为顾盼的两只狐狸造型生动活泼，在银盘的反面可清楚地看到双狐纹边缘台錾的痕迹，与其他银盘中心半浮雕动物纹样相比，这件器物在台錾的过程中根据纹饰的高度加大了台錾力度，使得双狐纹轮廓清晰，立体效果明显（图版72）。

1993年在四川省彭州宋代窖藏中发现350件金银器，其中有九套执壶和温碗。这些壶的钮盖上的纹样分别为双层莲花和象钮莲花。其中双层莲花形钮盖（图版73）上、下层的仰莲和覆莲有各四层共近百个莲瓣，这些层层相连的莲瓣是经过反复台、采而形成的。

1986年内蒙古自治区奈曼旗青龙山镇辽陈国公主墓出土了8件金带銙（图版74），器物主体纹样是8条形态各异的游龙。在龙的四周錾刻有海水江崖和云纹。这件文物上所有图案也是经过台、采形成的。在正面龙纹的边缘处可见平采錾的痕迹，金带銙上的龙鳞、云纹、水纹的细部刻画分别采用了弯钩錾、圆头錾、直口錾錾刻。这件器物制作工艺以勾、台、采为主，纹饰呈半浮雕状，错落有致，层次分明，形象逼真、做工十分考究。

1992年内蒙古阿鲁科尔沁旗耶律羽之墓出土了一台名贵的“万岁台”金花银砚盒。砚盒平面上宽下窄略呈梯形，盒身内套一层银片，盒底有13个花式足，周边錾刻忍冬卷草纹。盒盖盝顶上的腾龙、三朵立莲的制作方法以台、采手法为主，“万岁台”三字和水波纹、卷草纹的制作则采用了平錾技术（图版75）。

1975年宁夏银川西夏王陵区6号墓出土了一件西夏王朝时期的荔枝纹金牌饰（图版76）。金牌上装饰的三组荔枝果和枝叶纹，采用了台、采工艺，即在器物反面台錾时不仅把荔枝的整体轮廓台出，而且对于荔枝细部纹饰进行逐个台錾。同样在正面采錾中除了将荔枝纹样的边缘采、落下去外，在凸出纹饰的周围用套珠錾出麻底，使得这件金牌上的纹饰层次格外分明。

1988年山西省大同市灵丘县曲回寺村出土的元代金银饰品中，有一对出自錾花工匠之手双凤金步摇。双凤上的凤尾、如意灵芝云朵，也运用了台、采工艺来制作，细部纹样采用了戗錾和阳錾的技法，双凤的主身和灵芝云是由两片展开的金片合焊或合咬成形，双翼、凤冠、凤尾分别用金焊药焊接在主身之上。这件双凤金步摇工艺制作精湛，纹饰活泼流畅，层次分明，富有生气。内蒙古赤峰市文物商店，在20世纪80年代收藏了一件辽代凤形鎏金银钗（图版77），这只银钗无论是造型还是制作工艺均与双凤金步摇有异曲同工之处。

2. 镂空錾、脱底錾

镂空錾和脱底錾的錾刻技法基本相同，是分别指运用在器物不同部位上的錾刻工艺。镂空錾主要是錾掉纹饰中透空部分，使此处形成透雕的效果。脱底錾是沿着整个器物外沿将器物錾刻脱出。在镂空纹样的制作中，也有先用錾刀錾出纹样，再使用脱錾顺着錾口边缘线将地子脱下，呈现出镂空花纹的效果，錾刻工艺中将此种镂空錾方法称之为“透空脱地”。

1987年陕西省扶风县法门寺地宫出土的鎏金镂空飞鸿纹银笼子，通体镂空。银笼子上主体花纹的制作采用了镂空錾刻技术，从器物上整齐排列的套古钱纹样可看出，镂空纹饰是由一把刀刃锐利的半圆形的錾刀在银片上多次冲錾成型的。器物上剩余银片的花纹用点錾平錾成型。

1970年西安何家村出土的忍冬花结五足银熏炉由三部分组成，盖上的如意纹和中间的忍冬纹是镂空錾刻而成（图版78）。同时出土的石榴花结飞鸟葡萄纹银香囊，是一件通体镂空，制作考究的器物。香囊是唐代的一种实用器，我国目前已发现了十多件香囊。何家村出土的银香囊呈圆形，分上下两部分。香囊上荷叶忍冬纹等纹饰经勾、镂空錾刻，去掉多余的银坯后，上下半球铆合相连。石榴花结飞鸟葡萄纹银香囊的制作运用了勾、镂、脱、錾、铆等不同手段，镂錾工艺运用的洒脱自如、流畅大方，在工匠的精心錾刻下，各种花纹生动自然，叶片上的筋脉、花瓣上的纹理既纤细入微，又清晰可辨，实属一件精品。

辽代陈国公主墓出土的高翅鎏金公主银冠（图版79）、鎏金驸马银冠和镂花金香囊（图版80）均为通体镂空錾刻银器，是公主和驸马的随身物品。高翅鎏金银冠出土时置于公主头部上方左侧，冠呈高筒式，圆顶，两侧有对称的立翅高于冠顶。银冠局部鎏金，冠体由四块圭形银片组成，银片上平錾有火焰宝珠、凤鸟和云纹，并用脱口錾把各纹样之间的素片镂空。鎏金驸马银冠出土时位于驸马的右上方，银冠由16片通体鎏金银片重叠组合。银冠上钉缀的24件花卉、鹦鹉、鸿雁等饰件和银片上飞鹤、道教真武形象等图案的制作，运用了台、采、平錾、镂錾工艺。在高31.8cm，直径19.5cm，由16块银片组成的冠体上錾刻着近万个镂空纹样，在出土金银器文物中实属罕见。同时出土的镂花金香囊位于公主的腰部左侧，由两片0.02cm厚的扁桃形金片和一片包盖合成，金香囊上缠枝忍冬纹的制作完全采用了镂雕工艺，用脱錾将花纹素片处透空脱地，使其呈现出忍冬镂空花纹。三件器物上金、银片的组合均由金、银丝缀合完成。

1993年内蒙古扎嘎斯台苏木花根塔拉出土两件水晶包金饰件（图版81），民间将这种饰件称为“金镶玉”。这两件包金饰件虽然形状有不所同，但制作中都运用了脱錾和平錾工艺，由两片金合焊而成。金片上平錾的主题纹样周围采打出的套珠纹使器物上的图案层次分明，水晶在镂空花纹的衬托下光彩夺目，金、玉两种材料的完美结合为这件器物增色不少。在辽代的其他墓葬中也出土过同样形制的金镶玉饰件，制作工艺基本雷同。

3. 平錾

平錾是指在金银器表面錾刻的一种技法，与勾、采錾不同的是整个錾刻过程都是在器物的正面操作。为了更好地表现图案的层次，平錾中必须要有打地子这道工序，通过各种地子的衬托，突出了主题，使颜色发生改变，视觉上有浅浮雕效果。

平錾中利用錾、戗、打底等不同錾刻工艺的表现手法，使在一个平面上的不同纹样展现出特有的艺术魅力，这是平錾工艺的独到之处。

在唐代、辽代出土的金银器皿纹样的制作中，以平錾为主的錾刻纹饰占有一定的比例，分通体满平錾和局部平錾两种。

通体满平錾的唐代金银器有何家村出土的蔓草龙凤纹银碗、狩猎纹高足银杯、双狮纹金铛、鎏金飞狮石榴花结纹银盒、蔓草鸳鸯纹银羽觞、鹦鹉纹提梁银罐（图版82）；法门寺出土的鎏金仰莲瓣荷叶圈足银碗、蕾钮摩羯纹三足架银盐台、鎏金人物画银坛子、鎏金三钴杵纹银臂钏；西安国棉五厂出土的鎏金飞鸿折枝花银盒、鎏金飞鸿折枝花银蚌盒、鸿雁衔绶纹银匕以及陕西柳林背阴村出土的鸿雁纹“宣徽酒坊”银碗等等。

辽代出土的通体满平錾的金银器有耶律羽之墓出土的折肩孝子图鎏金錾花银壶、鎏金錾花银盘、五瓣花口金杯、陈国公主墓出土的双龙纹金镯、錾花金针筒；阿鲁科尔沁出土的海东青纹金饰牌和人形金饰件等。

上述通体满平錾的金银器中，虽然质地成分、图案纹饰、制作年代有所不同，但其制作工艺均包括了勾、戗、落、丝、采。这些表现手法，使金银器上的主体纹样突出，装饰底纹清晰。

辽代出土的海东青纹金饰牌的錾刻中就采用了勾线、打底、丝錾、采錾、脱口等工艺（图版83）。制作工艺如下：在金片上用弯钩錾勾錾出海东青[①]的外缘纹样，以海东青外缘线为起点，用套珠錾有序地錾刻出珍珠底纹。金牌饰中的大体结构完成后，用直口錾对海东青的羽翼、眼睛等进行细部丝錾，同时运用采錾把没有錾刻的光片部位整理平整，采出光泽。最后用脱錾或剪刀将金牌饰脱出。值得注意的是，金牌饰制作材料应

① 海东青是雕的一种，善捕水禽小兽。《本草纲目·禽都》：“雕出辽东，最俊者谓之海东青。”辽代以海东青捕天鹅为皇帝春猎的重要项目。

是纯度较高的薄金片，因此，主体纹饰的外沿勾线时，锤子击打錾刀的力度要适度，如果是在较厚的片材上勾线，则需要在图案外缘勾錾后用戗錾继续沿勾线錾刻，以达到主体突出的效果。另外辽代吐尔基山出土的两件金、银牌饰的制作风格与这件金牌基本相同。

在出土的金银器中，局部平錾工艺早在秦汉时期就已出现。到了唐、宋、辽时期开始形成规模。

唐代出土的局部平錾的器物有“敬晦进”折枝团花纹银碟、鸿雁折枝花纹银盘、双鱼纹四曲银碟、鎏金十字折枝花小银碟、小簇花银盖碗（图版 84）、石榴折枝花银碗、折纸鸿雁纹银匜、折枝团花银茶托、孔雀纹盝顶宝函、银异兽等。

宋代出土的局部平錾的金银器有五曲金盏、瓜形金盏（图版 85）、石榴花结纹银碗、绶带纹八角形银碗、葵形银盏、莲花银盏、狮纹银盘等。

辽代出土的局部平錾的金银器有金花银靴、金花银枕、团龙戏珠纹鎏金银杯、摩羯纹金花银碗、金花银奁、金花银鸳鸯纹渣斗等。

金银器局部平錾制作技术与通体平錾基本相同，所不同的是，满平錾纹饰是通过鱼子地、珍珠地等装饰纹与主体纹样区分，而局部平錾的器皿质地多为银器，主体纹则是通过花纹处局部鎏金加以区别。

通过平錾的手法可以在金银器上錾刻出花鸟山水图案，也可在其上錾刻文字。这些平錾文字分别将制作者的姓名、制作作坊、器物重量和其他信息等保留在金银器上，如 1989 年内蒙古巴林右旗辽庆州释迦佛舍利塔出土的陀罗尼咒银板，上面平錾有 12 行 103 字经文（图版 86）；繁峙海棠银盘上錾刻的有“马师仁”；何家村银饼上錾刻“懷集縣開十庸調銀十兩專當官令王文樂典陳友匠高童”等文字；四川彭州窖藏出土的三百余件金银器中有近二百余件器皿和饰件上錾刻有文字，刻铭文字内容有“何□三郎记”等制作工匠款，“王家造十分”和“共五两”等金银成色重量款，“绍熙改元舜字号”等制作时间款等等。这些通过錾刻形式记载的文字为考古工作者提供了翔实的历史资料。

清代，皇帝颁布的一些谕旨，常以金册的方式下达。清代宫廷规定，凡册立皇后，尊封皇太后和册嫔等均进金册、宝印。金册为长方形金片，片之间金环相连。金册上镌刻的满汉两种文字的錾刻方法为平錾。

1995 年 12 月 8 日在西藏十一世班禅坐床仪式上，国务院授予班禅一枚金印和 13 片金页组成的金册。

金印、金册的制作由原北京花丝镶嵌厂化金、压片、打胎、錾刻、压亮等工种共同完成。金印的熔金、浇铸于 1995 年 12 月 4 日 23 时 15 分开始，共投入 18K 镶嵌金料 16950 克，30 分钟后宽约 12. 6cm、高约 4cm 的金印铸造完成。金册片材的制作中采用了配料、熔金、压片、拔丝、切削、抛光多道工序。抛光后的金页表面平整光滑，13片长方形金页相叠加，犹如刀切般整齐，每一片金页四角的孔洞均在一条线上。金册上镌刻着藏、汉两种文字，文字的錾刻采用了以平錾、戗錾为主的錾刻手法，錾刻时用不同形状的勾錾，錾刻出文字笔画的轮廓线，再用三角戗錾和平戗錾将线内18K金料剔除。通过把握錾刻的角度、进刀的深浅来完成。

金册上的藏、汉两种文字分别由两位师傅完成。在每个楷书和藏文字的錾刻中，师父们灵活快捷地换着一根根不同刀刃的錾子，手中的锤子犹如毛笔在纸上行走一样，錾刻出的文字体现出立体、挺拔、圆润有致的篆刻效果。錾刻后的13片金页四角用金丝相连，形成金册。

6.4.3　古代錾刻制作工艺精品介绍

錾刻工艺既可以在锤揲成型的器皿表面錾刻出各种图案花纹，又可以通过勾、台、采、丝、脱等技法完成小型金银饰件的制作。对以下几件以錾刻为主的金银器制作工艺的研究，是建立在对其保护与修复工作的基础上进行的。

1. 元代蜻蜓金钗

1988年山西灵丘出土的一对元代蜻蜓金钗，饰品左右对称，通高5.84cm，宽7.7cm，重6.77g，长钗脚5.23cm，短钗脚4.19cm（图版87）。“钗”字，古代写作“叉”。《释名·释首饰》记载：“叉，钗也，因形名之也。”唐代金钗以镂花见胜，钗一般为两股，有的金钗两股相等，钗一般为两件，虽然结构相同但图像相反，这主要是为了在佩带上便于左右插戴。蜻蜓金钗是一件以錾花制作为主的首饰。

蜻蜓金钗由三部分组成。头、胸、腹三部位为一体，在金片的正面用弯钩錾轻轻勾勒出头、胸、腹外轮廓和复眼、腹部细节位置（以金片反面看到线条痕迹为佳）。在金片的反面将需要凸起的地方（如复眼）用采錾台出高度。再在金片的正面，用采錾将蜻蜓头、胸、腹各部位立体结构中不需要凸出的地方落下去，边缘处用小采錾掖边。为了使蜻蜓主身形象逼真，上述台采要反复多次。最后用圆点錾在胸、腹部錾出点状纹样，将主身卷成筒状合咬成形。

蜻蜓金簪双翼上装饰着四只口衔折枝花的小蜻蜓，其图案造型奇特，独具匠心。双翼的制作中采用了勾、采、镂空、脱錾、平錾工艺。在金片上勾錾出折纸花纹图案，反面台出花纹（从蜻蜓金簪的反面可以清楚地观察到台錾痕迹）。如此反复直至花纹清晰自然后，用丝錾在金片的正面錾出花卉的叶脉和花蕊的细部，双翼的外沿用套珠錾，錾刻出一圈鱼子纹饰。用锐利的脱空錾将素金片脱出，同时使用脱底錾沿着蜻蜓双翼外缘将整个翅膀脱出。

蜻蜓触角及足是用直径0.68mm和0.70mm的素金丝缠绕成形，一边系在胸部上下两处，另一边固定点焊在双翼和腹部两侧。双翼顶端与主身焊接，焊接处有明显的焊药痕迹。一长一短的钗脚，也分别焊接在胸的后面。

这一对蜻蜓金钗不仅制作工艺精湛，构思巧妙，形象逼真，而且立体感强，栩栩如生，别有一番韵致，确实是件稀有的精美头饰。

2. 牡丹花金耳坠

与蜻蜓金钗同时出土的牡丹花金耳坠的制作也属錾花工艺范畴。这对耳坠，一整一残。完整的耳坠重10.23g，通长6.08cm，宽1.60cm。整体金含量87.50%。耳坠上的牡丹花与叶子均用金焊药焊接相连（图版88）。

牡丹花金耳坠造型典雅别致，富有浓郁的生活气息，上下两朵大小牡丹花相互呼应，大牡丹花蕊中有一石碗，石碗口沿花纹的制作采用了平錾工艺，錾有一圈鱼子纹，二朵盛开的牡丹花由数片叶子衬托，枝叶舒展。在花丛中有一只振翅欲飞的小蜻蜓，这只小蜻蜓的制作采用了阳錾、阴錾及捶打工艺。

牡丹花耳坠制作中阳錾、阴錾、剪凿、焊接等工艺运用得洒脱自如，流畅大方，在工匠的精心錾刻下，花瓣、枝叶生动自然；叶片上的筋脉、花瓣上的纹理既纤细入微又清晰可辨。

3. 辽代金花银盖碗

内蒙古吐尔基山辽墓出土的金花银盖碗（图版89）是一件工艺精湛的佳品。盖碗由碗盖圈、碗盖、碗身、碗圈足四部分组成。制作中运用了打胎、錾刻、焊接、鎏金工艺。

碗盖、碗身胎型的制作采用的是传统手工制胎技术。盖圈、圈足则采用的是细金工艺中的锤揲。

古代金银器皿的制作中，除了一次铸造成型外，多数以打胎工艺为主。打制胎型的过程中要严格遵守搂、墩、闪、光的技法，胎型制作前要根据器型大小、薄厚准备材料。以金花银盖碗的碗身制作为例：将银锭放在铁砧上，用两头扁的砍锤先锤打出一个平面之后，在银料的中心部位，锤打出碗底的形状及厚度，用搂锤搂出碗形，用光锤将碗上的棱角打平使得器物既光洁又无棱角。虽然金银有良好的延展性，但是在搂、墩的过程中仍然需要不断退火，降低硬度，提高延展性。

器物打制成形后为素胎，素胎上各种花纹的制作则采用台、采、平錾等不同的錾刻方法。錾刻中的台主要用在纹样大致轮廓的塑形，采是纹样的细部刻画，不论采取那种技法都需要运用不同形状的錾刀完成，仍以碗身为例：

① 在碗内中心和外侧分别画出摩羯纹、水波纹和花卉的纹样轮廓。

② 将碗口向上，平放在胶板上，用錾刀勾勒出碗中心的摩羯纹和水波纹样。此时在碗的底部可清楚地看到勾勒出的纹样线条。

③ 把胶加热到150℃左右，成为液体后，倒入碗中。待胶凝固后，将碗口向下，沿着勾錾线将所需凸出部分用台的方式将银片顶出。台也称之为起鼓，顾名思义就是此处的银片一面凹陷，一面凸起。在台的过程中将立体状摩羯纹的大体形状台打出来，使之呈现出半浮雕效果。台錾用的胶要相对软些，这样有利于台出器型轮廓。从金花银碗正反两面图示中（图版90）可清楚地看到摩羯纹饰的台、采、錾的制作痕迹。

④ 用焊枪或其他手段将碗身加热，待碗中胶体熔化，倒出。脱胶后将碗口再次向上，平放在胶板上，这时开始对摩羯纹不需要凸出的地方进行落采。落采是根据纹饰的要求用不同形状的錾刀，将纹样的结构和层次及整体轮廓通过采錾的形式呈现出来。采錾以花纹的整形、定形为主。如果一次台、落不成功，则需反复台、落，直至达到满意的效果。碗中心的摩羯纹外缘及内部结构台采完毕后，用鱼鳞錾、弯勾錾等分别对摩羯纹上鱼鳞、鱼尾、鱼眼的细部进行錾刻，并在摩羯纹的周围用錾刀打出水波纹底子。最后用采錾，将纹样的表面处理平整光滑。平采是錾刻工艺中的一种技法，它可以通过平采的方式，在金银器上采出如同镜子一样的效果。

⑤ 将碗中再次倒入胶，开始錾刻碗外侧的花纹。碗壁上的花卉是平面纹样，在碗壁的正面采用平錾，直接錾上花纹线条即可。

⑥ 碗盖圈、碗圈足的制作运用了锤揲、錾刻、对口焊接等技法。通过对焊接处焊药分析得知，碗与圈足的焊接采用的大焊工艺，碗盖圈与碗盖的焊接则使用了小焊技术。

金花银盖碗是一件局部鎏金的器物，而花法鎏金则是契丹马上民族特有的表面装饰技术。

金花银盖碗的制作中，运用了錾花工艺中的多种制作手法，在对呈半浮雕状的摩羯纹花纹的錾刻中，充分发挥了勾、采、平錾等技法。器物上所有錾刻纹样的台压、采錾等艺术处理全凭工匠的臂腕功力，这就是錾花工艺的魅力所在。

4. 辽代摩羯形耳坠

耳饰古代称为瑱，亦称饵、珰。《后汉书·舆服志·后夫人服》载：“瑱，耳珰垂珠也。”形状多为圈或勾式。1977 年北京平谷出土的商代金耳坠是我国发现最早的耳饰。

内蒙古吐尔基山辽墓出土的辽代摩羯形耳坠的制作风格带有浓郁的草原风情（图

版 91)。它是由左右两面合焊而成，制作工艺主要以錾花为主。其工艺流程如下：

① 分别在两块金片上画出器物的外轮廓。

② 用錾刀在其阳面（器物正面）勾出器物的外沿轮廓。

③ 将所需图案用脱錾脱出。

④ 在阴面（器物反面）用采錾的方式初步采出凹凸状。采的过程中金片要不断退火以保持金属的柔韧性能。

⑤ 第三步完成后，在阳面再继续采出形状，所不同于阴面的是：阳面的工作以花纹的整形、定形为主。

⑥ 根据器物不同纹饰的要求，2、4、5 步骤可重复进行，直至达到预期效果。

⑦ 将两片台采成型的金片合焊，可见焊接留下的痕迹（图版 92)。

⑧ 合焊后的器物预热后从灌胶口处灌入由松香、白土子、油制成的自制胶（图版 93)。保护中可见器物上残留胶体。待胶冷却变硬后，根据纹饰的需要，采用相对应的錾子錾刻花纹。为了充分体现錾花工艺的魅力，在錾刻中，花纹的深浅、层次全凭工匠的臂腕功力。

⑨ 嵌宝石。摩羯形耳坠上宝石的镶嵌为冷镶嵌，是依据宝石的形状，用錾刀采出随形凹形石碗坑后再将宝石黏接上（图版 94)。

摩羯形耳坠的制作中运用了錾花与镶嵌工艺相结合的表现手法，左右两片的细部纹样是先焊接后錾刻。在对呈半浮雕状的摩羯纹花纹的錾刻中，充分发挥了錾与抢的技法，明暗鲜明，层次分明，錾工精细。

注　释

[1]　全唐诗. 上海：上海古籍出版社，1994.
[2]　安禄山事迹卷上. 上海：上海古籍出版社，1983.
[3][9]　齐东方. 唐代金银器研究. 北京：中国社会科学出版社，1999.
[4]　唐克美，李苍彦. 金银细金工艺和景泰蓝. 郑州：大象出版社，2004.
[5]　李众. 中国封建社会前期钢铁冶炼技术发展的探讨. 北京：考古学报，1975，(2).
[6]　赵世臣. 常用金属材料手册. 北京：冶金工业出版社，1978.
[7]　哈成勇等. 天然产物化学与应用. 北京：化学工业出版社，2003.
[8]　北京大学考古文博院，陕西博物馆. 花舞大唐春. 北京：文物出版社，2003.
[10]　盖之庸. 探寻逝去的王朝. 内蒙古：内蒙古大学出版社，2004.

第七章　打胎工艺与金银器皿

7.1　锤打制胎工艺

打胎制形和花丝、錾刻均为细金工艺中的主要制作工艺。花丝和錾刻是制作纹样的主打工艺，而打胎工艺则主要用来制作器物形制。

《明会典》中有关于各种工艺具体制作的记载：“银作局二百七十四名：银花匠五十名，镀金匠三十五名，大器匠四十二名，银匠八十三名，镶嵌匠一十一名，拔丝匠二名，抹金匠七名，累计丝匠五名，金箔匠七名，钉带匠五名，磨光匠一十五名。”磨光可能是指银器表面的压亮、抛光工序。

从汉代至今，胎制金银器主要包括实用器皿，如杯（高脚杯、带把杯）、盘（圆形、菱形、葵花形、海棠形）、碗（折腹碗、多曲碗、圈底与平地碗）、盒（蛤形盒、方形盒、花瓣形）、壶（提梁壶、罐形壶）、筷子、勺等。还包括陈设摆件类的香炉、盒、梅瓶以及各种以人物、动物、花鸟为主题的摆件。这些器物的胎型制作大部分以打胎工艺为主，也有一些小型器皿运用了錾刻工艺中的台采技法。

1975年浙江长兴县下莘桥窖藏中发现了100件金银器，与这些文物同时出土的还有三块银铤，其中一块银铤有明显的截取痕迹。1985年江苏镇江丹徒丁卯桥银器窖藏中出土了上千件银器，在银器的附近有重约40余公斤的20块银铤[1]，长36.2cm，宽7.6cm，厚0.6cm，其中3件银铤面上墨书“重五拾壹两”，银铤上有十分整齐的锤打痕迹。与何家村金银器同时出土的8件银锭、22件银饼（图版95）、银板上均有十分明显的切削痕迹。

西安南郊出土的一件银铤上錾刻有“打作匠臣杨存实作下作残银”的字样，西安西郊出土的一件银注壶上刻有“臣杨存实等造……”的字样，据专家考证，杨存实是官府工匠，此器乃他所打制。欧阳修在《归田录》中对金银器制作中的打、捶技法有如下描述：“打”字“其意本谓考击，故人相殴。以物相击，皆谓之打，而工造金银器，亦谓之打可矣。盖有槌击之义也”[2]。从这些与金银器同时出土的银铤、银板、银饼、银锭的信息中可以认为是古代银皿制胎所使用的原材料。

器物胎型制作千百年来一直沿袭着传统的手工打胎方法。打胎工艺所用材料多为金银锭、板或厚片材，制作工具是不同形状的锤子和砧垫，通过搂、墩、闪、光等工序完成。在制作中先用锤子（木槌、铁锤等）在金、银锭及片上锤打成胎形。在锤打的过程中先“搂”后“墩”，搂就是用锤子敲打材料成型，墩就是窝出器物所需形状。在一块金、银片上不但要锤打出所需器物的外形，而且在敲打的过程中各部位要薄厚均匀，不能有余料，这就是打胎工艺的最高境界。一个技艺娴熟的制胎工匠可以用一把锤子在一张银片上锤揲出曲线优美、光洁平整的碗、盘、壶等各种器皿，它的绝妙之处在于，从下料到器物成型，整张银片没有一点浪费，通体无焊药。在考古发掘出土的金银器上，呈现绿色锈蚀状态的腐蚀严重的地方均为焊药的焊点，而用整张金银片打制的器物经历了千年的洗礼依然保存着原来的风貌。

手工制胎工艺所使用的工具虽然简单，但制作技艺复杂。在整张银锭、片上以纯手工的方式打制一把壶，一个熟练的工匠需要大约两周的时间，但是如果采用有模制胎的方法，仅需要 1 ~2 天的时间就可以完成。

20 世纪 70 年代，中国工艺美术大师吴可男在首饰行业中率先采用了雕塑模型的方法来制造立体人物和动物以及器皿。这种塑形制胎方法逐步代替了手工敲打的模式。

有模制胎的制作需经过塑橡皮泥模型、翻石膏模、库坯、合焊四道工序。

7.2　材料与工具

由于胎制器皿的形状各不相同，因此，制作中往往要根据器型来随时打制工具。

胎型的制作分手工打胎和模具制胎（首饰行业称为有膜制胎）两种。手工打胎的材料以金、银及软金为主，制作工具有不同形状的锤子和砧垫。模具制胎的材料和工具除了锤子、砧垫外，还有橡皮泥、石膏、锡等。

7.2.1　打胎材料

金银锭、片、条材是打胎制型的必备材料，成色应在 90% 以上。在贵金属中金、银具有硬度低，延展性高的力学性能，退火态时的金、银维氏硬度在 250 ~300MPa。而其他贵金属退火态的维氏硬度则高达 2000MPa 左右。由此可见金、银良好的延展率、屈服强度和弹性模量性能为锻打胎制复杂的器型提供了方便。

7.2.2　工具

制作器物胎型的主要锤打工具分为锤子和砧垫两大类。按照使用功能，用于打胎的锤子有砍锤、搂锤、光锤、木槌、双面锤、素锤、橡皮锤等（图 7-1）。也可根据各种锤面大小细分为光锤、小光锤、搂锤、小搂锤等。

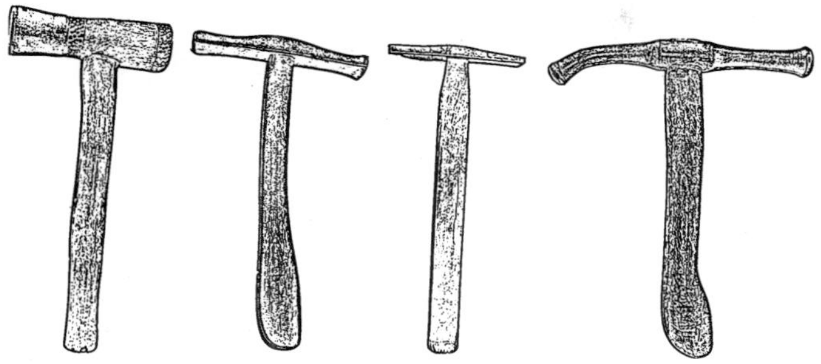

图 7-1　光锤、搂锤、砍锤、墩锤（从左至右）

砍锤：也称素锤、开锤。砍锤一面呈方形，另一面两头扁中间圆，呈腰拱圆形，主要用于开料、打片。如在一块银锭上可用砍锤分出盘、碗、筷子等多块料材。砍锤两面分别用于银锭、厚片材的延伸和找平。

光锤：锤面圆滑光洁、平整，用于整理砍锤、搂锤、墩锤敲击的痕迹和制作碗、盘等银片的找平。

搂锤：搂锤面呈长方形，扁而宽，中间略凸，四周低。主要用于壶、瓶等器物收腰、收口。

墩锤：锤体像榔头，锤面呈球状。主要用在器物形状的窝制。

在器皿打制中，锤子始终在铁砧上作业。砧子一直被垫在金银锭、片材下面承受锤子的敲击，因此铁砧也是打胎工艺中用于支撑器物的主要工具，铁砧有长方形、方形、圆柱形、马蹄形、锥形、球形、T 形等各种不同的形状。因一些铁砧呈羊角和马蹄状，行内人士也称其为羊角台和马蹄。铁砧面要光滑平整，为了保证铁砧在捶击中不变形，所用材料应为钢材。方形、长方形铁砧主要用于银锭、银片改形过程中的锤揲锻打，羊角台、马蹄、球状等形状的铁砧则用于器物特定部位的细部轮廓制形（图 7-2）。

7.3　打胎工艺基本技法

手工制胎是门古老的传统工艺，在我国出土和传世的金银器中，除戒指、手镯、耳坠等首饰饰件外，大部分器皿的坯胎制作工艺以锤揲打胎为主。如今胎型制作的方法有手工制胎、模具制胎和擀胎三种。

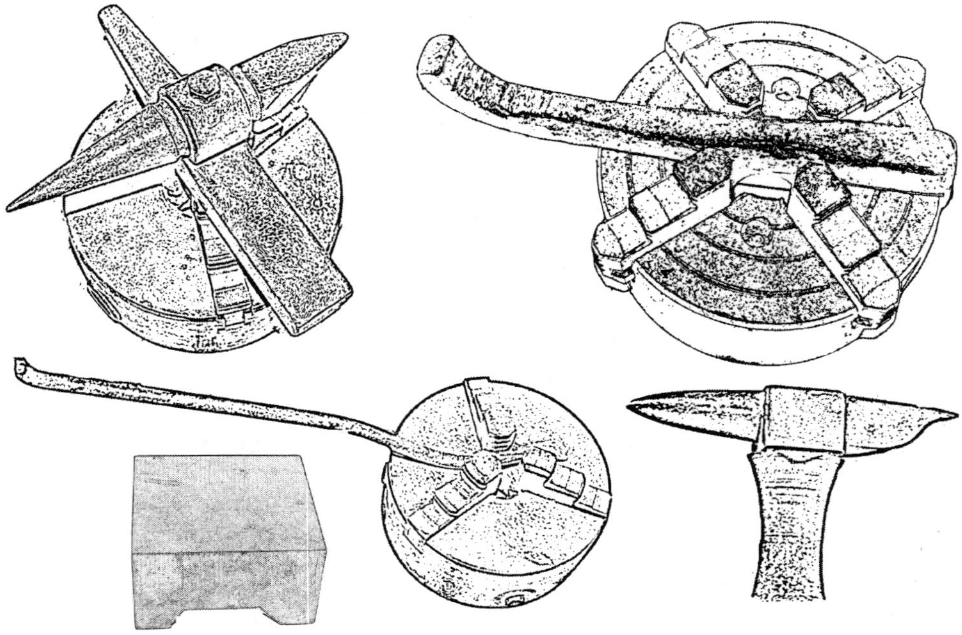

图 7-2　各种形状的铁砧和羊角台

7.3.1　手工制胎技术

手工打胎制型的过程是通过锤打来改变块、条基料的形状，使材料平面延伸、展薄并打制出圆形、方形、弧面等几何形状。使用的工具主要是各种形状的锤子和铁砧子。搂、墩、闪、光是打胎工艺的基本技法。

在不同金银器皿的制作中，片材的平面延展和弧形、球形定型的锤打工艺是十分常见的。花丝镶嵌行业考核中，专门有光片锤揲基本功的技术指标，不管从事哪项工艺的制作，片材的整理和改型都是一门必需的手艺。

任何一件器皿的手工打制，都要先从平面片材上进行。因此，对块状材料的整平延伸处理是必不可少的。首先要根据器物的重量，用砍锤在银锭上截取出一块基料。将它置于方铁砧中间略凸处，先进行扩展长宽度的延伸展薄锤打，锤打时选择砍锤的腰拱形一面锤击银锭，银锭在正、反两面的挤压下由厚锭变成薄片。对于延伸后的银片上凹凸不平区域和锤击的痕迹，可用砍锤的另一面外加光锤对其进行整平梳理，中心凹陷的部位可用砍锤敲打周边及四角，让塌陷处舒展，对于因银片卷曲起伏而引起局部区域收缩的现象，可用砍锤沿着收缩点从内到外敲击，使起伏的部位平整。最后用光锤锤打直至银片上的锤击痕迹消失，圆滑光洁。

条材的改型经常应用在实镶和花丝工艺中戒指、耳环、手镯等小型首饰的材料选择中。根据饰品的款式，打制成梯形、圆形、半圆形、方形等形状。

无论是块材的延伸整平还是条材的改型，锤击力度的大小及砧子与锤子配合的角度是工艺的关键。锤打的过程中落点准确、速度均匀、力度适中是锤打的基本技法。

金银器皿胎型制作的基本技法为搂、墩、闪、光。

搂：使用搂锤，在金银片上搂出不同形状（图7-3）。

墩：使用锤面较圆的凸形锤子，在金银片上窝出不同的形状（图7-4）。

闪：在特制的羊角台上向外锤打出喇叭口形的技法（图7-5）。

光：圆而平的光锤可对成型器物的表面进行平整光洁处理，也可对制作前片材的棱角和死褃细化找平，还可以用小光锤将搂出的器型上锤击痕迹整理平整（图7-6）。

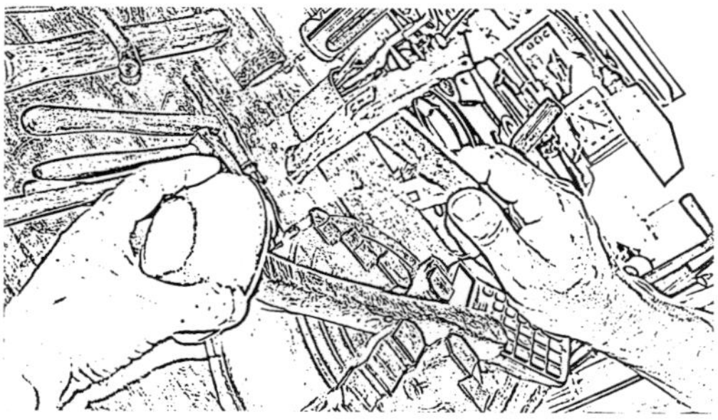

图7-3 搂活示意图

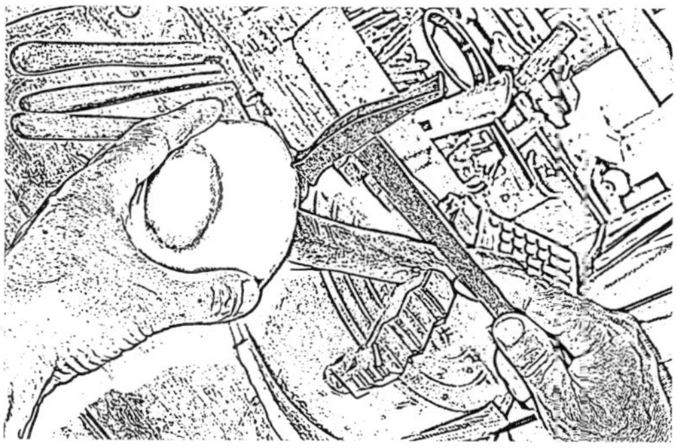

图7-4 墩活示意图

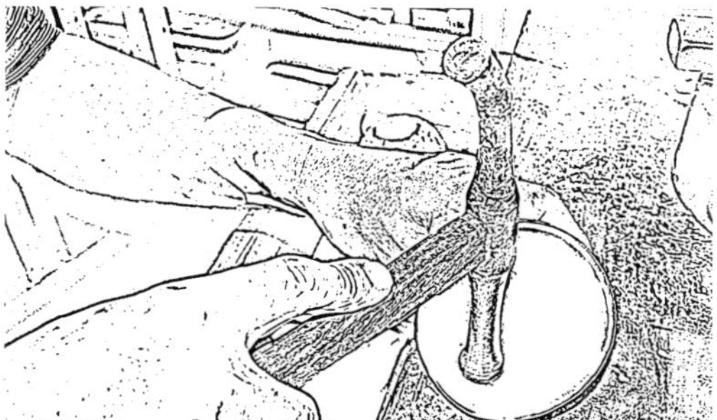

图7-5 闪活示意图

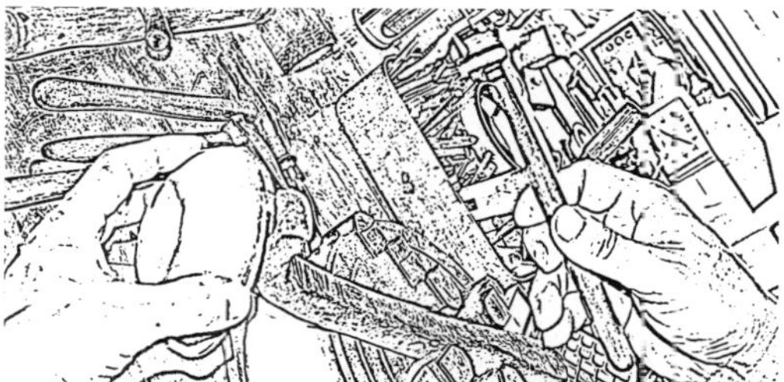

图7-6 光活示意图

7.3.2 模具制胎技术

20世纪70年代初，吴可男老师设计的“丰收”瓶摆件和陈永成老艺人制作的花丝盒开创了模具制胎工艺的先河。自此，传统手工打制金银器皿坯胎的工艺渐渐淡出了历史舞台。

模具制胎工艺要经过塑形—翻石膏模（阳模）—翻锡模（阴模）—翻锡模（阳模）—库坯多个步骤完成。

塑形是模具制胎的第一道工序，塑形所用材料有橡皮泥和胶泥。先根据器物的尺寸塑出坯胎的形状，一些复杂形状的器皿可多部位塑形。以银碗制胎为例，用橡皮泥捏塑成碗形后，对其进行石膏模的翻制，石膏（$CaSO_4 \cdot 2H_2O$）在空气中迅速氧化后凝固易于脱型。调制石膏浆时，将水倒入石膏中搅拌均匀，调制成黏稠状并涂敷在橡皮泥塑成的碗胎上，石膏模的厚度应在3mm左右，待石膏糊凝固后，将橡皮泥剔除即可完成石膏阳模的翻制。石膏模干燥、脱水后开始锡模的翻制，把石膏模放置在平整的金属板上，用硬纸板将石膏模围住，用线绳把硬纸板和石膏模系紧，将熔化的锡倒入模中，待锡凝固后，将其放入冷水中，石膏模自行脱落，锡阴模制成。以锡阴模为模具采用同样的方法制成锡阳模。把阴阳锡模合拢在一起，放在铁砧上用锤子沿着四周紧密锤打，直至阴阳模完全吻合。至此模具制作完成。

在模具上对模敲打，首饰行业中称其为库坯或库活。它是把金银片放在上下阴阳模之间，用锤子敲打，使金银片在两个模具中随形拉伸延展成型的工艺。银碗的库坯制作如下：先把整平的银片放在阳锡模上用橡皮锤敲打，捶击中要退火处理2～3次，这是因为在熔料或煅打的过程中，金、银尤其是合金材料中常常会存在残余内应力，也会有成分不均匀，组织结构不稳定等缺陷，这会降低其强度和韧性，因此，在金银器打制胎型时要不断地进行退火热处理，以降低硬度、细化晶粒、改善组织结构、提高韧性。把敲制成型的银碗坯放在阴锡模上，右手持铁锤敲打左手所持的木制半圆形模具，直至银碗胎体与阳锡模吻合。最后把银碗坯胎放入阴阳锡模之间和模。上下锡模与银碗之间用聚氯乙稀薄膜隔离，用锤子沿边角轻轻敲打直至两模合拢后，用重磅锤敲击。去掉锡模，银碗脱出（图7-7、7-8、7-9）。

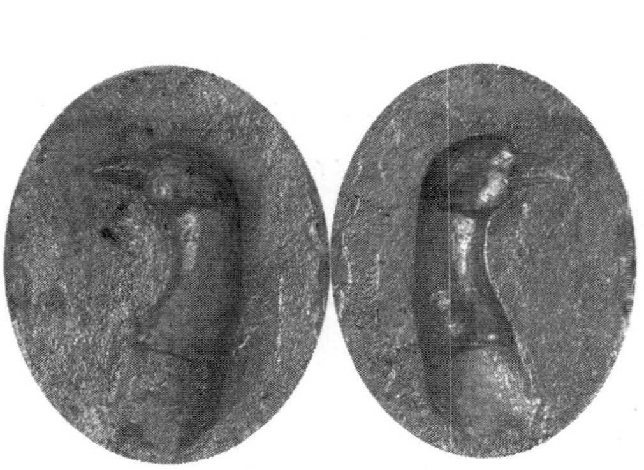

图7-7　锡质阴阳模

图7-8　库出的银片

7.3.3　擀床制胎工艺

擀床制胎是通过与钢模配合，把金银片擀制成胎型的工艺，是近年来首饰行业技术革新的成果，主要应用在花丝镶嵌和景泰蓝产品的胎型制作。

擀床也称滚床，坯胎的擀制是根据杠杆原理进行的。擀胎时要根据器皿的形状打制出相同的钢模具，并配以擀刀、银片共同完成。这种机械化的制胎方式，大大提高了生产效率，适合于同一种器物的批量生产。在河北一带的金银作坊中，银碗胎型的制作运用的就是擀床制胎工艺。

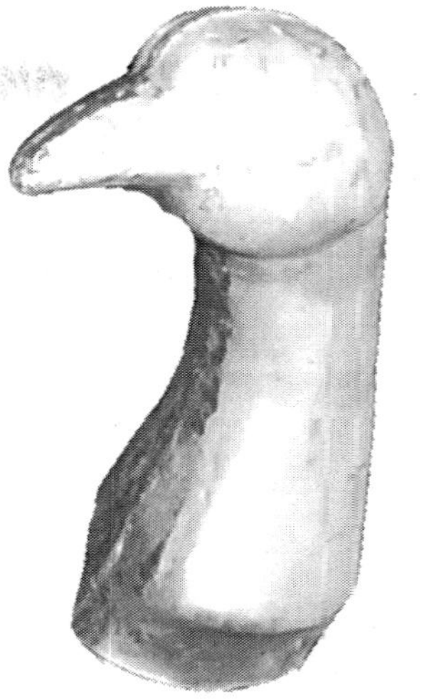

图 7-9　合焊成型

7.4　出土的以胎型制作而成的金银器皿

在我国出土的金银器中，以打胎制型的器皿占有很大的比例。早在商代，金银器的制作工艺中就已有了打作锤揲制作方式，同时期出土的各种形状的金箔、金片、金叶等装饰物品都是经过退火打制而成。北京市平谷刘家河出土的金臂钏上还有残留着锤击敲打的痕迹。随着丝绸之路的畅通，东西文化融合交汇，金银器制作技法不断完善。唐、宋、辽时期，金银器类文物的制作水平已经达到极致。

陕西省何家村出土的271件金银器皿多为打胎制形，这些金银器中有直接素胎成型的器皿，也有在坯胎上錾刻出花纹的器皿。打胎制型中遗存下来的制作痕迹，在满饰花卉图案的器皿上被錾刻的纹样所掩盖，但在素胎金银器的表面上则有较多的保留。

何家村出土的素胎金银器皿中有罐形带把银杯，折腹形银碗，鎏金线刻飞廉纹银盒和素面金盒，平底银罐，双耳银锅，素面金桃，素面金、银盆等。器物的形制大多为圆形，壁内外均有不同程度的同心圆旋纹和捶打痕迹，它们的制作以打胎工艺为主。另外，同时出土的还有22块浇铸成形的圆形银饼，其表面有锤揲的痕迹（图版95）。古代银饼已经具备了价值尺度和流通货币的职能，也可以作为制作银器的原料，加之与上述器皿的同时出现，可以认为银饼是制作金银器的原材料。

藏品为“七-19”号的素面折腹银碗，高7.7cm，口径17cm，足径9.2cm，壁厚0.22cm，重503.8g（图版96）。器物通体光素，内外壁可见清晰的同心螺旋纹（图版97）。敞口，外腹部有一圈折棱，内腹部对应处为一圈凹弦。喇叭形矮圈足与器体焊接[3]。折腹银碗由碗身和圈足两部分组成，制作中运用了打胎和焊接工艺。

以此碗打胎制作为例：选择一块重 500g 左右的银板或银饼，根据碗直径和深度计算出所需银料的面积，用砍锤在铁砧上将银板（饼）锤揲平整，在银板（饼）中心部位用素锤锤揲出直径约 9cm 左右的圆形平面碗底，将圆柱形的铁砧垫在碗底的外沿，用扁而宽且中间略凸的搂锤沿着碗底向外赶着搂击。落锤时，锤子的前端微微上翘，随着敲击，外缘部位逐步扩展，至碗腹部时整件器物呈圆弧状，腹部的一圈折棱则需要在特制的羊角台上锤打成形。

碗的敞口沿打制采用“闪打”工艺，它是一种向外锤打的特殊手法，常用在喇叭形状器皿的制作中（喇叭形矮圈足的制作也采用此种工艺）。碗口敞口的处理同样是在光滑平整的铁砧上用锤面呈球状的墩锤沿着碗口沿从里到外有序捶打出喇叭口形状。

经搂锤、砍锤、墩锤敲打过的器物上捶打痕迹明显，打胎中常常配以锤面光洁、平整的光锤来整理粗糙的敲击痕迹。但是手工敲打的胎体无论在表面光滑度还是器壁薄厚上都与要求有所差距。为了使胎体平整光滑、薄厚均匀，打胎后的器皿应进行镟活处理。

碗、盘、罐等圆形器皿通体横截面呈同心圆，便于镟活。现代镟活加工是在电动机床上操作的，而过去的镟活制作则是由工匠用双脚踏动木架上的轮子来转动器皿的。镟活时将碗固定在模具之上，碗胎随着轮子转动，镟刀由 2 尺长的圆形木杆和 1 ~ 2cm 的钢刀组成，刀刃较锐，操作时将镟刀后端固定在腋下，右手握着的镟刀的前部，在匀速旋转的碗中心顺时针进行削磨，镟刀所到之处银屑脱落。镟刀吃进胎体的深浅和镟床转速是否均匀将直接影响着器皿表面的平整度。经过镟活处理后的器物表面，肉眼可看到轻微的同心圆痕迹，但触摸时表面光滑。如果对表面继续进行磨光处理，可将刀头更换为钝刃刀或玛瑙刀，用同样的镟活方法操作。

最后将打磨后的碗身与圈足焊接在一起，形成一只完整的银碗。

从何家村素胎金银器上所保留下来的锤揲痕迹和同心圆中可以推断，金银器胎形的制作为手工锤揲打制，而器物表面的处理则可能采用了机械车床镟活和打磨工艺。

法门寺地宫出土的金银器多来自皇室，有以花丝编织为主的金银丝笼子，也有镂空錾刻为主的法门寺银笼，还有锤揲錾刻和打胎工艺相结合的如来说法纹方形银盒。金银器主要形制有盒、碗、盘等，其中法门寺“浙西”银盆是唐代最大的银金花盆，它高 14.5cm，口径 46cm，呈四曲葵花形，敞口，斜腹下收，带圈足、铺首衔环。

宋代彭州金银器窖藏出土的素面银盆均为为宽折沿，弧腹，平底，素面无纹（图版 98）。最大的一件高 7.5cm，口径 47.9cm，底径 38.4cm，是已知宋代最大的银盆。

这两件银盆的口径基本相同，但盆高和盆侧壁内收的斜率相差较大，所以胎体制作工艺略有不同。

法门寺“浙西”银盆敞口，斜腹下收与碗的形状十分相像。胎体的制作中采用了搂、光等手法。根据盆体大小薄厚选择一块银料，用砍锤在银块的中央先打制出面积与盆底大小一致的平整区域，沿盆底的边缘向四周击打，利用有弧面的铁砧击打出弧形的盆壁，这一过程中运用了搂打技术。搂打是打胎工艺中用于弧面制作的一种典型的表现手法。常运用在罐、碗、盘、盏、盆等器物的制作中。

彭州银盆的盆底直径与盆口直径大致相同，要将直径约40cm左右的盆底打制成平整光滑的平面需要操作者有过硬的打胎技术。盆底的锤打技法同“浙西”银盆，但因盆底面积大，在捶击的过程中要通过不断退火来增加其柔韧性和强度。近距离观赏此器物时，可清晰地看到盆面上有些细微的裂纹，这种现象可能是因基体成分的组织结构不均和退火热处理造成的。盆底边缘与腹身交界处有一圈勒痕，沿着勒痕处搂打出盆身弧度，在据盆底7cm左右处，盆侧壁向外呈直角翻出，这种宽折口沿的打制使用了闪打技术。制作中将盆的上口放在方形铁砧边缘处，沿着盆口用闪打的方式，锤打出向外翻的直角。

江苏镇江丹徒丁卯桥唐代银器窖藏中出土了950余件、总重55kg的文物，多为酒器和食具，器形20余种，有盒、盆、碟、盘、碗等，其中龟负“论语玉烛”涂金银酒筹筒、酒筹、令旗是一组完整的宴饮娱乐的专用器具。江苏溧阳平桥南宋银器窖藏出土了盏、碟、盘、盆、瓶、盒等27件器物，主要是成套的器皿。在同一地点相距8m处发现了另一处窖藏，出土银铤6件[4]，这批银器的制作多采用锤揲、錾刻、鎏金等工艺复合加工。

丁卯桥出土的金银器的造型和纹样代表了唐代南方金银器的制作风格。据齐东方考证，唐代北方地区中央政府“金银作坊院”和皇室“文思院”的产品，原则上只供应皇室和宫廷需求而不销售，只有在皇帝赏赐臣子时才会流出宫廷。南方地区金银器商品化趋势明显，某些器类生产量大，制作手法比较一致，器体轻薄，器物纹样显示多样化。丁卯桥窖藏出土的一件素面圆盒，腹径11cm，高8.3cm，重203g，与其相似的还有10余件银盒。而在北方地区，法门寺出土的一件素面圆形银盒高9.8cm，直径18.4cm，重816.5g，与北方中晚期唐代金银器一样比较厚重。这说明中央和皇室作坊在制作金银器时不考虑成本，而南方生产的金银器主要作为商品，因而要尽可能地节省金银器原材料[5]。如从工艺制作角度分析，在贵金属材料中金银是可塑性最好的金属，在冷热状态下均可锤揲和锻打，另外金银良好的延展性为薄的胎制作提供了有利条件。如丁卯桥双瓣葵花形银茶托和丁卯桥菱花形银茶托上宛如盛开花朵的多曲花瓣，就都是打胎工艺中搂、闪锤打的杰作。既要节省材料又要制作出精美的器物，除了需要高超的锤打技艺外，还需要高成色的银料以及在打制中的多次退火热处理。

四川彭州窖藏是迄今所见最大规模的宋代金银器窖藏，共出土了金银器350件，包括盏、杯、碟、盘、瓶、盒、金饰品等。与唐代金银器相比，宋代金银器虽然少了些华丽和繁复，但其风格清新简约，同样韵味无穷。

从彭州窖藏来看，宋代金银器的造型极富变化，器物上栩栩如生的高浮雕状花卉动物纹样是台采和錾刻手法复合雕琢而成的，胎型打制中各种捶击手法的巧妙运用使得素面银胎原本单一的圆形样式（盏、盘、碗等）呈现出了四曲、五曲甚至八曲的多变器型。其中，龙纹夹层银杯的出现将宋代金银器的制作水平推向了一个新的高度。

龙纹夹层银杯，圆唇、直腹、高圈足，口沿饰一圈雷纹，腹部满饰八层卷云纹，腹底部饰一圈双层叠压形团云纹。杯身由内外两层胎体构成（图版 99）。这种夹层器皿在我国江西、江苏、浙江、福建均有出土。另外出土于古罗马庞贝银器之家的公元 1 世纪双耳银高足杯的杯身，同样是由高浮雕的外壁和平整的内侧构成的。

龙纹夹层银杯杯壁较薄，外层杯身的制作采用了打胎制形和錾刻纹样两种不同的工艺。口沿雷纹的錾刻手法为剔錾，腹上部和杯足装饰的卷云纹采用了平錾技法，位于腹下部的双层叠压团云纹的錾刻则运用了台采结合的高浮雕的表现手法。攀附在杯壁的双龙的制作，同样采用了高浮雕的錾刻手法。内层银杯是一件纯手工打制的器物，杯体略高于外层，内外两层杯体如同一套阴阳模具，组合时，内层素银胎口沿外翻压在外层口沿之上。夹层银杯构思新颖，纹样精美，双层工艺的制作既满足了浮雕纹样的錾刻需求又具有一定的实用功能，不愧为一件艺术与实用完美结合的珍品。

另外，四川彭州窖藏出土的大部分器皿（如碗、盘、盏、盆、杯）的底部均有同心圆，如器物为弧底，则能见到无数的不规则小平面，由此可推测，这些遗留下来的捶击痕迹，为胎型制作中的搂、闪锤摞所致。

近年来，在内蒙古地区的辽代早期墓葬耶律羽之墓、赠为国王驸马墓，辽中期陈国公主驸马合葬墓、吐尔基山墓，辽晚期巴林右旗银器窖藏、房山辽塔等墓葬中出土了大量的金银器，主要以饮食器皿和生活用具为主。器形主要为碗、盘、杯、壶、盒、渣斗。这些出自辽代不同时期的金银器有着各自的艺术风格，器形也有所变化。如辽代早期高足杯杯身很浅，而杯口敞的很大；中期高足杯杯身短，高足宽而无节。辽代早期壶多为提梁壶，中期和晚期皆为执壶。早期和中期还有矮体壶，中期以后趋向高体壶[6]。碗和盘等器型也有所不同。虽然辽代各阶段的金银器形制上有些差异，但胎体的制作还是以打胎工艺为主。在这些金银器皿中溜肩、鼓腹、束颈的罐、瓶、壶胎体制作更难些。不管它们的形制有何变化，胎体的制作基本是在一张材料上锤打成型。但是，何家村出土的 4 件银石榴罐，其胎体制作则为上、下两部分合焊而成。

辽代吐尔基山墓葬中出土的鎏金錾花银壶，为束颈，鼓腹。通体鎏金并满錾花纹，是一件制胎、錾刻和鎏金完美结合的作品。

鎏金錾花银壶由壶和壶柄两部分组成。壶柄的形状与唐代杯把相似，壶柄与壶身连接处有明显的焊接痕迹，焊接处布满了绿色锈蚀物。分别对该处残留基体和锈蚀物进行能谱和 XRD 分析，结果表明：锈蚀物的主要产物是以铜为主的碱式碳酸铜，焊药的主要成分是银、铜。由于铜优先腐蚀，致使焊接处呈绿色。

肉眼观察鎏金錾花银壶表面，除壶柄焊接点外，通体无焊接痕迹。视频内窥镜对罐内胎体显微观察的结果表明：罐内部平整，未见组合焊接和台采錾刻的痕迹。由此可见，该壶胎体是在一张完整的片材上锤打而成的。

这种上小下大，腹鼓颈细的复杂器型，应是由一块有一定厚度的圆形银饼制成的。银壶胎体的制作分罐底座、罐身、罐颈三部分进行。首先将银饼放在方形铁砧之上，用锤面呈球状的墩锤窝制出底座大形，再用砍锤敲击出底座圆形轮廓和高度。然后采用闪的技法制出敞开的罐身，将圆形铁砧垫在底座上口处，用搂锤的下端绕着底座上口圆周从下到上，往外延伸捶打银饼，银饼受到锤子与弧形铁砧的挤压从而形成了罐身的外形，随即采用搂的技法将敞开的罐身收拢。搂时，银饼同样放在圆形铁砧之上，沿着罐身最宽处圆周，逐步收拢锤打银饼，在罐身收拢完毕后，将一根微微上翘的羊角台（羊角头的弧度应与凸出的腰线相符）垫在收拢的罐身上缘，敲击出银罐的腰线，并用采錾将腰线上下边缘向内收紧。罐颈的打制自腰线的上端开始，继续在剩余的银饼上收口，搂出弧线，在距罐口 2～3cm 处向外逐步闪打出微喇形，将银片的末端向内卷起形成罐口。

在锤打成形的银罐内灌满胶，待胶固定后依次进行花纹的錾刻、罐柄的焊接及通体鎏金。

近代罐、瓶、壶类器皿的制作已不采用古老的打胎工艺，取而代之是分体锤打合焊工艺。

制作中同样把银罐分成底座、罐身、罐颈三部分。在银片上剪切 4 个扇面，合焊在一起形成罐颈，罐颈成喇叭状锥形体。根据罐身和底座直径的大小在银片上分别剪切出相应形状，然后对口焊接成腰鼓形的底座和罐身。把焊接成形的罐身和罐颈放在圆形或方形铁砧上，采用搂、闪、光等技法进行整形敲打，最后将三部分焊接在一起，制成多块银片组合焊接的胎体。

山西省灵丘出土的元代柳斗纹银蒲蓝，直口、圆肩，鼓腹，圆底，重 131.67g，高 6.8cm，口径 8.64cm，腹周长 33cm（图版 100）。出土时罐内装有 20 件金银饰品。蒲蓝的形制特殊，也被称为“笆斗形盏”、“柳斗银杯”、“碗”。这种形制的器物比较少见，目前仅有大不列颠博物馆收藏的不列颠银蒲蓝、浙江博物馆收藏的淳安银蒲蓝、内蒙古巴林右旗白音汉出土的银蒲蓝[7]以及山西灵丘博物馆的这件柳斗纹银蒲蓝。

灵丘银蒲蓝的制作中运用了打胎与錾花工艺。制作时先用锤子在银片上打制成胎形。在锤打的过程中，先墩窝出罐底，再进行搂打，到口沿处收口。罐内壁平整。罐口沿錾刻有条形纹饰，器物腹部纹样似编织的柳斗，柳斗纹的錾刻采用了戗錾手法，从腹部的中心部位分别向两边剔錾，去除多余的银，錾至口沿处收錾，戗刻出的柳斗纹纹理清晰，线条流畅，呈浅浮雕效果。

注　释

[1][4]　邹厚本. 江苏考古五十年. 南京：南京出版社，2000.

[2]　欧阳修. 归田录· 卷二. 北京：中华书局，1981.

[3]　北京大学考古文博院，陕西博物馆. 花舞大唐春. 北京：文物出版社，2003.

[5][7]　齐东方. 唐代金银器研究. 北京：中国社会科学出版社，1999.

[6]　朱天舒. 辽代金银器. 北京：文物出版社，1998.

第八章　金银器制作中的焊接工艺

8.1　概　　述

贵金属焊药拥有优良的钎焊性能，被广泛地应用在首饰制作、电子、航天等领域中。从最初金银器制作中的点焊、面焊到现代导弹和火箭上重要部件的组配焊接，均离不开贵金属焊药。贵金属焊接的历史可追溯到汉代，那时我国的金银器制作中已有了花丝与焊缀金珠的工艺。除以铸造和打胎成型的金银器外，大多数金银器的制作都运用了焊接技术，其中不乏精品。陕西西安法门寺出土的唐代金银丝结条银笼子上编织的金银丝的固定焊接；宋代彭州窖藏中出土的银碗、银盘、银壶中圈足与器身的组配焊接；山西省曲回寺元代蝴蝶金簪上宝相花、折枝花纹样的面焊；明代万历皇帝金冠上编织金丝的固定焊接；湖北武汉张揩松墓出土的清代凤冠上龙凤纹背面银丝处的点焊。这些均是应用贵金属焊药的经典之作。

现代金、银系列焊药是金银器组配焊接时用来填充连接间隙的填充材料[1]，对大部分焊接的基体金属都有润湿性和流布性。金银器焊接中使用的焊药有以金、银、铜或银、铜、锌为主的硬焊药；也有白色金属锡、铅等组成的软焊药。

金银器的焊接方式多为钎焊，也有部分焊点应用软焊技术。钎焊是一种介于固态焊与熔化焊之间的焊接方法。它的特点是在焊接时，被焊材料处于固态，而熔点较低的钎焊料处于熔融状态。其焊药连接金属的主要原理是，利用钎料熔化后的润湿作用，使液态钎料充满全部钎焊缝的间隙，与此同时，液态钎料与固态被焊金属之间进行一定的相互扩散，最后凝固结晶而形成焊缝。软焊药则是以低熔点金属润湿或是以与被连接金属表面形成合金的形式凝固在焊接部位。

8.2　贵金属焊药简介

贵金属焊药可分为银焊药、金焊药和锡铅焊药系列。按照各种焊药的熔点，又可分为低温焊药、中温焊药、高温焊药。

8.2.1 银焊药

银的熔点为960.8℃，其合金焊药的熔点多数在600～900℃，是常见的中温硬焊药。在细金工艺中，银焊药多被应用在银器的焊接中，也有一些金器上的焊接处使用银焊药。现代工业银焊药中的合金元素以银、铜、锌、镉、锡、铟、镍等为主，首饰行业银焊药的主要合金元素是银、铜、锌、镉等，主要有Ag-Cu及Ag-Cu-Zn系列（表8-1）。

表8-1　银焊药工艺配方

品种	规格	Ag	Cu	Zn	As_2O_3
黄焊药	66	66	21.08	12.92	
红焊药	66	66	34		20
黄焊药	75	75	15.5	9.5	
红焊药	75	75	25		20
黄焊药	80	80	12.4	7.6	
红焊药	80	80	20		20
黄焊药	90	90	6.2	3.8	
红焊药	90	90	10		20

1. Ag-Cu焊药

银、铜是易形成低熔点共晶的合金，因此，银中加入铜可降低熔点，增加流动性。工业上常用的Ag-Cu二元合金焊药有Ag-7.5Cu、Ag-28Cu、Ag-50Cu等。其中最典型的是Ag-28Cu焊药，当铜含量在28%时，其共晶温度为779℃。这种银铜焊药拥有良好的焊接性能，被广泛的应用在电子工业中。在现代贵金属金银饰品的制作中，Ag-Cu系列焊药被统称为“红焊药”，可分Ag-34Cu、Ag-25Cu、Ag-20Cu、Ag-10Cu四种。它们主要应用在细金工艺的花丝面焊区域中。其制作过程主要包括配料、熔化、合金化、压片、锉药等工序。

2. Ag-Cu-Zn焊药

当银中加入铜、锌元素时可形成三元共晶合金。它可使银焊药的熔点进一步降低。银、铜、锌合金焊药的特点是流散和焊接性能好。在金银器的焊接中，此药具有良好的润湿性和填充间隙的能力，因此被作为焊接溜缝的首选焊药。通过调整铜、锌的成分比例可以配制出不同熔点的银、铜、锌合金焊药。工业上常用的银、铜、锌合金焊药为

Ag-30Cu-25Zn，其熔化温度为660～725℃。在贵金属金银饰品的制作中将银、铜、锌三元合金焊药称之为“黄焊药”。黄焊药同红焊药一样也分为Ag-21.08Cu-12.92Zn，Ag-15.5Cu-9.5Zn，Ag-12.4Cu-7.6Zn，Ag-6.2Cu-3.8Zn四种，不同的是，在熔炼Ag-Cu-Zn多元焊药时，要考虑到金属锌的挥发性以及其与银、铜熔点相差较大的特点，熔炼时要首先将锌与铜熔炼成中间合金，而后与银共同熔炼。在银铜锌系列焊药中，含银在60%左右的合金焊药具有较高的屈服点和较好的流动性。

银器制作中使用的银焊药分为红焊药和黄焊药两类，焊药的规格有66、75、80、90等多种。红焊药的主要成分为银和红铜；黄焊药的主要成分为银、红铜及锌。红焊药的固、液相线温度均高于黄焊药，如含银75%的红焊药固、液相线温度在766℃左右，而含银75%的黄焊药固、液相线温度则在732℃左右。

黄焊药和红焊药分别应用在银摆件、银花丝及镶嵌的组配焊接中，银焊药的配比以银器制作材料为准。当前国际首饰行业标准规定，含银量达到92.5%以上的银器为纯银制品，而在我国的一些金银生产厂家（如原北京花丝镶嵌厂、北京首饰厂）则根据银器制作工艺的要求，将纯银制品的银含量规定在95%左右，而掐丝工序中所用的细银丝材料的银含量可高达99%。

3. Ag-Sn焊药

银焊药中有Ag-Sn合金组成的焊药系列，这类金属间的化合物具有一定的强度，分散力较高，而且具有良好的耐蚀性和韧性。尤其是它的抗蠕变能力，比锡铅焊药高出2000倍之多[2]。现代银锡焊药有AgSn10、AgSn70、AgSn90、AgSn96.5[3]等多种配方。

含量在1%～10%的银可与锡、锌、铅、镉等低熔点元素组成两元或多元焊药。少量银的加入使这些软焊药具有良好的工艺性能和耐蚀性[4]。

8.2.2　金焊药

金焊药的焊接性能和抗氧化性均优于其他焊药，此类焊药的主要合金元素是金、银、铜、锌。常见的金焊药有Au-Ag、Au-Ag-Cu、Au-Ag-Cu-Zn系列，其中Au-Ag-Cu与Au-Ag-Cu-Zn（Cd）系列焊药的熔点在700～950℃，前者主要应用于电子工业和金饰品的焊接，而后者只应用于金及金合金饰品的纤焊。

在金银器的制作中要根据各类K金饰品的金含量、硬度与颜色来配制金焊药。各种K金的金银饰品均分为软花丝、硬花丝、镶嵌金三大类。软花丝的主要成分为Au-Ag合金；硬花丝、镶嵌金的主要成分为Au-Ag-Cu合金，所不同的是镶嵌金的铜含量要高于硬花丝。为了满足不同 K 金饰品的制作需求，要配制一系列对应于相应 K 金的黄、红焊药。黄焊药的主要成分是 Au-Ag-Cu-Zn（Cd），红焊药的主要成分是 Au-Ag-Cu-Zn（表 8-2），是现代金器制作中采用的足金与各类 K 金焊药的工艺配方。

表 8-2　足金与各类 K 金焊药工艺配方

种类	规格	Au	Ag	Cu	Zn	Cd	As_2O_3
黄焊药	8K	33.33	32.62	31		3	
红焊药	8K	33.33	32.62	34			35
黄焊药	10K	41.66	20	22	2.34	14	
黄焊药	12K	50	16	20	4	10	
红焊药	12K	50	2	6.6		8	30?
黄焊药	14K	58.5	11	25.5		5	
红焊药	14K	58.5	7.5	34			40
黄焊药	18K	75	3	6		16	
红焊药	18K	75	2	5		18	28
黄焊药	20K	83.4		6.6		10	
黄焊药	85 药	85			3	12	
黄焊药	87 药	87		8		5	
红焊药	87 药	87	3	10			40
黄焊药	94 药	94		3	1.5	1.5	

1. Au-Ag-Cu 焊药

Au-Ag-Cu 系列焊药除少量的作为电子行业的一级焊药外，主要被应用在金银器的制作中，称为“红焊药”，它们的熔点在 780～950℃。在金银器的制作中，为了使焊药中金的含量与基体金含量一致，并满足不同器物对颜色的需求，往往要调整 Au-Ag-Cu 焊药中银与铜之间的比例，用来改变焊药的液、固相线温度，并使焊药与被焊器物的颜色一致。

2. Au-Ag-Cu-Zn（Cd）焊药

Au-Ag-Cu-Zn（Cd）系列焊药的熔点低于 Au-Ag-Cu 系列焊药，是金银器的专用焊药。该焊药也有不同颜色、不同成分的多种配方，包括 8K、14K、18K、87 药等。Au-Ag-Cu-Zn（Cd）焊药也被称为黄焊药，主要应用在组配焊接与后期焊接中。

细金工艺中的金焊药同样分为黄焊药和红焊药两大类。黄焊药一般应用在实镶工艺的焊接中，多为点焊、线焊，它的合金元素是金、银、铜、锌或镉。红焊药则多应用在花丝工艺的焊接中，其合金元素为金、银、铜。

8.2.3　锡、铅焊药

金银及其合金是容易进行软焊的材料。在金银器的焊接中，常见的软焊药有：锡铅、锡银、锡铜、锡铅银等各类合金。

锡、铅是人类最早使用的金属。无论是在青铜时代还是当今的高科技时代，锡、铅始终与人类技术的进步密切相关。锡、铅与锌、镉、铋等金属同属元素周期表Ⅱb-Ⅴb族，总称为白色金属，有着其他金属所不具备的一系列特性：熔点低，硬度低，可塑性极高，再结晶温度位于10～25℃，容易与许多金属形成合金。锡铅合金广泛应用于焊药、印刷活字、轴承材料、易腐蚀金属的防护层、食品饮料包装等领域。当今锡铅焊料中锡的用量占世界锡消费总量的30%以上。

1. Sn-Pb 焊药

Sn-Pb二元合金是使用最普遍的软焊料合金。锡铅各为50%的合金焊药的强度较高，其熔点位于183～214℃，被称之为“二分焊药”。当铅含量降低到38.1%时，该合金全部变成共晶组织，熔点为183℃，此药称为“三分焊药”或“共晶焊药”。铅的含量提高到60%～70%时，焊药的可塑性高，与二分焊药的熔点和强度相同[5]。

锡铅合金熔点低，易于润湿金属并布满金属表面，这种对基体的润湿和合金化的良好性能，使其被广泛地应用在焊药中。制作曾侯乙墓的铜尊和淅川楚墓的大鼎时所用的焊接剂就是锡铅合金[6]。在出土的部分辽代金银器中，焊接部位也使用了锡铅软焊药。

2. Sn-Pb-Ag 焊药

Sn-Pb-Ag三元合金焊药被广泛的用于在银器的焊接中。在工业软焊药中，此种焊药包含有两种类型。第一类合金焊药是在Sn-Pb二元合金软焊药的基础上添加少量的银（Sn-36Pb-2Ag），其目的在于改善焊接质量，提高抗氧化性能，获得更低熔点的焊药。第二类合金则是具有较高熔点的富铅焊药。铅银二元合金与锡银二元合金相似，含银量在2.5%的铅银合金的共晶温度为304℃，它可作为高强度的焊药使用，但其润湿性较差，只有加入少量的锡方可增加其润湿性[7]。

8.3　金银器中的焊接工艺

在金银器制作的各道工序中，焊接环节是十分重要的。无论是花丝纹样的攒焊还是镶嵌饰品的组合焊接，均离不开焊药。一般情况下，金、银焊药的配比要与器物基体的金、银成分及颜色相一致，焊药的液相线温度必须在所焊接器物的固相线温度之下。一些做工考究、工艺复杂的金银器往往要经过多次的焊接才能完成。在进行二次、三次焊接及器物的整体合焊时，要求此前使用的焊药有较高的耐火度。因此，一件金银器的制作过程中往往需要一个工作温度从高到低的焊料系列。这就要根据器物的基体成分来调整焊药，在保证主要成分的基础上，通过调整其他元素比例，来降低焊药的液、固相线温度，得到一系列熔点从高到低的焊药，以解决多次焊接的问题。而对于一些细微部位的焊接则要求焊药的流动性好、熔点低。

金银器的焊接分点焊、面焊、攒焊、复合焊等多种形式，焊接时要根据所焊部位的厚度、焊缝的长短、焊接面积的大小来灵活掌握焊药量。金银饰品中应用的焊药类型有块药、条药、粉末药；它们分别被用于部件与部件的组合焊接，丝与片的点焊和花丝的面焊中。焊前要将被焊物品预热，焊接时要注意火候的掌握，火苗先虚后实，由外向内，由面转点，照顾全面，防止素药（焊药未熔化完全）和燎活（器物基体部分熔化）。

一件器物的焊接质量与焊药和焊接剂有着密切的关系。焊接时首先要保证焊药的熔点要与所焊器物的基体和工作条件相符[8]。焊药的熔点要低于基体金属发生相变的温度，以避免焊接时基体金属晶粒发生长大、过烧、熔融等不良现象。焊药对基体金属应具有良好的润湿性，并有较强的漫流性和填充间隙的能力，以达到与基体金属的牢固结合。焊药的线膨胀系数与基体金属的膨胀系数要接近，从而避免在焊接过程中产生过大的内应力而引起焊缝裂纹。同时焊药应有可塑性、抗腐蚀性及耐热性。

在焊接的过程中，为了将焊接处表面及焊药本身的氧化物降至最少，焊接剂的使用是必不可少的。焊接剂起到了保护焊接接头不受氧化的作用，并可清除焊接过程中因加热、焊接及冷却而产生的氧化物。常见的硬焊药焊接剂有氟化物、硼砂等，软焊药的焊接剂为松香、氯化锌等。其中，硼砂是金银器焊接中最常用的助焊剂。硼砂，学名四硼酸钠，单斜晶系，常成短柱状晶体出现，其集合体多为粒状，白色，有时微带浅灰、浅黄色，玻璃光泽，硬度 1.69～1.72。易溶于水，微带甜涩味，在空气中易失去结晶水而成为白色粉末，灼烧则膨胀，随后即熔成透明玻璃状小球[9]。硼砂不仅被用在冶金工业的冶炼、焊接中，而且也广泛地应用在玻璃、陶瓷、医药、纺织工业中。在金银材料冶炼中，硼砂作为造渣熔剂与贱金属铜、锌、铅等产生氧化物反应；含水硼砂（$Na_2B_4O_7 \cdot 10H_2O$）加热时，失去结晶水而形成玻璃状透明无色的无水硼砂的珠状物，俗称“熟硼砂、硼砂玻璃”。在金银器焊接中，熟硼砂是金、银焊药良好的助熔剂。金、银焊药组分中的金、银元素比重大，氧化势高，在焊接温度下不会发生氧化；而焊药中的铜、锌、镉等在焊接过程中，易形成氧化物而严重地影响焊药的流动性和润湿效率。所以，在金银器的焊接中，加入煮沸过的熟硼砂能减少甚至防止贱金属的氧化。金属氧化物与无水硼砂在加热时有两种金属的硼酸盐形成，其反应如下：

$$Na_2B_4O_7 + MeO = 2NaBO_2 + Me\ (BO2)_2$$

硼砂不仅是贵金属焊药的良好助剂，而且还有很好的流动性，只要是有硼砂的地方，焊药的流布便十分均匀。

8.4　古代金银器焊药分析

8.4.1　宋代金、银器焊药成分

在四川彭州出土的宋代银器中，以碗、盏、瓶、壶、盆、温碗、盘等容皿为多。这批文物中只有少数器物是由一块银片锤制而成，大部分器皿的制作中运用了焊接技术。如银碗的焊接处分别在口沿压条与碗口及圈足与碗身之间；梅瓶的焊接点在瓶口压条与瓶口径及瓶底与身之间；银壶的组配焊接点较多，以其中一件莲花折肩银执壶为例，焊接点分别位于双层莲花形盖纽上球形仰莲与覆莲之间、器底与壶身之间、壶嘴对焊与壶身连之间，壶柄与壶身之间。这批银器焊接的方式均为溜缝焊或点焊，焊接后的焊缝经过锉刀的修饰。焊药的主要成分为铜、银、锌，焊药中铜的含量明显高于基体。金器上焊药经分析是 Au-Ag-Cu 焊药，其中铜的含量也明显高于基体。

8.4.2　辽代金、银器焊药分析

在对近年来辽代出土的数十件金、银饰件与器皿的保护过程中我们发现，在焊接缝隙处均可见到绿色的疏松锈蚀产物，以银器上的焊接点最为明显（这一腐蚀现象，在不同年代出土的金银器中也常见到）。我们对绿色疏松锈蚀物进行 SEM 成分分析与 XRD 结构分析，SEM 分析结果表明，锈蚀物主要成分为碳 38.40%、氧 39.36%、铜 19.19%、银 3.04%（表8-3）。XRD 衍射分析结果也证明，其锈蚀物主要是碱式碳酸铜。

另外，运用 X 射线荧光分析显微镜及 SEM 分析仪，分别对两件制作工艺复杂的金饰件和银器的基体以及其不同部位上黄色、绿色、灰黑色焊接点进行成分分析，结果表明：位于银器绿色锈蚀下焊接点上的焊药是由银、铜、锌三元合金组成的 6 成黄焊药，其中银为 61.05%，铜 35.84%，锌 2.06%；而银器上灰黑色焊

表 8-3　辽代银器上银焊药腐蚀物能谱

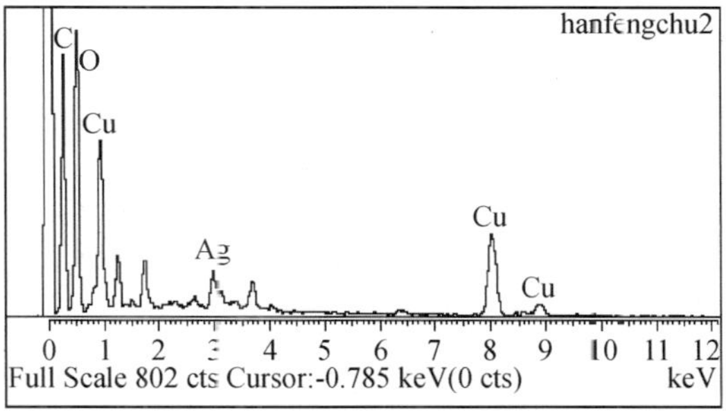

药处则为锡、银、铅三元合金焊药，锡含量78.24%，银含量17.93%，铅含量2.12%，并含有少量的铜、金元素。SEM分析结果同时证实，该灰黑色锈蚀物中的主要成分是锡、氧、银，其中锡、氧元素的含量高达80%以上（表8-4）。金饰件的基体金含量为98.37%，扫描电镜对这件金器黄色焊接部位进行六点分析，结果表明焊药处主要成分平均为金91.83%，银2.72%，铜5.25%（表8-5）。

表8-4　辽代银器小焊药能谱

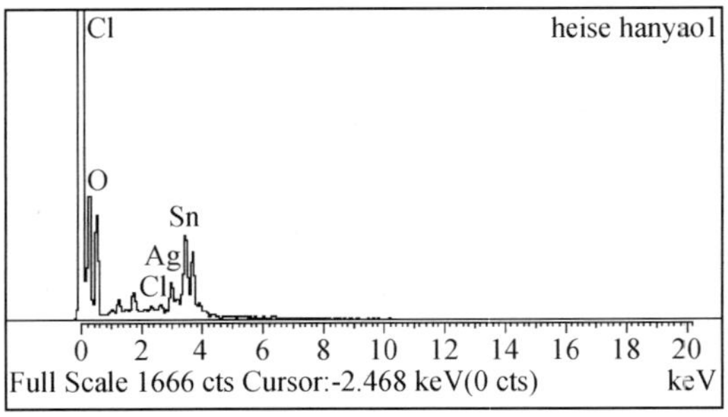

表8-5　辽代金器上金焊药能谱

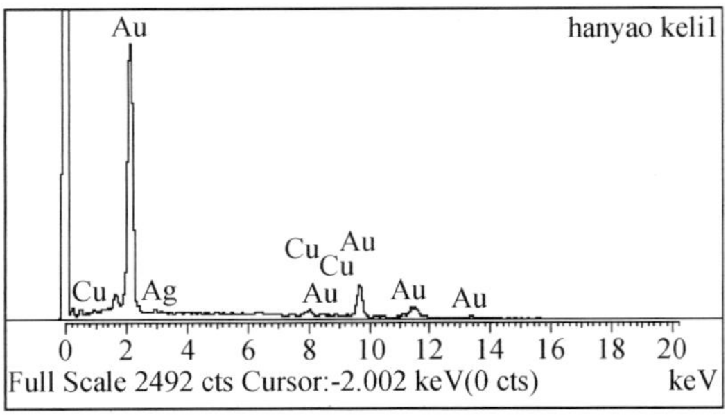

8.4.3　元代金器焊药分析

1987年山西省灵丘县曲回寺村出土了20余件金银饰品，制作工艺考究，使用了各种细金工艺。在这些金银首饰的制作中，细金工匠运用了花丝、镶嵌、錾花、浇铸、打胎等不同的工艺技法，制作出了使世人惊叹的艺术珍品。20世纪90年代，北京市首饰检测中心对其中牡丹花金耳坠、蜻蜓金钗、飞天金簪等金器上的焊药部位进行X射线荧光光谱仪定性分析，其结果表明，金焊药中的主要成分为金、银、铜和少量的锌元素。

8.4.4　清代银凤冠焊药分析

20世纪70年代，在湖北省武汉市武昌张措松墓中出土了一件银凤冠。它的制作集花丝、镶嵌、錾刻、焊接工艺为一体。凤冠主体的制作以锤揲、平錾、镂空为主，连接在凤冠上的银龙、银凤、一品诰命、蝙蝠、蝴蝶花、祥云、火龙云、石碗的制作则采用了传统花丝工艺中的掐、攒、焊、剪技法。石碗上装饰的花丝、祥丝，银龙银凤及祥云上的两股花丝，连接主体各部位的银片、银丝，它们的组合攒焊多为点焊和面焊。这件银凤冠上的焊接处多达上百个，应用科学的分析检测手段，分别对其中两股花丝与银片的焊点和各部位组合焊接处进行了焊药点的微区形貌观察和成分分析，并对银片、银丝的基体进行了成分分析。SEM分析结果证明：清代凤冠上不同部位的花丝、银片的平均基体成分银含量为95%左右；铜含量5%左右（表8-6）。应用SEM对银凤冠上花丝焊药处进行多点成分分析的结果指出，应用在凤冠不同焊接处的银焊药同现代首饰制作中的银焊药成分基本相符，为银、铜、锌黄焊药（表8-7）和银、铜、砷红焊药（表8-8）。红焊药中银的平均含量28%，铜平均含量69.5%，砷的平均含量2.5%。黄焊药中银的平均含量为24.84%，铜为65.31%，锌为9.85%。

表8-6　清代银凤冠基体能谱

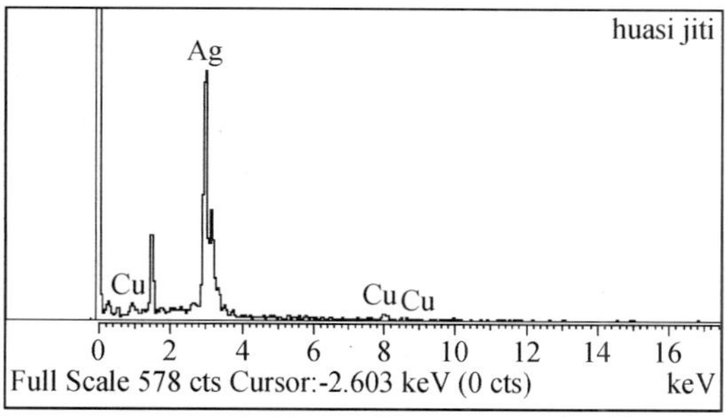

表8-7　清代银凤冠黄焊药能谱

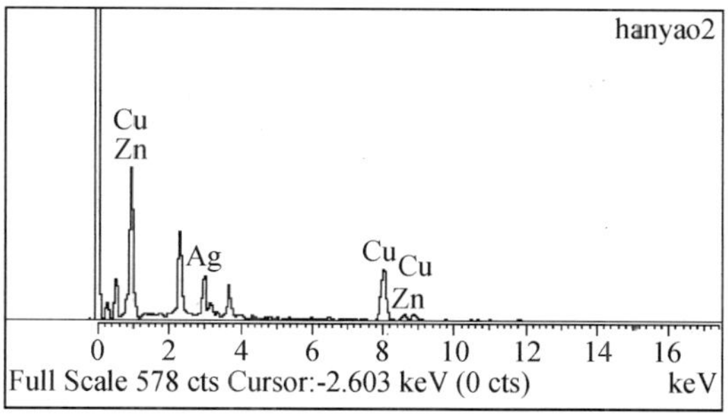

表8-8　清代银凤冠红焊药能谱

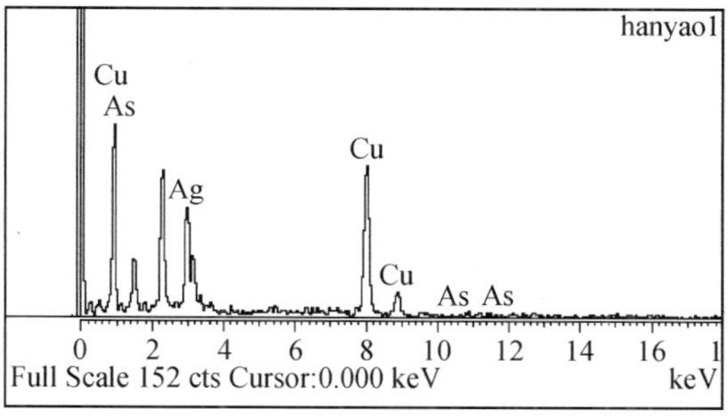

8.5　对不同时期金银器焊药的认知

8.5.1　古代焊药的分类

我国汉代的金银器制作中，就已经运用了以纤焊为主的焊接技术，这种传统的贵金属焊接工艺时至今日仍被广泛地应用在金银饰品和摆件的点焊、面焊和组配焊接中。

对金银器的保护过程中，我们应用XAM、SEM、XRD等分析仪器分别对出土的辽代、元代、清代金银器上的焊药点进行分析，分析结果表明：这些金银器上的焊药可分为金焊药、银焊药、锡焊药三大类。其中辽代、元代金器焊药的主要成分为金、银、铜，焊药中金的含量均低于基体。一些辽代银器焊接处的焊药有大焊与小焊之分。大焊焊药主要成分为银、铜、锌和银、铜两种；小焊药的主要成分是锡、铅、银。清代银凤冠上的焊药分为红焊药和黄焊药两种。花丝面焊接处为红焊药，其元素成分主要以银、铜、砷为主；银丝与银片点焊接处为黄焊药，主要成分为银、铜、锌。由于银在一定的条件下很容易与空气中的硫与氧生成化合物，因此，银焊药中常夹杂有少量的硫、氧元素。从上述分析结果可以得出结论：古代焊药有金焊药、银焊药、锡铅焊药之分，根据制作工艺的需求它们分别应用在金银器的不同部位的焊接中。

8.5.2　古代金焊药的认知

从宋代、辽代、元代金焊药的成分分析结果可推测，古代金器上的焊药多为 Au-Ag-Cu。其成分中金的含量低于基体，而银、铜含量高于基体。

在现代金银器的制作中，金焊药中金的含量与所焊基体的金含量要基本保持一致，因此在焊药的配制中要通过调整银与铜的比例来降低焊药的液、固相线温度并使焊药与被焊器物颜色一致。古代焊药的配比同样是依据器物基体成分而定，通过 3 件辽代金器基体与焊药的成分对比即可证明，详细数据见表 8-9。

表 8-9　3 件辽代金器基体与焊药成分对比表

元素 / 名称	Au		Ag		Cu	
	基体	焊药	基体	焊药	基体	焊药
金铃	97.14	91.88	1.94	5.51	0.92	2.61
金球	77.41	74.40	21.92	20.65	0.67	4.93
金杯	87.48	83.72	12.29	10.84	0.23	5.45

8.5.3　古代银焊药的认知

在现代金银器的制作中，焊药分为黄焊药和红焊药两大类。黄焊药一般应用在点焊、线焊中，熔点大约在 700℃以下；红焊药则多应用在花丝工艺的面焊接中，其熔点高于黄焊药。

对宋代、辽代、清代银器上的银焊药成分进行 SEM 等分析的结果表明，古代焊药也分为 Ag-Cu-Zn 黄焊药和 Ag-Cu-As 红焊药两种。

从对清代银凤冠不同区域焊药的成分分析可得知，无论是将掐制花样丝焊接在银片上，还是龙凤纹的各自组配焊接，或是银丝与银丝、银丝与银片的多次焊接，均使用了黄焊药和红焊药。红焊药作为凤冠焊接中的头遍焊药，其熔点高于黄焊药，主要应用在整体攒焊之前，焊接部位以两股花丝掐制的纹样处居多。除此以外其余部件的焊接均为黄焊药点焊成型。

8.5.4　低温焊药

Sn-Pb 二元合金和 Sn-Pb-Ag 三元合金是使用最普遍的软焊料合金。这些低熔点焊药易于润湿基底金属，因而被广泛的应用在现代工业生产中。在辽代部分银器上也使用了 Sn-Pb 低温焊药，它主要应用于银器制作中最后部位的焊接或是有鎏金处的焊接。由于焊接的方式和锡铅特定的物化性质，出土金银器中许多小焊部位的开焊现象十分严重。

8.6　焊接处腐蚀产物的分析

由于金焊药的焊接性能和抗氧化性均优于其他焊药，因此，古代金银器上除了金焊点外的其他焊点均有不同程度的腐蚀。

银器焊接处常有绿色锈蚀物生成，这是因为银焊药主要由银、铜、锌组成，在一定介质存在的条件下，电极电位较低的铜将成为阳极而被优先腐蚀，致使焊接处有明显的绿色焊接痕迹。

在古代银器一些经过低温焊药焊接的区域上，可明显的观察到灰白色、灰黑色的斑点和粉末状物质。由于锡焊药具有特有的物化性能，其稳定性低于金、银焊药，所以凡是锡药焊接处均有不同程度的脱落和变色、粉化现象。

锡、铅低温焊药处脱落和变色现象的出现与焊药中的主要成分锡有直接关系。锡有三种同素异构体，易形成同素异晶转变，即灰锡（αSn）、白锡（βSn）、脆锡（γSn）。白锡转变为灰锡的速度与温度、杂质含量及晶种的存在有关。当温度低于 13℃时，白锡表面会形成小瘤，小瘤随着温度降低而逐渐长大，形成锡疫现象。在锡疫形成的过程中，灰锡首先以小斑点形态出现分布在白锡的表面，随着温度的降低，斑点逐步扩大布满整个表面[10]，当白锡转变为灰锡时，对比容积明显增大（25%～27%）产生强烈的组织应力。造成块锡碎成粉末[11]，这是锡焊药脱落的原因之一。例如在辽代出土的部分银器上的锡焊部位就有因腐蚀而产生的脱焊现象，锈蚀物呈黑灰色粉末状。

另外，引起锡体积增大的原因也可认为是：锡在空气中易被氧化，在锡的氧化物中，二氧化锡的化学性能相对稳定，而氧化亚锡则易溶解于酸（无机酸、有机酸）、碱、盐溶液中，生成锡盐、亚锡酸盐等产物。这些盐大部分易溶于水，因此，氧化亚锡同样是导致锡焊药继续腐蚀的隐患之一。这种推测可从对国家博物馆 20 件锡及锡铅器腐蚀产物的调查与分析中得以证实。在这些器物上存在有大量的黑色斑点、土白色粉末和疱瘤状物质，其中两件锡碗因氧化严重，局部已锈蚀成孔洞。对上述物质进行结构及成分分析，结果表明：锈蚀产物以锡的氧化物为主（二氧化锡、氧化亚锡），同时也检测出灰锡（αSn）的存在[12]。由此可认为，造成小焊焊药处开焊的原因可能有两种。其一，在一定的温度下，白锡（βSn）会转变为其同素异形体灰锡（αSn），在转变过程中，黑色斑点的体积逐渐增大成为小疱体，直至碎成粉末，导致开焊。其二，因为锡是两性金属，在空气中易被氧化为氧化亚锡或二氧化锡；氧化亚锡是黑色结晶物质，有较强的还原性，易与多数无机酸、有机酸发生反应；当氧化亚锡全部转化为二氧化锡时，体积膨胀会使焊药处出现脱落现象。

8.7 大焊与小焊

关于大焊与小焊的论述，在方以智《物理小识》中曾记载“以锡末为小焊，响铜末为大焊，焊银器则用红铜末，皆兼硼砂”。“汉（焊）药，以硼砂合铜为之，若以胡桐泪合银，坚如石。今玉石刀柄之类，汉（焊）药加银一分其中，则永坚不脱。试以圆盒口点汉（焊）药于一隅，其药自走，周而环之，亦一其也。”[13]

关于小焊工艺，在法门寺出土的银盐台上錾刻有“小药焊”三字。这是唐代器物目前唯一见到的与焊接有关的文字[14]。另外，在曾侯乙墓铜尊和淅川楚墓大鼎的制作中也应用了小焊工艺。

国家博物馆文物保护中心对数十件出土金银器物焊药处进行科学分析，其分析结果可证实：在一些古代金银器的制作中，由于工艺的不同，要进行多次焊接，因此在同一件器物上往往会同时使用大焊和小焊两种焊接方式。大焊所用的金、银焊药的熔点在700～950℃，主要元素有金、银、铜、锌，焊接方式采用的是火焰钎焊方法；而小焊焊药熔点低于400℃，焊接方式为烙铁焊接，主要成分是银、锡、铅或锡铅合金。焊接时，先使用高熔点焊药，最后的组合焊接中要使用熔点较低的中、低温焊药。此时如使用高温焊药，将会造成前一遍的焊接点处焊药流动，引起开焊。尤其是表面鎏金器物的后期焊接，应以小焊为主，这是因为虽然常温下汞在空气中不易被氧化，但是若将汞加热接近沸点（356.9℃），汞会与空气中的氧结合生成红色的氧化汞（HgO）和黑色的氧化亚汞（Hg_2O），此时使用高温焊接将会引起鎏金层变色。

值得一提的是，在一定温度下金、银及其合金在锡基焊药中溶解速度很快[15]，因此，在制作中金银器应避免与锡接触，一旦与锡混熔，金、银丝片在软化回火的再加工过程中会出现筛眼、孔洞等熔蚀现象。

注　释

[1]　中国大百科全书·冶金卷．北京：中国大百科全书出版社，1984.

[2][7]　黄位森．锡．北京：冶金工业出版社，2001.

[3]　《贵金属材料加工手册》编写组．贵金属材料加工手册．北京：冶金工业出版社，1978.

[4][8]　黎鼎鑫等．贵金属材料学．长沙：中南工业大学出版社，1991.

[5][11]　林肇琦．有色金属材料学．沈阳：东北工学院出版社，1986.

[6]　周卫荣．中国古代钱币合金成分研究．北京：中华书局，2004.

[9]　王箴．化工词典．北京：化学工业出版社，1993.

[10]　W. H. 内博盖尔．普通化学．北京：人民教育出版社，1978.

[12]　杨小林．国家博物馆馆藏部分锡器腐蚀产物调查与分析．文物科技研究（第四辑），2006.

[13]　王云五主编．四库全书珍本，十一集．台北：台湾商务印书馆，1969.

[14]　齐东方．唐代金银器研究．北京：中国社会科学出版社，1999.

[15]　李亚江等．有色金属焊接及应用．北京：化学工业出版社，2006.

第九章　鎏金工艺

9.1　概　　述

鎏金作为我国古老的传统工艺，已有两千年的历史，近年来出土的大量鎏金文物也成为佐证。我国的鎏金工艺始于春秋末期，到了汉代，鎏金技术已发展到了很高的水平。古埃及在公元3世纪才有了金汞齐用于镀金的记载，而古罗马在公元1世纪才可见金能溶于水银的记载，日本清水藤太郎在其《日本药物史》中记载，以金汞合金的镀金是公元8世纪从中国传到日本[1]。

我国出土的鎏金器物基体多为青铜、铜、银。鎏金层又可分为通体鎏金，如河北满城出土的汉代长信宫灯、陕西唐代鎏金天王像等，以及局部鎏金两部分。局部鎏金文物，在唐代、辽代出土的银质器物中较为常见，如：1992年内蒙古赤峰市阿鲁科尔沁出土的辽代金花银摩羯纹碗，其基体为银质，局部錾刻，在錾刻的口沿、底足、碗内中心的花纹处鎏金；1970年陕西西安何家村出土的唐代蔓草鸳鸯纹银羽觞，该器通体錾刻，除錾刻套珠纹外，器内底的蔷薇团花、器内壁折枝花和云纹以及外壁的莲花卷草纹、鸳鸯等纹饰上皆为鎏金，与其同出土的凤鸟纹六曲鎏金银盘中凤鸟处也局部鎏金（图版101）；1986年内蒙古奈曼旗青龙山辽代陈国公主墓出土的金花银靴（图版102），由靴靿、靴面、靴底三部分组成，在靴上錾刻的凤鸟、如意云纹处用了鎏金技法。局部鎏金的部位多在银器的花纹处，古文献对此类器物称之为“金花银器”，金花银器一般是在银器的局部鎏金也称“花鎏金”。银白色基体与所錾刻纹饰处的金黄色有机的结合，形成鲜明的艺术效果。有关银质器物局部鎏金的记录有，《旧唐书· 文宗本记》载：太和二年“敕，应诸道进奉金花银器，并纂组文斜缬杂物，并折充铤银及绫绢”。《安禄山事迹》载，玄宗赐安禄山“金花大银盆二”。《法门寺物帐》有“银进花合”、“银金花盆”等[2]。多年来的考古发掘材料证明，汉代鎏银器物较少，仅有河北满城汉墓出土了一件铜鎏银器[3]等少量报道。这也许是因为银与汞结合生成汞齐时，银表面易形成一层坚硬、致密的氧化膜，致使汞齐化有一定难度的缘故。

汞在古代被广泛地应用于炼丹术中，古文献中有多处关于汞与硫合成丹砂的记载，如东汉魏伯阳在《参同契》中描述了水银容易挥发，和硫黄化合，在丹鼎中升华后“赫然还为丹”以及晋代葛洪在《抱朴子· 金丹篇》中记载有“丹砂烧之成水银，积变又还成丹砂”的过程等。

汞与金是鎏金汞泥的主要成分。我国古代炼丹家通过大量的实践将炼丹术分为火法和水法两种，汞与金属形成的汞齐属火法。关于汞与金、银、铜、锡等金属形成汞齐的记载，东汉传籍《神农本草经》中有“水银杀金银”；明代方以智在《物理小识》中所述，“镀金法，以汞合金涂银器上，成白色入伙，则汞去而金存，数次即黄”。这些对于鎏金工艺的记载，分别从不同的角度阐述了金与汞易于结合生成金汞齐的道理。

1993 年四川绵阳双包山二号西汉木椁墓后室曾出土了一件银白色金属质膏泥状物，质软，用手捏可随意成形，并有固体颗粒存在其中。该物质经原子发射光谱定性分析表明：其中含有大量的汞和金。X 衍射分析结果表明：银白色膏状物质中含有多种晶体物质，有金汞合金 Au2Hg 和 Au6Hg5；银汞合金 Ag2Hg3、Ag12Hg0.8 和 AgHg；铜汞合金 CuHg 和 Cu15Hg11。从上述分析检测结果表明：银白色膏状金属物是金汞合金和液态汞的混合物[4]。由此可见，它可能是考古发掘出土的第一件鎏金所用的“金汞齐”膏。

金汞齐的合成优于其他金属，由于金的耐蚀性强，表面不易氧化，所以汞对金润湿能力强于许多贱金属，使汞能够选择性地润湿并向其内部扩散。银、铂、铜、锌、锡等金属也能与汞结合生成汞齐，但由于这些金属遇空气后易形成一层氧化膜，这层氧化薄膜阻碍被汞润湿和向金属内部扩散的汞齐过程。银表面在汞齐化过程中形成的致密氧化膜，给银汞齐的制备带来了一定的难度，其他贱金属则因表面氧化膜难于去除而不能直接形成汞齐。

金汞齐的形成分两个阶段，第一阶段金被汞润湿，第二阶段汞向金粒中扩散，形成汞和金的化合物，金汞齐化时随着温度的增高，汞的流动性与金的溶解度同时增高，当汞向金粒（片）中扩散时，首先在金的表面生成 $AuHg_2$，而后再逐步向金粒（片）深部扩散生成 Au_2Hg，直至最终生成 Au_3Hg 固体[5]。整个汞齐化形成大约需要 2h。金汞齐是银白色糊状混合物，当金汞齐中金的比例小于 10% 时为液体，12.5% 为致密的膏体。根据鎏金工艺的不同要求通常金汞比例为 1∶7 或 1∶8。

在金属器物上鎏金时，涂抹、赶压后，要把金汞齐膏加热至 400℃ 左右，汞即升华呈元素状态从金汞齐中分离出来，鎏金表面颜色变化为白色→淡黄色→黄色。明代方以智在《物理小志》中简洁、形象地描述了鎏金过程：“以汞和金，涂在银器上成白色，入火则汞去金存，数次既黄。”

9.2 鎏金工艺

鎏金工艺一直传承至今。有关金汞齐的制作工艺，晋代葛洪在《抱朴子·神仙金经》曾有这样的记载：“煅金成薄如绢，绞之翦之，令如韭菜许，以投水银中。此是世间涂杖法。金得水银须臾皆化为泥，其金白，不复黄也。”[6]

原北京花丝镶嵌厂，曾是世界上最大的金银饰品制作厂家。毛主席纪念堂的门匾(图版103)、人民大会堂大厅满江红诗词、故宫角楼顶部、佛像等许多通体鎏金和局部鎏金的摆件（图版104)、首饰等均出自于该厂。

鎏金工艺的流程为制作金汞齐、器物表面处理、涂敷、压亮。

9.2.1 金汞齐的制作

将纯金轧制成薄片，剪碎。将石墨坩埚置于焦炭炉中预热至通红，迅速将剪碎的金片放入坩埚中，加热片刻，在金未熔化前加入水银，金、汞比例为1:7或1:8。用石墨棒搅拌均匀，这时部分汞升华，白烟升起，待金与汞融为一体后，呈灰白色，用坩埚钳夹出坩埚，倒入装有冷水的容器中，金汞齐放入水是为了防止汞齐氧化和挥发，在水中的金汞齐泥膏，要反复用水清洗数次，这时的金汞齐细腻如膏状（上等的金汞齐用手碾时如同银粉一般)，待用。

9.2.2 鎏金前表面处理

对于器物基体上无焊药的铜、银器物可直接鎏金，而对一些首饰、摆件在组配焊接时使用了焊药的器物则要在其表面进行预处理后方可鎏金。

需要鎏金的饰件要进行前处理。要先去除饰件表面的氧化皮，可用稀硫酸浸泡或用砂纸打磨、杏干煮沸等方法，饰件表面的油渍要用铜刷子蘸皂角水去除，器物的前处理是十分重要的，它将直接关系到金汞齐与基体间的附着性。

9.2.3 涂敷

鎏金的第一道工序是将金汞泥膏在室温下均匀地涂抹在被鎏器物之上。涂抹金汞泥的工具多为自制，鎏金时即可用自制的细铜丝小刷子先蘸上稀硫酸或杏干水，再蘸上金汞齐涂抹。金汞齐与铜有良好的亲和力，极易吸附在刷子上（这种方式与锡焊时在电烙铁上蘸盐酸后可将金属锡吸在电烙铁上是一样的效果)。也可用毛笔刷抹金，将适量的金泥放在器物上，用小排笔刷涂抹均匀或小排笔蘸上金汞齐刷涂，待涂抹均匀后用清水冲洗，自然烘干。

将涂抹金泥的器物置于木炭炉上烘烤，炭炉一定要设在通风橱内，温度逐步加热，随着温度的升高，汞成为液体开始挥发，有微量的白烟升起，这时，为了保持涂抹的金汞齐不随着水银流动而迁移，要边烤，边用棉花揉擦，在汞全部升华之前将器物揉擦均匀。这一道工序的关键是烘烤时的温度控制，当水银随着温度的升高挥发时，利用其流动性，揉擦达到涂层均匀，使鎏金层与基体紧密结合。待金汞齐已用棉花球揉擦不动时，将温度升400℃左右，赶水银，直到鎏金层的颜色从灰白色-浅黄色-金黄色到足金色为止，没有白烟后，再烘烤片刻即可。

在烘烤的过程中大部分的汞升华，少量汞的氧化物仍滞留在鎏金层的表面，待鎏金器物冷却后，用5%稀硫酸浸泡，在皂角水中用铜刷子刷洗器物表面的氧化物，自然晾干。

对在第一遍鎏金过程中，抹金、揉擦不到位的局部区域，还需将器物置于木炭炉中，加到合适的温度后，将第一遍鎏金薄的部位和未鎏严的地方局部抹金、烘烤揉擦，使器物的鎏金层薄厚均匀，颜色一致。有经验的鎏金艺人，三遍鎏金后，每平方分米约可鎏金3～5g。

9.2.4 压亮

金汞齐在烘烤的过程中，一方面由于汞的升华造成局部地区水银飞溅，使鎏金层表面出现微小的孔隙；另一方面烘烤时随着温度的不断升高，金汞齐的流动性下降，致使一些部位有细小的金汞合金颗粒。因此，鎏金后的器物均要通过压亮，将微小的孔隙和细小的颗粒磨压平整。压亮使用的工具以在木棍上镶嵌不同形状的玛瑙压子为主（图9-1）。压亮时将器物放入盛有皂角水的木盆中，用玛瑙压子蘸着皂角水进行磨压，通过压亮可使鎏金层更加致密、光亮（图9-2）。

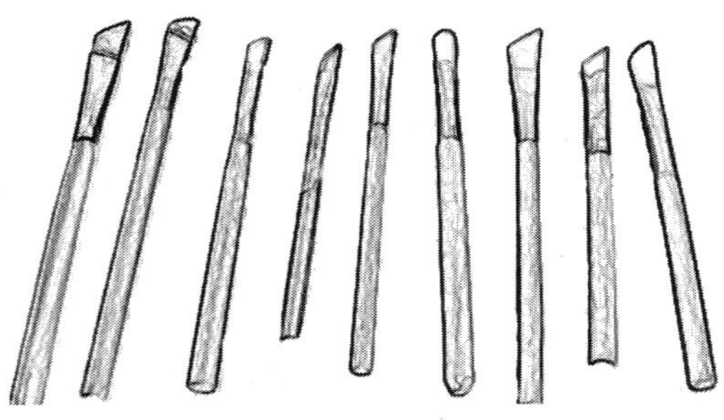

图9-1 玛瑙压子

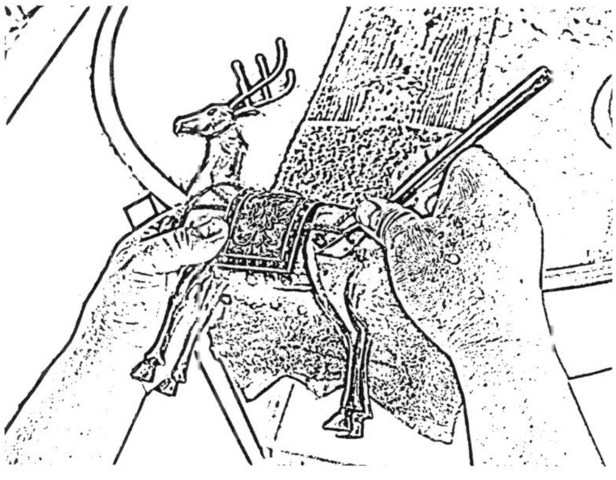

图9-2 压亮

抹金和烘烤、揉擦是鎏金的重要环节。但由于在抹金过程中不可能将金汞齐完全涂抹均匀，烘烤时大量的汞从金汞齐中分离，升华时的白色烟雾以及所制作的复杂器型中的缝隙处难以操作等原因，鎏金往往要进行数次。为了得到致密的鎏金层，金汞齐的充分分解尤为重要，由于金与汞两者的熔点和沸点相差很大，金的熔点 1063℃，沸点 2860℃；汞的熔点 −38.87℃，沸点 356.58℃，在鎏金的过程中汞易升华，但是由于汞与金在金汞齐中互为固溶体，因此，汞的去除常常需要多次反复的升温、降温，促使汞从固溶体中分解出来，才能达到满意的除汞效果[7]。在鎏金时温度要缓慢上升，如果温度急剧上升，金汞齐尚处于分解状态时就进入了汞升华的过程中，这样使金汞齐分解不完全而且汞激烈沸腾会产生喷溅。

9.3　古代鎏金器分析

9.3.1　唐代鎏金铜天王像

1966 年陕西宝鸡出土的唐代鎏金铜天王像[8]，高 70cm，重 31.2kg，基体为青铜铸造，除发髻外，通体鎏金。天王双目圆睁，右手叉腰，左手上举，擎天立地，威武雄健。以腰间龙头为首的五条龙形态各异地分别装饰在双肩与胸前。盔甲上的錾刻纹路生动流畅。天王双脚踏在憨态可掬的两个小夜叉之上，造型生动，栩栩如生，极具艺术感染力（图版 105）。

除去器物上的锈蚀产物后可见到，鎏金铜天王像上的金层大部分保留较完整、致密。胸前两龙、盔甲等处雕刻花纹部位处平錾工艺的表现手法得以充分展露。但是这些精美的纹饰处往往却是鎏金工艺中的薄弱环节。这主要因为：①在对器物表面花纹鎏金的过程中，抹金多，容易弥住花纹，使表面花纹精细部难以充分展现；抹金少，錾刻处由于不能定量均匀地填充金汞齐而造成鎏金漏洞；②在鎏金工艺推压的过程中，凹处等细微部分不容易压到，致使金层与青铜基体结合欠致密。从器物本身也可以直接观察到无花纹处的鎏金层与青铜基体连接较好，无金层脱落。而在錾刻花纹、面部等部位，往往因为操作中鎏金工艺达不到要求，而造成欠缺。由于这种缺欠，导致下部青铜基体易受外界有害物质的腐蚀，而引起鎏金层的脱落。这种因制作工艺而影响鎏金质量的现象在许多鎏金文物上均可见到。

同样，致密的鎏金层的厚度也是衡量鎏金器物的标准之一，北京科技大学冶金室通过金相显微镜对我国不同时期的铜鎏金样品残片的鎏金层厚度进行测试，分析结果表明，样品鎏金层在 3～6μm[9]。其中，安徽省博物馆提供的战国鎏金青铜残片上的鎏金厚度为 6μm；中国社会科学院考古研究所提供的西汉鎏金铜马镳，金层与基体结合略有疏松，鎏金层起伏不平，平均厚度 4μm；浙江省博物馆提供的六朝鎏金铜神像厚度 4μm；陕西省博物馆提供的唐代鎏金铜泡钉，在铜泡钉弯角处鎏金厚度 3μm，金层起伏不平，在金层与基体结合较好的区域厚度为 6μm；故宫博物院提供的明代鎏金铜字，厚度为 4μm。

9.3.2 辽代鎏金器

中国国家博物馆文物保护中心，曾应用 SEM 对部分辽代鎏金器物的鎏金层进行微区形貌观测和该区域表面成分及厚度测定，分析结果表明：鎏金层表面主要元素成分为金、汞，鎏金层中均不同程度的残留汞，含量在 2%~12%。从器物的鎏金与未鎏金处微区形貌分别观察，鎏金层与未鎏金处相比，更为致密、平整，厚度分别为 1.92、2.83、2.43μm（图版 106）。另外，在对其中一件银质鎏金器物上鎏金层的鼓泡、破损、完整三个部位，分别进行微区形貌对比观察、点与面扫描元素分析发现：完整部位鎏金层致密，鼓泡处鎏金层凸起，而破损处从中心向周围扩散；在该区域多点分析检测有侵蚀性氯离子，面扫描提示，氯离子含量分布为破损处 > 鼓泡处 > 完整处。

由于鎏金工艺要经过金被汞润湿、扩散、涂抹、加温、赶压等多道工序才能完成。因此，每个环节的衔接和器物的不同制作工艺，以及埋藏环境等诸多因素，都将影响鎏金类文物的保存和鉴赏。在鎏金类文物保护过程中，经常可见因鎏金过程中的不足，而造成有害离子侵蚀的现象，致使器物表面鎏金层出现鼓泡与破损。

金相显微镜与扫描电镜对不同时期的鎏金残片和小件鎏金器物的测试结果表明，鎏金层厚度在 2~6μm 左右。SEM 微区形貌观察可见，鎏金器物不同程度的腐蚀区域多在凹凸不平之处，露出基体的破损处氯离子含量较高。

虽然鎏金作为一门金属表面加工工艺已逐渐被电镀、化学镀等现代技术所取代，但其悠久的历史和独特的艺术效果仍为我们留下了许多珍贵的财富。

注　释

[1] 牛晟. 我国人民用水银的历史. 化学通报，1957，(4).

[2] 齐东方. 唐代金银器研究. 北京：中国社会科学出版社，1999.

[3] 中国科学院考古研究所. 满城汉墓发掘报告. 北京：文物出版社，1980.

[4] 梁宏刚等. 四川绵阳双包山汉墓出土金汞合金实物研究. 文物，2006，(4).

[5] 孙戬. 金银冶金. 北京：冶金工业出版社，1986.

[6] 《道藏》洞神部众术类. 斯字总第 593 册. 涵芬楼影印. 1926.

[7] 孙戬. 金银生产与应用知识问答. 北京：冶金工业出版社，2004.

[8] 杨小林，潘路，马燕如. 唐代鎏金铜天王像的保护与研究. 文物保护与考古科学，2001，(1).

[9] 吴坤仪. 鎏金. 北京：中国冶金史论文集（内部资料）. 1986.

第十章 烧蓝工艺

10.1 烧蓝工艺简述

细金工艺中的烧蓝工艺与景泰蓝、卡克图、点翠统属中国的特种工艺范畴。烧蓝也称“银蓝”“银珐琅”，这种以掐丝、点蓝、烧蓝为主的工艺兴盛于清代。

银蓝工艺主要应用在金、银、铜饰件上，是金属制胎工艺与点蓝施色工艺相结合的一门艺术。在我国北方地区，花丝、烧蓝相结合的工艺已被用在制作各类首饰和立体金、银、铜摆件中。在银器上涂敷一层五光十色釉彩的烧蓝工艺，为古老的花丝镶嵌工艺注入了新的活力（图版 107、108）。

据古籍记载，珐琅工艺古称之为“大食窑”和“拂郎嵌”，在我国已有一千多年的历史[1]。明代初年已有“大食窑”和“拂郎嵌”金属胎珐琅器。“大食窑”、“拂郎嵌”两词均首见于明曹昭、王佐所著《新增格古要论》“铜以作身，用药烧成五色花者与‘拂郎嵌’相似……又谓之‘鬼国窑’。今云南人在京多作酒盏，俗呼曰‘鬼国嵌’，内府作者，细润可爱”。经考，“大食窑”是传自阿拉伯地区的掐丝珐琅器也就是明代的景泰内廷珐琅和清代的金属掐丝珐琅的前身。而“拂郎嵌”即自欧洲传入的金属錾胎珐琅[2]。

在清代，珐琅工艺得以发展，这种在不同金属上点蓝的工艺分为铜、金、银掐丝珐琅、金属錾胎珐琅、金属锤胎珐琅、金属露地珐琅、金属透明珐琅、铜胎画珐琅等类型，其中金属透明珐琅工艺即为烧蓝工艺。

烧蓝的金属胎体多为金、银、铜，以银胎为主，胎体上各类需点蓝的纹样多由掐丝、浇铸、镂空、磨压、錾刻等工艺制作而成。由于纹样制作工艺的不同，烧蓝的效果也各有千秋。经过轧制、錾刻的花纹点蓝后，在透明的釉料下依稀可见到花蕊和叶脉的走向，在镂空处点蓝是很需要烧蓝功力的，这种在银白色花纹镂空处点缀着各色晶莹剔透蓝釉的工艺使得烧蓝技法在传统基础上更进了一步。在众多烧蓝作品中以在花丝掐制的图案上点蓝最为常见。

烧蓝工艺是点翠、景泰蓝、卡克图工艺的姊妹艺术。烧蓝工艺中的点蓝技术和点翠一样，是在掐制好的花丝边框中进行的，由于点翠工艺所用的材料是翠鸟身上翠蓝色的羽毛，而翠鸟又是国家二级保护动物，因此，近年来点翠工艺逐渐消失。而烧蓝工艺仍在当今国际、国内市场上有很大的发展空间。

卡克图起源于中世纪的西亚，在欧洲备受人们的青睐。卡克图与烧蓝同为花丝镶嵌行业中的辅助工种。它们均是在银胎上的花丝掐制图案中点入釉料，然后入炉烧制而成的。其不同之处在于，卡克图的底色釉料是不透明的白色瓷粉，烧结温度在750℃左右，在烧制好的底色之上，尚需用特制的陶瓷彩绘颜料绘出山水、花鸟等图案，而后进行二次烧制。

当代从事花丝、烧蓝工艺的艺人，对银花丝首饰的烧蓝制作进行了大胆创新，把卡克图与烧蓝有机的结合了起来。在一件银饰品上，他们将掐丝、点瓷白、画珐琅、点银蓝等技法巧妙结合，制作出了别具特色的艺术品。图版109中的蝴蝶饰件就是一件将以上工艺完美融为一体的艺术品。

景泰蓝工艺与烧蓝工艺都要经过制胎、掐丝、点蓝、烧结、镀金等工序。其不同之处在于，景泰蓝是先在以铜为主的胎面上，运用剔錾、锤揲或焊接掐制成形的素扁铜丝等工艺来制作出纹样，而后在其图案内直接点蓝、烧蓝而成。烧出的釉彩庄重而不透明，其作品需要磨光。而烧蓝则是先在银质胎面上通过磨压、勾与抬、镂空和焊接掐制银花丝等技术制成图案，而后在图案中点蓝、烧蓝，最后形成颜色比较艳丽的透明银蓝，其作品不需磨光。

10.2 烧蓝工艺

10.2.1 烧蓝工具与颜料的制备

1. 工具

烧蓝所用的工具有马弗炉、坩埚钳、镊子、专用铁架、蓝浆碗、蓝枪等。点蓝用的蓝枪均为自制，制作时将不锈钢圆丝的一头拍成扁平，用锉刀锉出铲状后插入毛笔的一端，并在上端缠上脱脂棉即可（图10-1）。

图10-1 蓝枪、镊子

2. 颜料

花丝镶嵌作品上的点蓝釉料与景泰蓝的釉料同属珐琅釉彩。从清代至今，不同时期的釉料分别来自于云南、北京、山东博山等地。其中山东博山作为清宫内务府造办处烧制珐琅器釉料的产地，始于清代中期。博山珐琅分银制和铜制两种，又称银蓝、铜蓝。银蓝性软，主要涂饰在银器上，有蓝、绿、紫、黄、白、黑、红7种。铜蓝性硬，用于涂饰铜器等，有铜大蓝、铜大黄、铜杏黄、铜大白等[3]。

银蓝和景泰蓝的釉料中主要成分大致相同。但银蓝釉料中亮白的含量高于景泰蓝釉料，银蓝釉料的烧结温度在700℃左右，低于景泰蓝釉料的850℃。烧制出的釉色无论是在透明度还是在细腻度上，都高于景泰蓝中除透明珐琅器外的其他类别。

目前花丝镶嵌中的烧蓝工艺常用的银蓝颜料的基础颜色有13种，它们分别为大蓝、紫、豆青、中绿、红、黄、白、二蓝、浅黄绿、黑、洋黄、靠地红、浅银白。其中大蓝、紫、豆青、中绿被称为传统的老三蓝，后又添加了红、黄、白三色，称为花三蓝。银蓝的釉色中以蓝釉最为高贵，蓝色的釉彩敷在银白色的胎体上，相互映衬，晶莹剔透。

烧蓝所用的颜料由基釉、着色剂、助溶剂三部分组成，其中基釉中的主要成分为石英、长石、硼砂等；着色剂包括氧化钴、氧化铜、氧化铁、氧化锰、氧化铬等；助溶剂有碳酸钾、氧化铅、硝酸钾等。运用SEM分析检测仪对现代草绿色、紫红色、黑蓝色、天蓝色、湖蓝色和紫蓝色6种烧蓝颜料进行成分分析，分析结果见表10-1。

表10-1　现代烧蓝部分颜料SEM成分分析表

氧化物 / 颜色	Na_2O Compd %	K_2O Compd %	SiO_2 Compd %	PbO Compd %	CaO Compd %	BaO Compd %	TiO_2 Compd %	MgO Compd %	Al_2O_3 Compd %	Cr_2O_3 Compd %	CuO Compd %	MnO Compd %	FeO Compd %	CoO Compd %
草绿	7.82	5.80	32.76	39.32	2.70	7.29		0.09		0.92	3.29			
紫红	8.18	4.78	36.54	38.84	1.88	6.51	0.69			1.21		1.36		
深蓝	9.56	4.53	34.40	34.48	1.29	4.86	0.81				5.84	2.50	0.90	0.85
天蓝	9.23	6.02	36.71	34.75	2.26	6.48		0.84	0.24		2.15		0.88	0.44
湖蓝	7.14	5.18	36.83	37.31	3.24			0.39	3.86	0.06	4.42		0.47	1.09
紫蓝	7.53	6.62	36.49	38.94	1.88	5.32	0.35		1.16	0.53	0.18		0.35	0.64

SEM分析结果表明：在6种烧蓝颜料样品中，基釉和助溶剂中含有的主要成分SiO_2、PbO、K_2O、Na_2O、CaO、BaO的含量差别不大，所不同的是，各色烧蓝颜料中的着色剂Cr_2O_3、CuO、FeO、CoO等的含量各不相同，紫色颜料中的着色剂为Cr_2O_3、MnO；绿色颜料中的着色剂为Cr_2O_3、CuO；蓝色颜料中的着色剂为CuO、FeO、CoO；在深浅不同的深蓝、湖蓝、天蓝颜料中CuO的含量随着颜色的加深而增加。

3. 颜料的制备

原色点蓝颜料的制备要经过研磨、过筛、淘洗、调制四个步骤。首先将块状颜料用研磨机或研钵碾成粉末，再用80目筛子筛选，这是因为在烧蓝中颜料的分散度对点蓝的效果有很大的影响，小颗粒的颜料有利于均匀混合和高温下的固态反应。筛选后的颜料要用清水淘洗多遍，把浮在上面的浆色去掉，这是因为太细的颜料会使蓝釉无光泽并可能产生气泡。对于白色和靠地红色的颜料，最好用井水洗涤多次，因为井水中不含人工添加的化学元素（如 HClO 等）。点蓝前要根据图案颜色的需要混合调制颜色，目前点蓝的色板有 30 余种。

10.2.2 烧蓝制作工艺

银蓝的制作工艺分前期、中期和后期。前期包括黑胎检查、霉洗、酸洗、刷洗；中期包括点蓝、烧蓝；后期主要是检查，以排除惊蓝、崩蓝、溢蓝等情况。

1. 黑胎的检查与清洗

黑胎的检查是烧蓝的第一道工序，是对需要点蓝的花丝部位的焊接状况进行质量把关的工序。如有因焊接不牢而造成的花丝脱焊和纹饰走样等，应进行及时的修整和补焊。

烧蓝制作工艺中最大的特点是对样品的洁净度要求很高，在整个点蓝的过程中，产品上不能沾有污垢，更不容许用手触摸。因此，点蓝前的霉洗是十分重要的。霉洗工作主要是把饰件上的油渍及花丝焊接点上的氧化物去除。具体操作如下：将饰件浸入在20%的生硝（硝酸钠）溶液中片刻，取出，立即置于马弗炉中加热至500℃左右，而后放入25%~30%的硫酸中酸洗，最后再用清水反复洗涤。饰件表面的氧化物沾上硝酸钠溶液后，在高温灼烧下会发生分解反应，硫酸的酸洗可进一步促进氧化物的去除。对于小型饰件或平面饰件，上述霉洗过程反复2~3次即可；对大型银摆件、立体饰件以及花丝焊点较多的器物则需进行3~5遍。霉洗后的饰件需放入皂角水中用铜刷刷洗，再放入5%的稀硫酸溶液中浸泡片刻，最后用温水洗涤至 pH 为中性并烘干。霉洗后的黑胎产品通体洁白，甚为美观。

2. 点蓝与烧蓝

霉洗工作完成后即可点蓝。在首饰行业中有“点蓝、点翠一看就会”的说法。但是业内人士深知，点蓝表面看起来简单，实际是一门很见功力的技术。它不仅要求操作者有相当的美术功底，而且还要颇具耐心。

图 10-2　点蓝

每次点蓝前，单一基础颜料都要经过多次的清水洗涤，以去除表面浮色。用基础颜料配制出的复合颜料要先经过马弗炉烧结，而后与色板对比后方能使用。点蓝的工作环境要求干净整洁，点蓝时左手拿活，右手握蓝枪，将颜料均匀地填满在掐制好的花丝图案中（图 10-2），用棉花将溢出的水吸去。为了使点蓝的色彩具有感染力和表现力，点蓝艺人应具备一定的美学知识和色彩审美能力。对于花鸟纹样中需要颜色过渡的区域，点蓝的要领是由浅色向深色过渡，润色要均匀，色彩过渡要自然。相对简单的烧蓝产品，点银蓝时可一次将所有的颜色点入花丝边框中。如果是瓷蓝和银蓝相结合的产品，则须先点瓷蓝，将其烧成釉彩后再点银蓝。点蓝工序全部完成后，待蓝料略干（以表面没有水为佳）即可开始烧蓝。值得注意的是，为了防止崩蓝、惊蓝的出现，在点蓝过程中不能用手触摸颜料，半成品应平放或悬挂在铁架上。

烧蓝的温度一般在 700～720℃，如果是大面积的花丝饰件，温度应低一些，烧结时间大约在 1～2min；对于大而厚的银饰件，烧结时间可在 2～3min。饰件要平放在马弗炉中，烧结中通过窥视镜观察（图 10-3），当釉料的颜色从乌色变成亮色时，烧蓝过程即告完成。经过高温烧结的银蓝，有时会出现气泡和局部坍陷、开裂的现象，称为“惊蓝”。对于惊蓝的部位还要二次填入颜料进行烧结，二次烧蓝的温度同第一次烧蓝温度相同，时间在 1 分钟左右。如果在烧蓝过程中釉料部分崩裂或脱落，称为“崩蓝”，如果出现“崩蓝”现象，需用浓度为 20%～30% 盐酸来溶解去除蓝釉，而后再重复霉洗、点蓝、烧蓝等工序。烧蓝后如银饰件纹样外溢出蓝浆的话，可用锉刀将其锉掉。

图 10-3　烧蓝

10.3 清代和现代金银器中的烧蓝工艺

我国的烧蓝制品以小型银摆件、银蓝戒指和手镯为主，在清代，点蓝银首饰以中下层妇女为对象，极为普遍[4]。一些制作精美的烧蓝器现珍藏在故宫博物院、承德避暑山庄中，其中有金烧蓝柄果刀和乾隆年间的银镀金烧蓝嵌宝石盖盂等烧蓝摆件。

10.3.1 清代金烧蓝巾环

椭圆形的清代金质烧蓝巾环，高 4.1cm，直径 5.0cm[5]。巾环的制作采用了花丝、錾刻、焊接、烧蓝等工艺（图版 110）。制作中首先在一块裁剪好的长方形金片的上下两端錾刻出乳钉纹状纹饰，然后将拔制的金丝每 4 根为一组搓成绳纹状，等距离平行焊接在金片之上，再将由两股花丝掐制成的缠枝花平填在绳纹之间，在花丝纹样处均匀地喷上硼砂水，用小药筛子将红焊药筛在喷洒过硼砂水的花丝纹样之上，而后焊接。待花丝纹样与金片焊接牢固后，在花纹周围的素片上用特制的打底錾錾出沙地，用以突出主题花纹，最后将金片两边对口焊接成环状。清代金烧蓝巾环的焊接点较多，有头遍的绳纹焊，二遍的花卉纹饰焊接、补焊、对口焊等，因此造成焊接点周围附着的金属氧化物较多，烧蓝前对这类器物要反复霉洗，直至焊药口的氧化物完全去除为止。

金质烧蓝巾环上的银蓝颜色有蓝色和浅蓝色两种。这件饰件上两种颜色过渡自然，烧蓝后没有气泡和溢出的蓝浆，黄色的底胎与蓝色的花卉相互呼应，十分和谐，的确是一件将花丝与烧蓝工艺完美结合的艺术珍品。该品现珍藏在故宫博物院中。

10.3.2 清代金烧蓝柄果刀

清代中晚期果刀的种类很多，有玉、象牙、鲨鱼皮、金等多种质地。金烧蓝柄果刀是一件实用器，刀背镌刻“乾隆年制”四字款，刀鞘为青金石镶铜饰，刀柄是洋金烧蓝柄，上饰有蓝、绿、白三色折枝花纹[6]。如果一件器物上需要点不同颜色银蓝的点蓝区域，则要先点深色再点浅色；如在一个点蓝区域内需点两种相近颜色且二者之间需要润色时，则要先点浅色再点深色。根据上述点蓝的规矩，可以认为，金烧蓝柄果刀的点蓝顺序应为蓝色、绿色、白色。

10.3.3 现代金银器中的烧蓝工艺

在现代金银器的制作中，有许多运用了烧蓝工艺的大型摆件和首饰套件，其中不乏国宝级精品，如北海九龙壁、天坛祈年殿、黄鹤楼等大型立体金银器摆件，它们的制作集各类细金工艺之长。在这些精品中，无论是九龙壁中颜色不同的巨龙，还是祈年殿上光彩夺目的琉璃瓦（图版111），或是黄鹤楼上的精美绝伦的飞檐斗拱，都是烧蓝工艺特有艺术效果的真实展现。

烧蓝工艺虽然只是花丝镶嵌制作中的一个辅助工种，但它以其精美的图案，绚丽的色彩，清新的风格，在众多细金制作工艺中独树一帜，为金银器的制作注入了无限的生命力。

注　释

[1]　杨伯达．古代金银器玻璃器珐琅器概述，中国美术全集10. 北京：文物出版社，1987.
[2][4]　田自秉，杨伯达．中国工艺美术史．台北：文津出版社，1992.
[3]　唐克美，李仓彦．金银细金工艺和景泰蓝．河南：大象出版社，2004.
[5]　故宫博物院．故宫博物院藏清代后妃首饰．北京：紫禁城出版社，1992.
[6]　故宫博物院．故宫珍品．北京：紫禁城出版社，2004.

第十一章　镶嵌在金银器上的宝玉石

11.1　概　　述

我国的宝石矿产约有46个矿种，100多个品种，现有宝石产地50余处，几乎遍及全国。宝石矿物是天然结晶的单质或化合物，多归属于自然元素、氧化物和含氧盐类。宝石矿物品种中有金刚石、蓝刚玉、红刚玉、白锆石、红锆石、海蓝宝石等。玉石在我国有着悠久的历史，主要品种有新疆的和田玉，湖北、陕西、安徽、青海等地的绿松石，河南的独山玉、密县玉，辽宁的岫玉，广东、西藏、湖北的孔雀石等[1]。

我国不仅是最早认识和开发利用宝石资源的国家，而且也是玉石雕刻的发源地。“玉不雕，不成器”，经过雕琢的宝玉石方能完美地展现出它的光彩。我国的玉石加工业历史悠久。近年来在红山文化、龙山文化、良渚文化及石家河文化等新石器时代的遗址中发现了大量的玉器。其中良渚文化玉器的品种繁多，加工工艺主要有开料、制坯、钻孔、刻纹、起凸、抛光、线切割等技术[2]。

近年来发掘的文物中出土了一批珍贵的玉石类器物。在长江中下游的大溪文化、崧泽文化和良渚文化等新石器时代遗址中，发现了较多的玉璜、玉璧、玉琮。1973年内蒙古翁牛特旗三星塔拉红山文化遗址出土的墨绿色玉龙高26cm，长21cm，龙体断面直径2.3～2.9cm，背有对穿之孔，外径0.95cm，内径0.3cm，可以悬挂[3]，该器是新石器时期的代表作之一。山西陶寺出土的夏时期的内圆外方的玉琮和玉铲、玉瑗，制作精细，已显示出很高的工艺水平。在河南安阳妇好墓出土的六百件玉石器中，有人像和各种动物雕刻品，其表现手法有深刻、浅刻、浮雕、立体雕及镂空。由此可推断，商代已具备了相当规模的琢玉作坊[4]。云南江川李家山47号墓出土了一套西汉时期的珠被，是用数以万计由金、玉、玛瑙、绿松石、玻璃制成管、珠、扣型的饰件，缝缀在一块长方形的白色帛布上而制成的。器物出土时帛布朽殁，珠宝散落[5]。从复原的珠被局部（图版112）可见，宝石光洁润滑，色彩鲜艳，雕琢精细。另外，从大量出土的嵌宝石类文物中可知，当时我国宝石原石的加工技术已达到了一定高度。

在出土的各朝代金银器中，有许多器物上镶嵌着不同质地的红宝石、蓝宝石、祖母绿、钻石、绿松石、翡翠、琥珀、水晶、玛瑙等。在现代的金银首饰和大型摆件中，镶嵌与其上的各类宝石占有十分重要的地位。常用的宝石有钻石、红蓝宝石、绿松石、珊瑚石、孔雀石、青金石、欧泊石、木变石、紫晶、祖母绿、玛瑙、猫眼、琥珀、珍珠等。

11.2　宝玉石的分类

11.2.1　绿松石

绿松石又称土耳其玉，是一种含水的铜铝磷酸盐 $CuAl_6(PO_4)_4(OH)_6 \cdot 5H_2O$，三斜晶系，通常呈隐晶质块状，蜡状光泽，是含铜地表水溶液与含铝、磷的岩石作用的产物，贝壳状断口。我国盛产松石，松石分为瓷松、铁线松、面松，主要产自湖北、陕西、河南。绿松石以天蓝色和湖蓝色为上品，质地坚硬、纯净，光滑如瓷，故称瓷松。绿松石的硬度分为 3 级，最硬的为瓷松，硬度 5.3 ~6；硬度介于 4.5 ~5 的苹果绿、黄绿色松石也称硬绿松石或铁线松；硬度在 3 ~4.5 的松石为面松，此类石呈淡蓝色和月白色，色泽诲暗，多为风化失水，一部分铜被铁置换而脱色所致。出土金银器上镶嵌的绿松石，因常年风化致使颜色多呈淡蓝色和月白色。

绿松石在元代称为襄阳甸子，亦称荆州石，清代始称绿松石[6]。出土的镶嵌绿松石的青铜器、铁器和金银器屡见不鲜。有河南郑州大河村仰韶文化遗址出土的两枚绿松石鱼形饰物[7]；山东临朐朱封龙山文化晚期墓葬出土的绿松石耳坠；河南妇好墓出土的通体镶嵌绿松石的铜虎；1977 年在河南省安阳殷墟五号墓发掘出绿松石石蝉[8]，陕西省宝鸡益门 2 号墓出土的金柄上镶嵌有数粒绿松石的春秋时期嵌石金柄铁剑（图版 113），云南省李家山 24 墓出土的有绿松石 300 余片的镶石舞人圆形铜扣饰（图版 114），耶律羽之墓（图版 115）和吐尔基山出土的镶嵌绿松石的摩羯形金耳坠等。

11.2.2　玛瑙

玛瑙是一种具有同心缟状或平行条带状结构的玉髓，属石英类矿物，由二氧化硅和少量的着色元素组成。玛瑙多产于火山熔岩气孔和其他岩石的次生裂隙洞穴中。我国的玛瑙资源十分丰富，黑龙江的逊克县、辽宁的凌源县、云南的宝山县以及新疆、宁夏等地的玛瑙矿产丰富，有红、黄、白、紫、绿等多色玉髓。玛瑙的种类繁多，按花纹和颜色可分为：富有缠丝纹理的蓝玛瑙；具有带状结构的红玛瑙（红玛瑙也称赤玉，是玛瑙中的珍品）；有红、白色缟丝相间的缠丝玛瑙；黑、白带相间呈平行层状的缟丝玛瑙及苔丝玛瑙、云雾玛瑙等，素有“千样玛瑙万种玉”之说。玛瑙作为艺术品在我国已有上千年的历史，出土玉质类文物中有许多以玛瑙为主的饰品，如商代殷墟出土的红玛瑙管形珠，内蒙古赤峰夏家店出土的夏商时期玛瑙珠管，云南晋宁石寨山出土西汉时期的玛瑙珠管，辽代耶律羽之墓出土的红玛瑙水晶璎珞（图版 116）和吐尔基山出土的金镶玛瑙饰件等。近年来我国流行佩戴纯玛瑙首饰，其形状以串珠形项链和戒指居多。

11.2.3　翡翠

翡翠也称为硬玉，为辉石族中的一种，成致密块状，质地坚韧，化学式为 $Na(Al, Fe)Si_2O_6$，硬度 6.5～7，是玉石中的珍贵品种。翡翠有绿、红、紫、白、黑、棕红等多种色彩，红色称翡，绿色为翠。翡翠以纯正均净、颜色浓艳翠绿，质地细腻、湿润透明者为上品。民间将各色翡翠分别称为宝石绿、艳绿、黄杨绿、阳俏绿、玻璃绿、瓜皮绿、菠菜绿、灰绿。翡翠自古以来深受东方人民的喜爱，在国际宝石市场上被誉为“东方宝石”，也被誉为“玉中之王，宝中之宝”。翡翠产于我国的云南、西藏等地，主要由硬玉组成。根据成分的不同，可将翡翠分为硬玉分子含量大于 80% 以上的纯翡翠，由硬玉、透辉石、锥辉石组成的透辉石翡翠以及暗绿玉等几大类。翡翠分为透明（玻璃光泽）与不透明（油脂光泽）两种，多呈微粒状硬玉集晶体，在电子显微镜下观察可见独特的毡状结构。以翡翠雕刻的饰件有玉镯、朝珠、发簪等，出土金银器中镶嵌翡翠的饰件以明清时期为多。故宫珍藏的以翡翠来装饰的御用金银器和后妃首饰，有翡翠竹节饰佩、翡翠镯子、翡翠十八子手串、金嵌珍珠宝石帽顶（图版 117）、金镶翠耳坠、银镀金翠秋叶耳坠等。

11.2.4　琥珀

琥珀是一种多成分有机树脂混合物，化学式为 $C_{10}H_{16}O$，非晶质体，树脂光泽，贝壳状断口，多呈水滴状、瘤状等，硬度 2.5～3，熔点低，色蜡黄至红褐，有金珀和血珀之分，金珀是指金黄色琥珀，血珀则为褐红色琥珀。无暇透明的琥珀属高档玉石，尤其以完整的包裹了昆虫和植物者为上品。琥珀是由成百上千万年前的松树凝胶状分泌物经长期掩埋失去挥发组分，氧化固结而成。我国的辽宁省抚顺煤田以盛产琥珀闻名，此地产琥珀煤层的时代层位属新生代下第三系抚顺群古城子组，含有丰富的昆虫化石、蜘蛛和植物化石，形态优美，栩栩如生。其中保存完整的琥珀昆虫具有显著的地方色彩，为世界上珍贵的化石资料[9]。我国古代视琥珀为珍品，以色浓、色正、无杂质，包裹有昆虫为上品。在不同时期出土的辽代文物中就有琥珀类文物，其中陈国公主墓中出土了不同形态的琥珀佩件，包括瓶形、荷叶双雁、蚕蛹形、龙纹、鱼形、鸿雁形琥珀佩件

(图版 118)，琥珀珍珠头饰，琥珀珍珠耳坠等。

11.2.5　珍珠

珍珠也称为“真珠”，是软体动物（主要是水贝类）内部侵入的异物，在一定外界条件刺激下，所分泌并形成与贝壳珍珠层相似的颗粒状物质，具有明亮艳丽的光泽。珍珠多为球状形态，呈半透明状，有银白色、粉红色、黄色、蓝色、黑色等，其化学组分为 $CaCO_3$。从古文献《战国策· 楚策四》、《文昌杂录》等记载中可知，我国是最早发现珍珠和人工养殖珍珠的国家。我国著名的杭州西湖中至今还产天然珍珠。珍珠的产量也分大年与小年。珍珠以它无需雕琢、结实凝重、晶莹绚丽、圆润光泽的特点被誉为宝石皇后，可与其他宝石相媲美，将其点缀在金银首饰上更增加了它的魅力（图版 119）。清代后妃首饰中的金镶东珠耳环、点翠串珠流苏等饰件上均镶嵌有珍珠，具有代表性的镶有珍珠的文物是慈禧太后的珠冠，其上最大的一颗珍珠重达 125g。

11.2.6　红蓝宝石

红宝石与蓝宝石都是刚玉种，属三方晶系，硬度为 9，化学式为 Al_2O_3，由于红、蓝宝石在晶体化学键上具有离子键向共价键过渡的性质，从而表现出许多共价键化合物的特征，如高熔点、高硬度和较高的化学稳定性。红宝石中的着色剂是三氧化二铬（Cr_2O_3），红宝石中含有 0.1%~3% 的 Cr_2O_3 时，呈粉红和深红色；含有 2% 的 Cr_2O_3 时产生十分名贵的鸽血红；红宝石以外的宝石级的不同颜色刚玉均泛指为蓝宝石。这类宝石一般的呈色与过渡元素有关，黄色含 Ni，绿色含有 Fe^{3+} 和 Cr^{3+}，蓝色含有 Fe 和 Ti，翠绿色含有 V，紫色含有 V 或 Cr^{3+}，褐色含有 Mn 和 Fe^{3+}[10]。明清后镶嵌着红蓝宝石的金银器十分盛行，明定陵出土的金银器中就有大量镶嵌红蓝宝石的戒指和凤冠，其中明神宗孝靖王皇后的凤冠上镶嵌着近百颗随形红、蓝宝石。在故宫博物院内珍藏的大量后妃首饰中，许多闷镶、爪镶、落爪戒指和金银钗簪上都镶嵌着红蓝宝石（图版 120）。

11.2.7　祖母绿

祖母绿一名来源于波斯语，古希腊人称之为“发光的宝石”，其化学分子式为 $Be_3Al_2Si_6O_{18}$。矿物中一部分铝被镁替换，含有微量元素 V、Cr、Ni、Bi、Mn、Sc。颜色以绿色为主，有时呈浓绿色。因过渡元素离子（Cr^{3+}）的晶体分裂效应所致，中等绿色氧化铬含量0.15%～0.2%，深绿色可达0.5%～0.6%，一般铬的含量大于铁。祖母绿按颜色、透明度、光泽、纯度、缺陷程度划等级。祖母绿主要产于南美地台早白垩世碳质石灰岩、页岩中方解石脉和黄铁矿钠长石脉中的远成热液矿床。祖母绿多呈鲜艳深绿色的不均匀斑状浸染体，富集于白云母-方解石脉或堆积于石灰岩、页岩洞穴中。伴生矿有方解石、白云母、黄铁矿、石英、钠长石、重晶石、针铁矿。祖母绿柱状晶体平均长2～3cm，有的达10～15cm。以哥伦比亚的木佐矿最著名，世界上最优质的祖母绿都来自那里。

11.2.8　猫眼

猫眼石是一种密黄-褐黄色金绿宝石矿物，化学式为 $BeAl_2O_4$。因宝石呈奇特的猫眼效应而得名。猫眼常见于老变质岩中的花岗伟晶岩、蚀变细晶岩、接触交代岩石中，常与绿柱石、长石、石英、云母共生。因此，天然猫眼中常常含有云母、石英等固态包体。猫眼石化学性能稳定，耐磨损。在现代首饰制作业中，猫眼石常作为戒面镶嵌在戒指上。

11.3　宝玉石的鉴定

宝玉石都具有各自独特的化学成分和晶体结构。对宝玉石的鉴定一般从颜色、光泽、硬度、比重、折射度、成分、结构等方面进行。

宝石的颜色不仅是它主要的物理属性，而且也是鉴别品级的重要表征。像祖母绿、红蓝宝石等贵重宝石都有其特征颜色，因此宝石颜色的纯正均匀是划分宝石价值的重要指标之一。国际上对宝石颜色的定级有颜色分级板，民间对宝石的颜色的评价多以浓、阳、正、和来表示，浓是指宝石颜色宜浓不宜淡，阳指颜色必须艳丽，正是指颜色纯正，和则是指颜色匀净[11]。古人对纯正的颜色有如下描述：白如截肪，绿若翠羽，黄侔蒸梨，赤如鸡冠，黑如纯漆。

宝石表面对光的反射能力称为光泽。光泽也是鉴定宝石的重要指标之一，宝石的光泽可分为金刚光泽、脂肪光泽、蜡状光泽、玻璃光泽、丝绢光泽五大类。对于钻石、水晶等宝石通过光泽区分等级。

11.3.1　硬度

硬度是宝石的重要特性，也是区分宝石档次、等级的标准，珠宝行业中常用摩氏硬度这种划痕硬度来测试宝石的硬度，不同质地的宝石硬度均有差异，但大部分宝石的摩氏硬度在4级以上。现今许多金银器制作者都配备有一件测量宝石硬度的硬度笔。

11.3.2 比重法

比重法是区别天然宝石与塑料仿制品的极为有效的方法。常用的比重法有天平法、比重瓶法和利用不同比重的重液与宝石比重相对比的重液法。

11.3.3 仪器分析

随着社会的进步和科学技术的发展，在宝石鉴定中也应用了红外光谱仪、激光拉曼仪、X射线荧光光谱仪扫描电镜等精密分析仪器。

1. 红外反射吸收光谱法

红外反射吸收光谱法的理论是20世纪50年代由Francis、Ellison和Greenler等人建立[12]。80年代被广泛地应用在宝石的检测领域中，在鉴定真伪宝石上起到了应有的作用并解决了一些疑难问题。红外光谱仪主要是测定物质对红外线吸收作用，特别是有机物、碳氢化合物、水等在宝石中状态的分析。如天然祖母绿主要是热液作用形成的，其晶粒中必然有水分子存在，它的红外光谱为3600cm^{-1}，熔融法合成的祖母绿不含水，在3600cm^{-1}处无吸收峰，从而可以鉴别。天然和合成水晶用常规的方法难以鉴别，但在红外光谱下，合成水晶显示3540cm^{-1}带，大多数天然水晶则没有这一谱带。除此之外，对在一些宝石中注入聚合物等物质的作假行为，在红外光谱仪中也可清楚地检出[13]。

2. 拉曼光谱

拉曼光谱同红外光谱一样，也是一种非破坏性的振动光谱。该光谱早在1928年就已被发现，但限于无高强度的单色光源而长期未得发展。20世纪60年代激光光源促其成为实用方法。激光拉曼可研究分子结构和定量分析复杂的化合物，在宝石学中可以区分晶质和非晶质钻石、翡翠的真伪。

3. X射线荧光光谱

X射线荧光光谱分析仪是近年来应用在宝石鉴定领域中的常规分析仪器，它可对各类宝石的成分进行无损分析。

4. 扫描电子显微镜

扫描电子显微镜是借助电子束在宝石表面扫描获得信息进行微区形貌观察和波、能谱元素成分分析的一台仪器。它可分析宝石中各种元素沿线及面上的分布特征及其与各种颜色的关系。尤其是在宝石包体研究中，对一些宝石包裹体的形貌既可进行微区观察，也可以对局部成分进行分析，为宝石的研究与鉴定提供科学的信息。

注 释

[1][7] 罗益清．宝石与宝石矿．北京：地质出版社，1995.

[2] 故宫博物院．故宫藏玉．北京：紫禁城出版社，1996.

[3] 中国历史博物馆编．简明中国文物辞典．福州：福建人民出版社，1991.

[4] 中国历史博物馆编．中国古代史参考图录（奴隶社会）．上海：上海教育出版社，1987.

[5] 中国国家博物馆．云南省文化厅．云南文明之光：滇王国文物精品集．北京：中国社会科学出版社，2003.

[6] 张光曾．古玩宝石首饰的欣赏与鉴别．北京：中国物质出版社，1993.

[8][9][10] 王福泉．宝石通论．北京：科学出版社，1985.

[11][13] 邓燕华等．宝玉石快速鉴定．北京：中国书籍出版社，1995.

[12] 顾睿祥等．现代物理研究方法及其在腐蚀科学中的应用．北京：化学工业出版社，1990.

第十二章　金银器表面处理工艺

镀金工艺是近代金属饰品表面处理的主要方法之一，已经逐渐替代了传统的火镀金法（鎏金）。现代金银器表面常用的电化学镀有镀金、镀银、镀铑、镀铜、彩色镀等。

电镀工艺已有100多年的历史。在银、铜及其合金制品的表面处理中，由于电镀工艺镀层的金属纯度高、厚度分布均匀，可以使表面镀层与饰件基体结合紧密，并可提高饰件的耐磨性、耐腐蚀性、耐氧化性能和表面光洁度；还可以通过改变颜色使镀层外表美观，光泽自然，合金色调多样。因此这种工艺被广泛地应用在贵金属首饰和艺术品的表面处理中。

随着电镀工艺发展的不断完善和人们审美观念的改变，以金基合金材料为主的彩色电镀产品日益被广大消费者所青睐。

贵金属首饰电镀分本色电镀和异色电镀两种。本色电镀是指电镀颜色与首饰金属基材的颜色相同，例如18K金首饰镀18K金色。异色电镀则指电镀的颜色及成分与首饰金属基材的颜色和成分不相同，例如18K金首饰镀24K黄金色或镀铑白色金等。

在贵金属饰品表面处理中，除了通过电解实现电镀外，还有在无外加电流的情况下，借助还原剂使镀液中的金属离子还原成为金属并沉积在饰物表面的化学镀和倭盐镀等方法。

12.1　金银饰件镀前表面处理

金、银及合金器皿与饰件在电镀前的表面状态和清洁程度是能否获得优良镀层的重要因素。各类细金的饰品在制作中表面不可避免地会黏附一些油污和金属氧化物，例如：金银饰件经多次高温组合焊接后焊接处产生的大量氧化皮，经过錾刻的摆件上附着的胶油等。如果不去除这些油渍和氧化皮，将会直接影响镀层与镀件的附着力，使镀层发生脱皮、鼓泡、麻点、花斑等现象，还会污染电解液。为了保证镀层质量，器物电镀前必须要经过除油、酸洗、抛光等工序。首饰产品上油垢的去除方法有：手工除油、超声波除油、电化学除油、化学除油、机械除油。

12.1.1 手工除油

皂角和有机溶剂是手工除去饰件上油渍的除油剂。

1. 皂角水

皂角水是饰件电镀前除油的首选材料。皂角（图 12-1）中的主要成分是皂角苷，它是植物界分布很广的一类结构复杂的糖苷。大多数皂角苷是淡黄色无定形粉末，我国中药材中的远志、桔梗、甘草的根茎部均含有皂角苷。皂角苷也称为皂素，可溶于水、甲醇和热的稀乙醇溶液中，不溶于其他有机溶剂。其水溶液具有持续产生肥皂泡沫的功能，并显示出保护性胶体的性质。皂角在工业上被广泛地用作洗涤剂、乳化剂、发泡剂的原料。在细金工艺中，皂角常用作于清洗表面油渍和压亮工序中（图 12-2）。

图 12-1 皂角

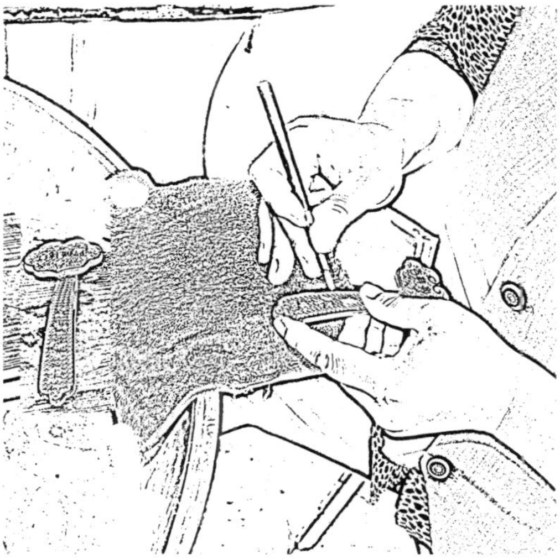

图 12-2 电镀前压亮

2. 有机溶剂

饰件除油常用的有机溶剂有丙酮、乙醇、汽油、乙醚、四氯化碳等，去油时用毛刷或棉纱蘸有机溶剂擦除器物表面的油渍。

12.1.2 超声波除油

超声波除油是利用超声波振荡的机械力，使得脱脂溶液中产生数以万计的小气泡，这些小气泡在形成生长和闭合时产生强大振荡力，可使饰件表面沾附的油脂污垢迅速脱离，从而加速脱脂过程，使脱脂更彻底。超声波除油法对于处理形状复杂，有微孔、盲孔、窄缝以及脱脂要求高的器物十分有效，主要适用于器型复杂的金银饰品。在超声波除油中，温度与脱脂液的浓度要适中，因为温度和浓度过高都会阻碍超声波的传播，降低脱脂能力。为使材料的凹陷处也能得到良好的脱脂效果，最好使器物在槽内旋转，以便各部位都能受到超声波的辐射。

12.1.3　化学除油

化学除油是利用碱性溶液对油脂的皂化和乳化作用来去除油脂，在碱性溶液中加入表面活性剂以消除非皂化性油脂。金银首饰镀前的化学除油主要采用碱性溶液除油。一般将溶液加热至50～80℃时去油效果较好。

12.1.4　电化学除油

为了加快除油速度，提高除油质量，可采用电化学除油法。将饰件挂在碱性电解液的阴极上，利用电解时电极极化作用产生的大量气泡将油污除去。电化学除油分为阴极除油、阳极除油和阴阳级交替除油多种。电极的极化作用能降低溶液界面的表面张力，电极上所析出的氢气泡和氧气泡对油膜有强烈的撕裂作用，也对溶液有机械搅拌作用，从而促使油膜迅速地从饰件表面上脱落转变为细小的油珠，加速了除油过程。电化学除油的效果远远超过化学除油，可以获得近乎彻底清除的良好除油效果。

在电解除油中，提高电流密度可以相应的提高除油速度，并改善深孔除油质量。但电流密度与除油速度并不是永远成正比，电流密度过高会使槽电压增高，形成大量碱雾，它不仅污染空气，还可能腐蚀合金饰品。除油常用的电流密度为5～10A/dm^2，提高温度可以降低溶液的电阻，通常电化学除油的电解液温度为60～80℃。

电化学除油的电解液有碱性和酸性两种。首饰电镀前电化学除油采用碱性电解液，其溶液由氢氧化钠（20～30g/L）、碳酸钠（10～15g/L）、磷酸三钠（70～80g/L）、硅酸钠（5～10g/L）组成。该电解除油液无色透明，可以长期保存。

12.1.5　镀前氧化皮的去除

电镀时金属氧化物的存在会影响电镀层与基体金属的结合。工业中常用的除锈方法包括机械法、化学法、电化学法。根据金银饰品制作材料、制作工艺的不同，贵金属饰品镀前氧化皮的去除可选用酸洗或碱洗的方法，具体除锈手段视器物而定。

（1）碱洗除氧化物的方法，适合于银烧蓝饰件和花丝产品中焊接区域较多的制品。因为银蓝的各种颜料是以金属氧化物为主的物质，镀前表面处理时不能采用酸洗。而花丝饰品焊接时使用的红焊药、黄焊药的主要元素为银、铜、锌，如对在高温焊接时焊药产生的氧化物进行酸洗除锈将会导致锌、铜元素流失而造成焊接处开裂。对于银烧蓝花丝产品和花丝饰件表面氧化物的处理方法是，将其浸泡于50～60℃的3%～4%的氰化钾溶液中，先去除氧化皮，再用皂角水轻轻刷洗。

（2）除烧银蓝和花丝产品外，其他饰件均用稀硫酸或杏干水去除表面氧化皮。

12.2　贵金属饰品电镀方法

金属电镀是利用直流电从电解液中析出金属，并在金属或合金饰件表面上沉积一薄层均匀、致密、结合力良好的其他金属或合金的方法。电镀时，金属饰品作为阴极，所镀金属或合金作为阳极，也可采用石墨、不锈钢等不溶性材料作为阳极。将被镀件浸入含有镀层成分的电镀液中，通入直流电后，相应的金属就在阴极上析出，形成镀层。镀层多为单一金属，也有合金镀层。镀层的性能与阴极电流密度、电解液的种类和浓度、温度等电解条件有密切的关系。

细金产品的贵金属饰品款式多样、制作繁缛，一些造型复杂的首饰对镀层有着特殊的要求。为了充分展示金银饰品的工艺美术效果，电镀时要采用换相镀、浸镀、化学镀、接触镀、刷镀、花镀等不同的工艺。

12.2.1　电化学抛光

电化学抛光也称换相镀，适用于金、银饰件中微小、不平区域的加工，具体用于银花丝首饰上基体与焊接点的微小凹凸处的抛光。首饰行业中银饰件的电化学抛光溶液采用碱性氰化银钾，抛光时银为阳极，在阳极极化曲线区域Ⅱ的电势—电流范围内，使银器表面由于部分溶解而得到微观上的平整。在首饰行业中，将电化学抛光应用在金银器表面处理的技术被称之为换相镀。电化学抛光中通过调节换相电流，可以控制结晶的成长时间，使之不能长得很粗大，同时还可以溶解镀层上的凸起部位，使阴极在短时间处于阳极地位，能促使得到光亮细致的镀层，具有整平的作用。在银饰件表面处理中，电化学抛光技术除了进行抛光外，也经常应用在换相镀银中，通过换相镀银可达到光亮镀银的效果。换相镀的整流器有自动换相功能，通过继电器的电子计时器设计阴、阳级换相时间，使阴极变为阳极，阳极变为阴极。镀银时阳极是银板，阴极是饰件；抛光时阳极是饰件，阴极是银板。光亮镀银时，电镀时间长，抛光时间短，例如，电镀一分钟上一层银，抛光5秒钟下少量银，反复多次产生光亮，光亮镀银同样适用于花丝产品。

12.2.2　化学镀

化学镀也称非电解镀，是一种不用电能，不需外接电源的镀金、镀银方法。金属盐溶液中的金属离子，通过氧化还原或置换反应，由电化学离子作用完成，析出的金属覆盖在被处理器物表面形成镀层。化学镀金、镀银有浸镀法（置换镀）、接触法和添加还原剂的化学还原法等。

化学镀适合于形状复杂的小件饰品。一些金银器的表面处理中常常运用化学镀中的浸镀法和接触镀，俗称“汤镀”和“倭盐镀”。所要注意的是化学镀的镀液浓度要高于电化学镀的镀液浓度。

1. 浸镀法

浸镀也称之汤镀，通过化学置换反应，使活泼金属溶解，不活泼金属析出。例如将铜饰件浸泡在含有银或金的溶液中，铜发生溶解，产生铜离子进入溶液中并放出电子，银（金）离子获得电子在铜饰件上还原沉淀而生成银（金）镀层。浸镀中的置换沉淀反应速度较快、镀层薄。汤镀方法主要应用在铜镀银、铜镀金的饰件上，尤其对一些需要光亮镀厚银的器物，直接在铜的表面电镀厚银容易产生气泡，影响镀银质量。因此，在光亮镀银之前通过浸镀的化学方法先在铜器上薄薄地镀上一层银，再通过电镀镀厚银。除此之外，化学浸镀法经常用于各种镀件的预镀处理。

2. 接触镀

在首饰行业中接触镀也称倭盐镀，它的工作原理同浸镀法基本相同，只是浸镀是两种金属参加反应，而接触镀是三种金属。利用金属之间的电位差进行接触镀，在接触镀中将负电性铜饰件浸在含有银（金）的溶液中，通过置换反应，使铜饰件表面覆盖一层银（金）；当铜饰件表面不再沉积银（金）时，将比铜电负性低的第三种金属锌与镀了一层银（金）的铜金属直接接触，此时，锌溶解放出电子，镀液中的银（金）不仅在锌上沉淀，而且继续在铜饰件上反应沉淀出更厚的银（金）层。由于倭盐镀是三种金属参与反应，因此可以在被镀器物上镀出较厚的镀层。倭盐镀包括铜镀银、铜镀金、银镀金，此法适应于器型复杂、焊点较多、无法挂件和铜镀银烧蓝产品。例如原北京花丝镶嵌厂制作的镀金花丝银鱼就采用了接触法镀金。花丝银鱼长4～5cm，由头、身、尾三部分组成，其中鱼身分为三至四段。银鱼的制作以花丝、焊接为主，组装时各部位由银丝串连叠压而成。花丝银鱼饰件小、焊点多，局部需要烧蓝点缀，各段叠加因而造型复杂，其特点适于接触镀。接触镀时将锌片铺在器皿的底部，将银鱼放在锌片之上，加入氰化金钾溶液并不断搅拌，几分钟后，一条条白色小银鱼在镀液内都变成了可爱的小金鱼。

12.2.3　刷镀

刷镀技术源于电镀技术，是具有特色的实用技术，电刷镀工艺的开发已有100多年的历史，应用在首饰行业中也有30余年。在其他领域中，刷镀工艺偏重于工件的修复和小零件的表面处理。而在金银器物上，刷镀除了对一些镀件的局部修复外，主要应用在大型佛像、摆件的表面处理。刷镀的过程实际上是氧化还原的过程，由于溶液中不存在自由电子，得失电子的反应只能在电极和溶液的相界面上发生，所以与一般氧化还原反应相比，它有两个主要特征：一是分区；二是可以向电极和溶液系统提供外加电能来控制氧化还原速度[1]。

刷镀过程与电镀大致相同，区别在于电解阳极常用不溶性金属或石墨电极。刷镀的优点是：设备简单，无需电镀槽，刷镀层与基体结合牢固。

刷镀的主要工具是刷镀笔，它由导电柄和阳极组成。由于金银饰品形状各异，因此用在此类器物上的刷镀笔头均为自制，根据所镀器物的形状来制作各种阳极刷镀笔，刷镀笔有直棍、凹形、圆形、凸面等多种形状。刷度笔制作完毕后，裹上脱脂棉花，棉花外再裹上一层丙纶套。

刷镀液中的金属离子浓度一般比槽镀液的浓度高，刷镀金的溶液是呈碱性的氰化物，金以氰化金钾的形式加入，35～40g/L。刷镀时，镀活为阴极，刷镀笔作为阳极，蘸着镀液进行刷镀。刷镀时，电流密度、金液浓度和刷镀运动速度的控制是保证镀层质量的重要因素。刷镀金配方及工作条件见（表12-1）。

表12-1　刷镀金配方及工作条件

组成及条件	装饰镀金银
金（以氰化银钾形式加入）/（g/L）	35～40
氰化钾/（g/L）	30～50
温度/℃	50～55
pH值	7～7.4
电导率/（$m\Omega^{-1}\cdot cm^{-1}$）	47
阳极材料	石墨或铂—铱合金
阴极	饰件
工作电压/V	3～5
阴阳级相对运动时间	6μm/min

由于刷镀工艺不是在固定的槽中进行，而是在由阳极和被镀物组成的活动微型电解槽中进行，因此该镀法适应于现场施工。相匹配的设备有：便携式刷镀电源、阳极镀笔、工业供液泵等。

刷镀工艺不受场地、镀槽等的局限，因此也适合于文物修复、局部镀金和大型器物的整体镀金。故宫博物院的大宝鼎、海南省三亚观音佛像等大型文物的表面镀金就采了刷镀技术。

12.2.4　花镀

花镀是贵金属饰品中一种独特的表现手法，主要应用在银、铜器物的表面处理中。在我国唐代出土的银器中就有局部鎏金的金花银器。虽然古代银器上的金色纹样是鎏金形成的，而现代银器上的花纹是镀金所致，但它们所达到的艺术效果是相同的。

一件银器花镀时，首先在无需镀金的部位用毛笔涂敷指甲油、硝基清漆等不导电物质，自然烘干，镀金后用烯料去除指甲油露出银底。

12.3　贵金属电镀的应用

贵金属电镀工艺广泛地应用在通讯设备、航天工业、精密仪器等许多方面。在贵金属首饰领域中应用最多的是镀金、镀银、镀铑工艺。

12.3.1　镀金

镀金溶液的配方有许多种，但主要以氰化物镀金、柠檬酸盐酸性镀金、亚硫酸盐碱性镀金为主。其中氰化物镀金液又分高氰镀和低氰镀两种。高氰镀金液中 pH 在 9 以上的称为碱性氰化物镀金液，pH 在 6 ~9 的称为中性及弱碱性氰化物镀金液；低氰酸性镀金液的 pH 在 3 ~6，这种镀金多为柠檬酸盐镀金液。由于环境保护的原因，现代普遍采用低污染的亚硫酸盐制作无氰镀金液。在首饰镀金中采用的是氰化金钾镀金液和柠檬酸盐镀金液。鉴于首饰行业特殊的工艺制作程序和对镀层的不同要求，所用电镀液均为自行配制。

氰化金钾镀液配制反应式如下：

$$Au + 3HCl + HNO_3 = AuCl_3 + NO + 2H_2O \qquad (1)$$

$$AuCl_3 + NH_4OH \longrightarrow Au_2O + NH_4Cl + H_2O + O_2 \qquad (2)$$

$$Au_2O + 4KCN + H_2O = 2KAu(CN)_2 + 2KOH \qquad (3)$$

①金溶于王水生成三氯化金，②三氯化金加入氢氧化铵溶液中生成氧化亚金沉淀，③在饱和的氰化钾中加热氧化亚金，即得氰化金钾溶液。

由于在氰化物镀液中氰化金钾的溶解度比氰化金钠高，在电镀时对杂质金属的敏感性小，不会在阳极表面形成氰化金钠覆盖层，引起阳级钝化，因此，金通常以氰化金钾络盐的形式存在于镀液中。碱性氰化金钾法镀金（银）层厚度和均镀能力良好，光泽度高，是首饰镀金（银）的首选方法（表 12-2）。

表 12-2　碱性氰化金钾镀金的工作条件与配方

组成及条件	装饰镀金	厚镀金
金（以氰化金钾形式加入）/（g/L）	22～29	117
氰化钾/（g/L）	20～30	20～30
温度/℃	50～55	50～55
pH 值	10 以上	10 以上
D_k/（A. dm^{-2}）	0.5～2	0.5～2
时间/s	20～30	20～30
阳极材料	Au99.99%	Au99.99%
阴极	饰件	饰件

在含有氰化金钾的镀液中，金以一价络合离子形式存在，金络离子解离平衡与电极反应如下：

$$Au(CN)_2^- = Au^+ + 2CN^-$$

阴极反应　$Au(CN)_2^- + e \rightarrow Au + 2CN^-$

阳极反应　$Au + 2CN^- \rightarrow Au(CN)_2^- + e$

在镀金的过程中，镀液中氰化金钾与氰化钾的含量、电流密度、温度、搅拌等因素均与镀层的质量密切相关。镀液中，氰化金钾是供给电解析出的主要金属离子盐，在电镀中要根据被镀饰件的器型及工艺要求来调整其浓度。氰化钾是溶液中主要的络合剂，它有稳定溶液性能和 pH 值、提高阴极极化和增强阴极表面活性、促进阳极正常溶解、细化金属结晶、掩蔽溶液中金属杂质等多种作用。氰化钾含量偏低时会使阳极溶解不好，偏高时会使镀液金含量增大。为了保持镀液的稳定性和溶液的导电能力，要经常对镀液中氰化物含量进行分析，并及时调整氰化钾浓度。

在电镀工艺相同的条件下，随着镀液温度的升高，溶液的电导率也会提高，可以减少针孔；但是，在提高温度的同时也会加速阴极反应速度和离子扩散速度，降低阴极极化作用，使镀层粗糙。实际电镀中，往往在升高温度的同时采用较大的电流密度，这样既可提高反应速度，又不降低镀层质量。

在电镀时提高电流密度在多数情况下有利于形成细晶粒镀层。但是，电流密度过

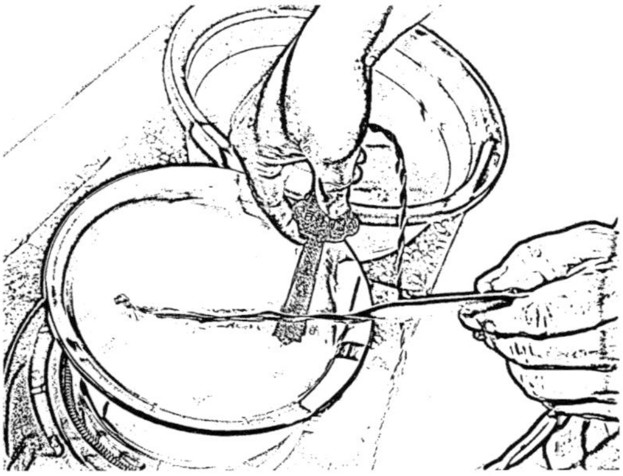

图 12-3　银镀金

高，会因浓差极化受到限制，在镀件特殊部位形成枝晶状镀层和海绵状疏松镀层。为提高电镀质量，在电流密度较高时，应适当加以搅拌。搅拌可以加速溶液的对流，补充电极表面镀液层的金属离子，还可以降低浓差极化，提高电流效率，消除橘皮状、条纹状镀层，得到致密细化的结晶镀层[2]。

在金银首饰的电镀和化学镀中，饰件通常挂在挂具上。一些体形较小或不规则的饰件则要放入不导电的镂空容器中，电镀时要不断摇动容器，以保证得到均匀的镀层（图 12-3）。

12.3.2　镀银

银镀液同样分为氰化镀银液和无氰镀银液两种。氰化镀银的历史已有一百多年，它的分散能力强，得到的镀层细腻。在首饰镀银工艺中多使用氰化镀银的方法，碱性氰化银钾镀银的工作条件与配方见表 12-3。无氰镀银的方法主要有硫代硫酸钠镀银和烟酸（维生素 B_5）镀银。

表 12-3　碱性氰化银钾镀银的工作条件与配方

组成及条件	装饰镀金银	光亮镀银
银（以氰化银钾形式加入）/（g/L）	9.2～36.9	55.3～64.5
氰化钾/（g/L）	30～50	120
温度/℃	50～55	50～55
pH 值	10 以上	10 以上
D_k/（A.dm^{-2}）	0.5～2	0.5～2
时间/s	20～30	20～30
阳极材料	Ag99.99%	Ag 99.99%
阴极	饰件	饰件

氰化镀银溶液中的主要成分是氰化银盐和游离的氰化物。首饰行业中氰化物镀银液的制备方法如下：将 99.99 电解银溶解在 1∶1 的硝酸中，加入氯化钠生成白色氯化银沉淀，热蒸馏水洗涤至中性，加入氰化钾，制成氰化银钾溶液，反应过程如下：

$$Ag + HNO_3 \rightarrow AgNO_3 + NO_2 \uparrow + H_2O \qquad (1)$$

$$AgNO_3 + NaCl = AgCl\downarrow + NaNO_3 \qquad (2)$$

$$AgCl + 2KCN = KAg(CN)_2 + KCl \qquad (3)$$

在镀液中氰化银钾是主盐，氰化钾是络合剂，氰化钾与银离子有很强的络合能力。为了保证镀银层结晶细腻，覆盖能力好，阳极不易钝化，银镀液中的游离 CN^- 含量应比 Ag^+ 含量高出 2～3 倍。

氰化银钾在溶液中离解平衡反应如下：

$$KAg(CN)_2 \rightarrow K^+ + [Ag(CN)_2]^-$$

$$[Ag(CN)_2]^- \rightarrow Ag^+ + 2CN^-$$

阴极反应：$[Ag(CN)_2]^- + e \rightarrow Ag + 2CN^-$

阳极反应：$Ag + 2CN^- \rightarrow Ag(CN)_2^- + e$

首饰中镀银饰件可分为两类，一种是铜或铜合金，另一种是银饰品。对于基体为铜或铜合金的器物，在其上面直接镀银会出现“接镀”现象，镀层结合力差。由于银的标准电极电位较正（0.81V），在氰化银镀液中容易析出，因此将基体直接浸入镀液中所析出的银层附着力较差，所以需要在铜或铜合金器物表面先预镀一层银。预镀银的方法有汞齐化法、浸银法、预镀铜和预镀银法。首饰中常用的是化学预镀和预镀银的方法。预镀银溶液中银含量较低，游离的 KCN 浓度较高。预镀时以较大的电流密度进行短时间的预镀，可获得附着力较好的一层薄薄的银。

基体为银的饰件又可根据工艺制作的不同分为两类。第一类是素活银饰或者是没有花丝、焊药较少的产品，这一类饰件如需镀银就可以直接镀银，不需要预镀银。第二类饰品包括以下几种类型：①器物造型复杂；②成色较低的 92.5% 以下银器；③焊药较多的银泡皮子；④低熔点焊药饰件；⑤装饰有花丝纹饰的银器。如果在这些器物上直接镀银，将严重地影响镀层效果，导致焊药接口处镀银失败，使成色较低或器型复杂的花丝银首饰整体颜色不统一。将这一类饰品的表层预镀一层银可统一基体颜色，为镀银打下良好的基础。

银在贵金属材料中属于容易氧化的金属，易与硫化氢、氧作用生成黑色的 Ag_2S、AgO。镀银后要进行防止银变色的表面处理，防止银变色的方法有：①在银层上再镀一层稳定性高、耐酸碱的铑层；②在镀银层上涂敷丙烯酸类的高分子材料。

12.3.3 铜镀铜

为了满足不同消费人群的需求，也有一些以铜及其合金为主体的饰件和大型摆件。它们的制作工艺也分为花丝、镶嵌、实镶等。这些器物全部需要进行镀银或镀金的表面处理。对于这类产品，要根据各自工艺的不同预镀铜。镀铜电解液的种类有硫酸盐酸性镀铜液，氰化物碱性镀铜液，焦磷酸盐镀铜液，柠檬酸—酒石酸盐镀铜液等。其中硫酸盐酸性镀铜液主要由硫酸铜和硫酸组成，硫酸铜提供铜离子，硫酸防止铜盐水解，以提高溶液导电能力，强化阴极极化作用。硫酸盐酸性镀铜液性质稳定，工作时无刺激性气体溢出，电流效率高，可获得较厚的涂层，但是均镀能力差。

在氰化物碱性镀铜液中，氰化亚铜是镀液中的主盐，铜的氰络合物中的铜以一价的形式存在。铜镀液的配制：在1升溶液（氰化钾30～40g/L）中铜以氰化亚铜形式加入18～36g/L。氰化镀铜镀层结晶细腻，均镀能力好，铜饰件上镀铜以氰化物碱性镀铜法为主，预镀铜工艺主要应用在有小焊焊药处和铜花丝焊药口的器物上，在这类铜器上镀金或镀银前一定要先镀铜。由于锡铅类焊药与金银结合不好，金银离子不容易附着在基体材料上，直接镀金或镀银较难；而铜和锡铅结合好，铜离子可紧密地附着在基体表面。因此通常在基体材料上先镀一层铜，再镀金银。

预镀铜工艺主要是为了改变铜器外观颜色、覆盖焊药口，为贵金属电镀打基础。素的铜饰件不需要预镀铜，可直接镀银或镀金。

12.3.4　装饰性合金电镀

随着人们对金银饰品审美观念的改变，金银二元合金、金银铜三元合金和多元合金材料的电镀工艺被广泛地应用在首饰行业中。1949年Leuser对Au-Ag-Cu合金的颜色进行了系统的研究，以他在Degussa公司实验室制作出的1089个合金为基础，公布了这些合金的颜色特性。研究表明，金在一定的条件下可与其他金属生产50种有限固溶的二元金集合金体，其中金银二元合金在任何条件下均为连续固溶体，金铜合金在一定的条件下也能生产二元合金连续晶态固溶体[3]。这些金及合金具有力学性能好、颜色多样的特点。首饰中常见的颜色有玫瑰金色、青金色、足金色、浅金色、9K金色等。根据金含量的不同，镀金液分为清金色（纯金）和混金色（Au-Ag-Cu三元合金）。金合金镀层光泽好、色调丰富、硬度高，在电镀金中占有特殊的地位。

金合金的镀液种类很多，呈现不同的颜色。配制金合金镀液时，可根据所需颜色，先配出两元或三元合金金牌。例如，配制玫瑰金色镀液，①要先精确称取玫瑰金色的主要元素37%铜、60%金、3%银，将其熔化成合金牌；②合金牌与细铜丝放入温度为80°～90℃的4%氰化钾溶液中，通电，工作电压5～6V，阳极溶解，铜、银、金分别与氰化钾反应生成相应的络合物。也可以按金、银、铜的比例直接在溶液中分别加入氰化金钾、氰化银钾、碱式碳酸铜来配制电镀液。

在合金电镀时，如果镀件量少，则阳极为石墨，阴极是产品；如是大批量的镀件，阳极则应改换成合金金牌。

12.4　贵金属电镀后处理

一件饰件电镀后应进行如下后处理工作：

① 检查

检查镀层光亮度。

② 清洗

电镀后的饰件，因残留有少量镀液，应及时用清水冲洗。对于酸性残留液可用碱性溶液中和后再用清水清洗干净。

③ 干燥

冲洗过的饰件，由于表面干燥不均匀，易产生水渍，影响镀层外观，因此要用干净的软布擦拭或放入红外干燥箱中烘干。

④ 防止镀层变色

对于一些在空气中易变色的镀层（如银与空气中的硫化氢反应生成黑色的硫化银，铜与空气中的二氧化碳反应生成碱式碳酸铜），可在镀模上涂敷一层丙烯酸树脂或氟碳材料，也可以在镀层表面再镀一层化学性能更稳定的金属。

12.5　金银表面镀层质量的检测

对于金银首饰表面镀层的厚度、耐候性能、孔隙率和结合强度等技术指标的质量检测，国家和轻工业部门分别制定了相应的国家标准和行业标准。

12.5.1　厚度测定方法

1. 显微镜法

显微镜法是按照 GB4677.6 金属和氧化物覆盖层厚度测量方法（截面金相法）进行。该方法的误差小于 10% 或 ±0.8μm，如采用高分辨率的显微镜可使测试误差小于 0.5μm。显微镜法是银和银合金电镀层厚度测定的仲裁法。

2. β 反向散射法

GB4677.8 印制板镀涂覆层厚度的 β 反向散射法适用于在原子序数小于 35 的基体上，对于单位面积金镀层质量等于或大于 $1mg/cm^2$ 时，该方法的测量误差小于 10%。

3. 重量法

用化学和电化学的方法将镀金基体溶解，由镀层的面积、质量和密度计算出切割下试样面积上镀层的平均厚度。

4. 化学分析法

从镀件上取一小面积试样，除去基体材料，在王水中溶解金，用分光光度法和原子吸收分光光度法测定待测液中金的质量。根据镀层面积、质量、密度及纯度，计算试样上金镀层的平均厚度。

首饰金覆盖层厚度的测定方法按照轻工部规定的行业 QB/T1133-91 标准执行。该标准适用于首饰金覆盖层（除基体是金外）0.01～0.5μm 厚度的测定。

首饰银覆盖层厚度的测定方法按照轻工部规定的行业 QB/T1134-91 标准执行。该标准适用于首饰银覆盖层（除基体是银外）1μm 以上厚度的测定[4]。

对于金银覆盖层与基体材料不相同的首饰产品中电镀层厚度的测定方法，采用轻工部规定的行业 QB/T1135-91（X 射线荧光光谱法）标准。该方法的工作原理是：运用 X 射线荧光光谱法测量金属覆盖层厚度，通过 X 射线荧光的产生来检测和分析并确定覆盖层厚度。由于每种元素的原子都具有其本身独有的电子排列，对于给定的特征 X 射线，其能量取决于该原子的原子序数，因此，不同的材料将产生不同能量的 X 射线荧光。通过 X 射线荧光测厚仪对不同材料发出的 X 射线荧光特征谱线，进行能量分辨和强度的检测，从而测定覆盖层的厚度。

12.5.2　耐候性能测定

金、银及其合金镀层耐候性能的测试方法按照国家 GB12305.2-90 标准执行。

该标准中各环境实验方法有：二氧化硫暴露实验、工业大气实验、硝酸实验。这三项实验对镀层的作用取决于镀层本身的性质及其合金元素的含量，因此，针对首饰产品中金银镀层下基体成分不同的特点，在选择检测方法时，应挑选能清晰地暴露基体金属或底层金属的方法。

12.5.3　孔隙度

金银镀层上孔隙度的测试是检测镀层质量的重要依据之一。孔隙率用每平方厘米孔数表示（个/cm^2）。镀层孔隙率的测定方法，依据 GB12305.3-90 标准执行，该标准检测方法有硫化镉试纸试验、环己二酮纸试验、变色纸试验、明胶膜电图像试验。

12.5.4　结合力

金和金合金镀层的结合强度试验方法按照国家 GB12305.5-90 执行。

该方法分别通过打磨试验检测镀层有无起泡迹象；胶带试验检测镀层是否有剥离现象；热震试验检测镀层有无起泡或分离；弯曲试验则是检查镀层是否与基体脱离。

银和银合金镀层的结合强度试验方法按照国家 GB12307.2-90 执行。此标准中摩擦抛光、滚筒抛光、绕线、钢丸喷射等 8 项试验方法对银和银合金镀层进行了起泡、剥离、脱落等性能的试验。

注　释

[1][2]　宾胜武．刷镀技术．北京：化学工业出版社，2003.

[3]　孙戬．金银生产与应用知识问答．北京：冶金工业出版社，2004.

[4]　中国有色金属工业总公司标准计量研究所等编．金银技术监督手册．北京：冶金工业出版社，1997.

第十三章　国外金银器赏析

13.1　国外金银器工艺对中国的影响

世界上最早的黄金首饰是公元前5000年的苏美尔人制作的金耳环、金手镯和公元前4000年古埃及法老的金项链、金棺等。1932年英国考古工作者在发掘约公元前2300年的埃及法老梅雷卢卡陵墓时，出土了一幅黄金加工作坊的浮雕[1]（图13-1），这幅图真实地再现了金银饰品制作中称重配比、冶炼化金、锤揲打制等工作场面。世界上最早的银器出现在公元前4000年左右的美索不达米亚半岛，随后秘鲁、希腊、罗马、波斯、粟特、萨珊等也开始了金银器的制作。

图13-1　埃及法老墓出土的黄金加工作坊浮雕

（摘自《金银生产与应用知识》，冶金工业出版社，2004年）

我国自汉代以来，就与地中海东岸的腓尼基、阿拉伯大食、伊朗萨珊、中亚粟特、印度贵霜、哌哒、突厥、罗马拜占庭、马其顿、秘鲁、巴尔干半岛南端的希腊等中亚、西亚和欧洲国家和地区，通过东起长安（今西安），经陕西、甘肃、宁夏、青海、新疆，跨越葱岭（今帕米尔高原），过中亚、西亚而远达地中海东岸，全长7000多公里的丝绸之路进行贸易往来。在我国的丝绸、瓷器、茶和以上国家和地区的香料、宝石、金银器等的输出、输入过程中，丝绸之路沿线诸国造型独特、纹样新颖、制作技法多样的金银器也随之进入中国，并对中国金银器的制作产生了重大影响。

据考古学家考证，我国出土的战国、两汉以及隋唐时期金银器中的外来品，大多来自粟特、萨珊、拜占庭、大食等地区。这些金银器主要分布在丝绸之路沿线的甘肃、宁夏、山西、广东、山东、河北、内蒙古、新疆、青海等地。齐东方教授认为，公元7世纪以前，外来金银器是从海上和陆地两种途径输入的。广东、山东出土的西方金银器是通过海上传入，而甘肃、山西、河北的出土物应是陆路传入。输入到中国的金银器，来自不同的国家和地区，时间至少可明确到汉代甚至战国[2]。

目前所知的我国时代最早的金银器是甘肃省玉门火烧沟墓地出土的公元前2100年的金耳环、金鼻饮和银鼻饮，比起国外的金银器制作时间要晚得多。另外，通过近年来出土的大量金银器证明，唐代以前我国的金银器制作工艺落后于中亚、西亚和欧洲，其纹样、形制和制作技法大多还保留着青铜器铸造工艺的影子；而此时的中亚、西亚及欧洲的细金工艺制作已经涉及了花丝、镶嵌、锤揲、编织、金珠、焊接等多种工艺。

唐代以前通过丝绸之路进入我国的外国金银器可分为器皿和饰件两大类。器皿类胎型的制作中采用了细金工艺中的锤揲打制技术，如山东临淄西汉齐王墓银盒、广东西汉南越王墓银盒、甘肃靖远县北滩乡银盘、宁夏固原北周李贤墓出土的鎏金银壶。出土于江苏邗江甘泉2号墓的品形金胜片、王冠金饰和广州郊区东汉墓金珠饰件的制作手法以花丝、掐丝、炸珠、镶宝石为主。这些形制奇特、制作工艺与同时代物品不同的金饰件，被考古专家推定为来自中亚的输入品。

1982～1985年期间青海省文物考古研究所在青海都兰县热水乡和夏日哈乡发掘了一批唐代吐蕃墓葬，出土了大量的丝织品、木器、铁器、铜器和金银器。一部分金银器较为特别，具有浓厚的中亚地区粟特银器的风格(图13-2)[3]。2001年青海省文物考古研究所在西宁征集了20余件都兰吐蕃墓葬中出土的马、牛、羊、狗、鹿、虎等动物造型的银器，这些动物形银器的制作采用了锤揲、焊接、錾刻工艺。考古工作者将上述金银器的器型和纹饰与粟特金银制品相对照后推定，都兰出土的部分金银器应归属于粟特系统。

图13-2　唐代金牌饰
（摘自《西陲之地与东西方文明》，北京燕山出版社，2006年）

宁夏固原在北朝至隋唐时期，是由长安往返中西亚丝绸之路东段北道的咽喉孔道之地。20世纪80年代这里相继发掘出土了北魏、北周、隋唐十几座墓葬，内中有大量珍贵文物，其中萨珊波斯银币、鎏金银壶、镶松石金耳环、镶松石金带饰、拜占庭金币、镶蓝宝石金戒指均是中西文化交流的见证[4]。

我国北方草原幅员辽阔，民族众多，创造了极富特色的草原文化。在内蒙古、河北、山西、陕西、宁夏等地相继出土了大量战国至西汉时期的匈奴金银器，这些金银饰

图13-3　匈奴金冠
（摘自《中国北方草原古代金银器》，文物出版社，2005年）

件以虎、马、羊、鹿等动物纹样为主体，其制作风格和形制在古代欧亚草原民族器物中十分常见，在匈奴金银器制作中，动物形金银饰的制作工艺以锤揲、铆合、浇铸和錾刻主为；而头饰、项饰和耳坠等首饰类饰件的制作则充分运用了镶嵌、掐丝、焊接、剪切等细金工艺。如1972年内蒙古鄂尔多斯市杭锦旗阿鲁柴登墓葬出土了220余件金银器[5]，它们主要是铸造、锤揲成型，其中最具代表性的鹰顶金冠饰的制作中采用了多种细金工艺（图13-3），既反映了北方草原民族的特色，也融入了西方细金工艺的制作方法。1975年内蒙古鄂尔多斯市准格尔旗布尔陶亥乡西沟畔4号墓出土的嵌松石鹿纹金耳坠，制作繁缛，工艺考究，装饰在金片四周的联珠纹在当时的中亚、西亚地区十分盛行。

唐代早期国内稳定，金银矿开采普遍，中央政府设立了金银作坊，金银器生产迅速发展，这一时期是我国金银器制作的兴盛发展阶段。同时，由于中西方贸易的不断扩大，沿着丝绸之路输入到中国的中亚、西亚和地中海沿岸东罗马等地的金银器，也对唐代金银器的发展产生了巨大的影响。唐代出土的大量金银器皿与大食、粟特、萨珊、拜占庭等国家和地区有着密切的关系。这一时期国外输入的金银器有：1975年内蒙古赤峰敖汉旗李家营子出土的银执壶、素面罐式银带把杯、鎏金猞猁纹银盘；1973年甘肃榆中县城关朱家湾村慕容仪墓出土嵌宝石金戒指；1959年内蒙古呼和浩特土默特左旗水墨构口墓中出土的罗马金币、鳄鱼纹金冠饰；1964年陕西西安沙坡村唐代窖藏出土的沙坡村鹿纹银碗；1970年西安西郊出土的缠枝花银碗；西安何家村出土的摩羯纹弧腹银碗、八棱带把金银杯；李静训墓出土的金银高足杯；河北宽城银壶等。这些外来金银器多为器皿类，器型的制作以锤揲打制为主，动物纹样的制作多运用台、采手法，将凹凸起伏的各种纹样以高浮雕的效果敲制出来，器皿上花卉处的细部刻画则采用了平錾、戗錾技术并配有局部鎏金、焊接等工艺。

韩伟在《海外唐代金银器萃编》[6]一书关于“唐代金银器的兴起和发展及与外来文化的关系”一节中指出：“中国和中亚、西亚等地在金银器制作技术方面的交流，最迟也在北魏时期发生了。在山西大同南郊的北魏遗址中，就曾发现曲沿银洗，刻花银碗等器物，图案基本纹样具有浓郁的西亚风味。”

韦正在《金银器》[7]一书中所写《中国古代金银器研究述要》一文有以下描述：“世界古代金银器大致形成了地中海区域、南美和中国三大中心地区。地中海区域包括今日的西亚、埃及和希腊半岛，这里不但是古代历史上金银艺术最为发达的地区，也是出现了人类史上最早的金银制品地方，例如公元前25世纪苏美尔的乌尔大死坑和公元前1352年埃及新王国时代的图坦阿蒙王的黄金之墓的随葬品，希腊迈锡尼时代的黄金面具、华辉欢金杯和萨珊波斯的金银锤揲以及秘鲁国立人类学博物馆收藏的金杯、金刀等。地中海区域和南美是古代宗教高度发达的地区，它们对造型和装饰有着独特的理解，在金银器制作中以高度写实的手法表现想象中的诸神，创造了世界古代金银艺术的巅峰。”

孙机在《中国圣火》[8]一书中对广东省出土的西汉时期南越王赵眜墓的银盒及新疆焉耆七个星乡出土的鸵鸟纹银盘和银碗的形制和纹样进行了考证，并认为南越王赵眜墓出土的银盒是伊朗安息朝的舶来之物，而鸵鸟纹银盘和银碗则为粟特遗物，制作年代不晚于6世纪。

齐东方在《唐代金银器研究》[9]一书中，用了三分之一的篇幅论述了外来文化对唐代金银器发展的影响。书中上千件金银器的来源包括地下的发掘品，我国流传于国外的金银器以及赴俄罗斯、中亚诸国考察时见到的粟特、萨珊、罗马金银器。作者在“唐代以前外国输入的金银器”和“唐代金银器皿与西方文化的关系”等章节中对不同时期、不同地点出土的金银器的形制、图案纹饰和制作工艺等方面进行了详细的论述；并提出，对唐代金银器产生重要影响的主要有萨珊、粟特、罗马—拜占庭三个系统。另外唐代金银器也受到了印度、大食和贵霜—呎哒文化因素的影响，如金银器上的莲花、莲瓣及摩羯纹样应该是印度文化的体现。

21世纪初，中国国家博物馆和故宫博物院举办了《走进金字塔——古埃及国宝展》《古罗马文明展》《古代希腊·人与神》《失落的经典——印加人及其祖先珍宝展》《克里姆林宫珍宝展》《异国瑰宝传友谊》等展览，这些来自世界五大洲的不同时期的金银器使我们对国外金银器的制作工艺有了一定的了解与认知。

下面仅对世界几个主要的金银器生产国进行介绍。

13.2　秘　　鲁

位于南美洲的秘鲁，以印加文明著称于世，其辉煌的历史已有一万五千余年。

公元前18世纪至公元前5世纪，秘鲁历史进入了成长期。这一时期秘鲁的农业社会已经发展到相当成熟的阶段，手工业生产技术也得到全面的提升。从公元前10世纪开始，秘鲁安第斯山区的金匠就已经学会如何对延展性较好的黄金进行加工，他们将黄金锻造成像树叶一样薄的金片，并在其上锤揲出精致的图案。当时著名的昆图尔—瓦希文化得名于昆图尔—瓦希墓葬，该墓葬位于秘鲁北部卡哈马卡，年代属于成长期早期，出土了大量精美的金冠、项链等金器[10]。其中美洲虎纹金冠，美洲虎纹金牌饰，美洲虎纹、蛇纹禽鸟纹金胸饰，猫科动物纹、蛇纹金挂饰的制作工艺同我国西汉压花牛首纹剑鞘金饰十分相似，所用材料薄。这些饰品分别运用了台、采、脱錾、剪切、镶嵌、铆合工艺。有的饰件是在一块金片上锤揲制成，有的则是由多块金片组合而成，其中猫科动物纹与蛇纹金挂饰（图版 121），分上下两部分，由 7 个金片组成。上半部猫科动物图案的制作以台、采錾刻、剪切为主，眼睛上镶嵌的贝壳卧在采錾成形的凹坑内。下半部 6 条蛇纹身上的点状纹样上台、采的信息保留完整，饰件正面每个圆点周围都有一圈落采的制作痕迹。在上下部连接处剪凿着相同的孔洞，6 根扁金丝将上端猫科动物纹与下端蛇纹相连。另外，秘鲁昆图尔—瓦希博物馆收藏的一条金项链是由 14 枚六面体串联而成，每一枚六面体是由 4 个经过锤揲、脱錾打制成型的双 8 字形金片焊接而成。

公元前 6 世纪 ~ 前 4 世纪的区域发展时期，比库斯人的手工制陶及纺织技术不断完善，尤其在金器的制作中取得了很大的成就。秘鲁国家文化委员会皮乌拉分会和国家考古学、人类学和历史学博物馆收藏的金猫头、半月形金夹子、金耳饰、金碗、金项链、金鼻饰等，无论在工艺种类，还是在制作技巧上，均比成长期有了明显的提高。制作工艺在台、采、脱錾、剪切、镶嵌的基础上增添了掐丝、填丝、金珠、打胎等技术。

金猫头的制作以錾刻工艺为主。双耳外缘几十个小金泡上系有圆形金片，突出的长舌嵌在上下牙齿中间，鼻子的鼻梁、鼻翼部位由两块金片组成，通过台采的方式制成，胡须插在鼻子两旁，在眼部各镶嵌一块白色玉石。猫头上圆圆的眼睛、大大的鼻子和微微前倾的双耳使这件造型生动的金器赋有很强的艺术感染力（图版 122）。

半月形金夹子是比库斯人在金器制作中的一件精品。器物呈半月形，在半月形夹子中间的上部有一个人头像，头像的上方连接着一条金带。头部五官和额头上珠状纹样以及半月夹子上的流线型纹饰呈半浮雕状，它们的制作中运用了台、采錾技术。由于鼻子处于五官的最高位置，錾刻时此处台錾力度应比其他部位要大一些，这也许就是造成突出鼻子两侧有两处小孔洞的原因所在。半月夹的眼睛、嘴内镶嵌 5 块绿松石。镶嵌在眼睛处的一颗绿松石边缘略有残缺，从器物双眼处可以观察到，嵌宝石部位是根据随形绿松石的形状制作的。在半月形金夹的两端有两只欲飞的小鸟，头、尾部上分别焊接着素金丝花纹，小鸟的嘴上装饰有由两股细金片拧制的麻花纹样，眼睛上嵌绿松石。在两只小鸟的制作过程中分别运用了花丝工艺中的掐丝、编织、剪切技术，以及镶嵌工艺中的台、采、脱錾技术和焊接工艺。

早在公元前 200 年，安第斯山区的工匠就已掌握了焊接和熔接的冶金技术。焊接时他们用一种低熔点的金属，如金铜合金，把两块金属熔在一起；熔接则是采用加热的方法将几块金属熔在一起。他们采用这两种方法把小球和细金丝固定在金属表面，从而制作出了许多精美的器物[11]。金鼻饰的制作就是比库斯细金工艺高超技术的真实写照。

金鼻饰是一件以花丝制作工艺为主的金器，近似于苹果形的金鼻饰从里到外由五部分组成：最里层的苹果形金片的内侧中心部位剪切出镂空圆形；第二层是一圈扁金丝掐制的如意纹样；第三层金片的宽度同如意纹样相同；第四层是一圈掐制均匀的拱丝；最外层的扁金丝上焊接着122粒小金珠。将五层不同纹样、不同形状的金丝、金片组合成一件完整金鼻饰的过程是这件器物制作的关键。首先将如意纹平填并粘接在最里层和第三层金片中间，再用熔点较高的焊药将其焊接在一起；之后，把制好的金珠蘸上粘接物整齐地码放在第一层扁金丝之上进行焊接；最后将巩丝平填在两件组攒焊接的半成品中间，固定焊接。在器物的巩丝、如意纹处还可清晰地看到焊接时遗留在花丝上面的焊药。金鼻饰的制作繁缛、花丝纹饰玲珑剔透，在高5.1cm、长6.1cm的器物上，反复多次焊接细如发丝、小如黍米的金珠确实需要高超的制作功底（图版123）。

在瓦里帝国时期的贵金属制品中，出现了银质面具。

公元11世纪，随着瓦里帝国的衰落，秘鲁历史进入了另一个区域发展阶段——列国时期。位于秘鲁北部的兰巴耶克河谷因是希甘文化发展的中心。当时制作的金属器物主要包括面具和用于祭祀的杜米刀。

这一时期的金银器中除了杜米刀和面具外还有金银杯、金耳饰、银护胸、银响杯、金饰件、金项链等，其中金银杯、银护胸、金面具上各种纹样的制作工艺和昆图尔—瓦希墓葬出土的金器挂饰相同，只是在器物形制上有所区别。

杜米刀主要用于祭祀，器物造型多种多样，制作材料为铜和金。秘鲁历史博物馆收藏的高31cm、宽11.1cm的金杜米刀由多个金丝、金片组成，主要分为两部分。下半部的刀刃呈椭圆形、弧形；上半部的半月冠、耳饰及人物的眼睛和身体各部位的制作分别运用了花丝、錾刻、镶嵌、焊接等工艺。半月冠上装饰的花纹为如意纹和联珠纹，上半部如意纹和联珠纹的制作采用了花丝工艺中掐、填、制珠、焊接技术，下半部如意纹和联珠纹的制作则运用了錾刻工艺中的台、采技术。在花丝纹样的制作中百余粒金珠或均匀焊接在金丝上，或三粒一组嵌在金丝掐制的三角形图案中，扁金丝掐制的如意纹样的两端分别焊接在由金珠装饰的金丝上。下半部同样纹样的制作中充分利用了台、采相连技术。半月冠上相同的纹样却有着不同的制作风格，将花丝与錾刻工艺有机地结合在一起，玲珑剔透的花丝样和厚重大气的錾刻纹上下呼应，十分和谐。制作中，花丝纹样码放均匀有序，多次攒、点焊接无迷药，錾刻时如意纹、联珠纹过渡自然，线条流畅。人物的头、臂、腿、足等各部位的制作主要运用台、采技术。双腿、双臂与身体金片衔接处制作痕迹十分明显。

杜米刀上绿松石的镶嵌方式除了凹槽嵌入外，还加入了新的手法，耳饰上两颗绿松石嵌在扁丝制成的石碗中，在石碗的周围焊接一圈金珠。手臂上镶嵌的另外两块绿松石周围錾刻了一圈联珠，这两处的镶嵌方法不仅美观，而且能将宝石更加牢固地镶嵌在器物中（图版 124）。

13.3　希　　腊

希腊不仅是奥林匹克运动的发祥地，而且也是继东方古埃及、古巴比伦、古印度、古中国和西方古罗马之后的文明古国。希腊的神话、雕塑、建筑、绘画等均为世人所仰慕。

在古希腊，金银饰品不仅是财富和社会地位的象征，而且也是保护拥有者的护身符。人们在婴儿诞生和结婚典礼上将金银珠宝作为礼物，并在宗教仪式和社会场合佩戴它们。

大约在公元前 9 世纪，希腊南部出现了最初的黄金制作中心，随后黄金工业扩展到其他地区，希腊北部成为最重要的黄金制作业中心。公元前 4 世纪后 50 年至公元前 3 世纪，希腊的黄金制品在马其顿的作坊里繁荣起来[12]。这一时期金银器的设计灵感来源于大自然的动植物和希腊神话中的人物形象。制作中运用了传统的编织、花丝、剪切、镶嵌、錾刻、焊接工艺。

常青藤花冠直径 33cm，是一顶以叶子和果实组成的花冠（图版 125）。花冠的制作材料以薄金片、金丝、管丝为主。藤茎是由两根管丝制成，一端用金丝缠绕，另一端管丝处有两根细金丝穿在管丝之内并相互缠绕在一起；藤茎上系着 30 片常青藤叶和两串果实。叶子的制作方法：在薄金片上剪出叶子的形状，在位于叶子上方的中心部位，留出宽度适当，长度相当于叶子 1/4 的金片，并圈成筒状管丝；将金丝穿入管丝内，一头与叶子并齐，一头固定焊接在藤茎上。两串果实上 19 粒半圆形珠子的制作通过台、采制成，珠子之间镂空处用錾刀脱出。

常青藤花冠上虽然没有华丽的纹样装点，但图案造型简捷，十分写实。制作中各种工艺的协调搭配为作品增添了独特的艺术魅力。

马其顿塞萨洛尼卡博物馆珍藏的一对金耳环制作工艺十分考究（图版 126）。耳环长 4.8cm，由多朵大小不一的玫瑰花及长颈无耳细罐组成。这种造型的耳环在公元前 4 世纪的古希腊十分常见。

耳环上大玫瑰花由大小不等的四层玫瑰花瓣组成，最外层花瓣的制作工艺采用了锤揲、台采、剪切、焊接、编织等技术，在每片花瓣间点缀一粒金珠，玫瑰花下方左右两侧各焊接双股金丝掐制的小环，小环中悬挂两节编织的金丝，金丝下系有两层花瓣组成的玫瑰花。另一朵小玫瑰花将大玫瑰花与长颈无耳细罐相连。

长颈无耳细罐的造型别致，具有古代东方金银器的制作风韵，在制作中将花丝工艺中的掐、填、攒、焊技法运用的淋漓尽致。长颈无耳细罐从上至下布满了各种纹样，颈部变形玫瑰花由两股花丝掐制而成，其下依次绕圈排列的花丝纹样是：素金丝水波纹、两根并行的花丝、素金丝掐制的如意纹、两股花丝掐制的巩丝、两根并行的花丝、素金丝掐制的如意纹、素金丝水波纹。按上述顺序将掐制好的各种花丝用黏接剂黏填在金罐之上，筛药焊接。在方寸之间填制如此种类繁多的细金丝花纹已是件繁缛之事，而将其焊接在金罐上，不仅需要精湛的花丝技法，还要具有高超的焊接技术。

金耳坠上玫瑰花纹的制作以錾刻工艺为主，长颈无耳细口罐上各种纹样的制作则以花丝工艺为主。它同样是一件花丝与镶嵌工艺相结合的珍品。

公元前4世纪末在安菲波利斯212号墓中出土一条长31cm金项链，其制作以花丝工艺中的编织技术为主。项链上编织的金丝疏密适度，平整均匀。这条项链上的金丝编织纹样与我国唐宋时期出土的银龙饰鎏金腰带上的编织图案十分相似。

13.4　古　罗　马

与古老的中国一样，古罗马也有着同样的辉煌。公元前3世纪中叶，罗马统一意大利半岛；公元3世纪末，西汉建国。其后双方都日臻强盛，罗马征服了整个地中海地区，成为“世界”霸主；汉朝也奠定了西逾流沙、东濒沧海的广袤版图，君临“天下”[13]。据文献记载。古罗马帝国与东汉王朝曾有过短暂的接触，《后汉书· 西域传》记载，东汉时任西域都护的著名将军班超曾于和帝永元九年，“遣甘英使大秦，抵条支”。《旧唐书》中也曾记载：“拂菻国、一名大秦，在西海之上东南与波斯接，地方万余里……。”[14]历史上古罗马帝国与汉帝国间在民间层次上存在着间接的贸易往来，尤其是辗转运至罗马帝国境内的中国丝绸等物品，是当时罗马贵族展示高雅的奢靡品。

公元前2世纪末张骞开通了“丝绸之路”后，中西文化开始了双向交流，中国的丝绸、造纸、火药源源不断的传到波斯、罗马、阿拉伯等国家；西方的玻璃、宝石、金银器等也运往中国，在汉代墓葬中不止一次发现罗马帝国的金币和玻璃器皿。近年来，在中国的新疆、甘肃、陕西、青海、内蒙古等地发现了拜占庭金币，其中固原原州区附近的南郊乡羊坊等地的北魏至隋唐时期墓中出土了多枚罗马拜占庭金币[15]，金币的双面有图案，分别印有罗马皇帝和女神的肖像。

公元1世纪的古罗马金银器制品中金银币和餐具占有很大的比例。金银器上的装饰纹饰的主题创作源泉多来源于希腊神话和动植物，这些古典金银器出自庞贝和埃尔科拉诺地区，以庞贝出土的更为精美。庞贝米南德之家出土的单耳银杯就是其中的一件精品(图版127)，与其同时出土的还有各种珠宝和一保险柜金币、银币。该银杯呈筒状，器外壁上的图案以胜利女神维多利亚和爱神丘比特进行马车比赛的场面为蓝本，杯把由丘比特弓起的身躯构成。从残破的口沿处判断，银杯整体氧化，筒状杯身和杯柄上奔跑的赛马、水滴状花瓣纹饰等图案通过台、采、掖等錾刻手法刻画得十分逼真。杯柄上丘比特微仰的头部和张开的翅膀与银杯焊接相连。

罗马帝国时期，烹调已成为一种艺术而变得精美绝伦，美味佳肴自然要配以各种餐具。这一时期，已有了各种尺寸和质地的餐具，陶质的和玻璃质的餐具用于一般宴会，银质餐具则用于最高档的社交宴会上。在庞贝米南德之家，考古工作者发现了一整套完整的四人用的银餐具。其中包括盘、碗、碟、勺、打蛋器等。银勺的种类较多，用于吃谷物的勺子大、柄短，勺体较长；用于吃蛋制品的勺子小、长柄，勺体呈圆形。其中一件勺长 41cm，勺呈心状，一侧有刃，是用来切割食物的（图版 128）。银勺的制作采用了锤揲、錾刻工艺，勺柄、勺心为一体，勺柄从上到下的花卉等纹饰，是用弯钩錾、点錾刀以平錾的手法錾刻形成。

出土于庞贝银器之家的双耳银高足杯（图版 129），制作工艺考究，代表了这一时期金银器的制作水平。器物高 12. 12cm，口径 11. 3cm。由杯底座、杯柄、杯身、双耳四部分组成。其中杯身部位为双层，双耳高足银杯身上的浮雕装饰纹饰同样是有关爱神丘比特的题材，口沿、双耳处的装饰为水滴和花卉纹样。杯身外壁高浮雕人物的逼真形象完全以台压、采、掖的方式来塑造完成，台、采的运用始终贯串在整个制作中。在一片银片的正反面反复台压出人物的主要轮廓，对于五官等部位的细化就要用不同形状的采錾进行刻画，如眼睛的上下眼睑，鼻子的鼻翼、鼻孔，嘴唇的上下唇线等部位。通过凹凸部位的阴阳錾刻形式可使人物造型层次分明，神形兼备；而通过錾花工艺中的其他表现手法可将银器原有的单一色调丰富完善，使银器中的暗与亮的对比强烈鲜明，展现出多层次的艺术效果，具有更高的艺术观赏性。杯身内壁由一块素面银片锤揲而成，弓形双耳的两端分别焊接在杯身左右两侧的口沿和中心部位。另外丘比特手执的七弦琴弦和人首马身手执的松针的錾刻采用了平刻丝錾技术。

那不勒斯国家考古博物馆收藏的罗马时期的罐、平底锅、高柄杯都是素面银质器皿。三件银器的制作运用打胎制形工艺中搂、墩、闪、光技术。器身上虽然没有华丽的装饰，但造型优美、古朴大方。

庞贝古城出土的一副金耳饰和金手镯的造型和制作十分相似。耳饰呈新月形，中空，边缘内翻。这种造型的耳饰是罗马人发明的，从公元 1 世纪开始流行。金手镯由十对半月形饰件组成，每一对半圆形饰件之间装饰一圈图案，在饰件中心的上下部位，对称焊接一小金环，环环相扣将手镯连接。手镯两端半月形饰件上各焊接一片常春藤叶子，在上端常春藤叶子一侧焊接一根金丝，并将其一头圈成环状，另有一片刻有沟槽的金片焊接在常春藤叶饰之上，金片两边平行焊接两个金环。手镯下端的叶饰上也分别焊接三个金环，手镯佩戴时，下端中间的金环应嵌入上端两个金环之间，将金丝穿入即可。

维苏威地区出土的金项链，由 32 根金丝编织成的 8 字形饰件组成，挂钩处装饰一金扣，这条项链的制作工艺以编织、焊接为主（图版 130）。

1757 年在赫库兰尼姆出土的爱与美之女神维纳斯雕像是一件嵌金银的青铜器（图版 131）。作品表现了女神准备沐浴的场景：维纳斯女神站立在腰形底座上，双臂上装饰有素金丝盘绕的金钏，脚踝上佩戴着两股花丝拧制的金链。镶嵌在底座四周错金银棕榈叶纹饰的制作运用了掐丝、戗刻、填丝片、锤揲、锉削、打磨等多道工序。这件集浇铸、花丝、错金银工艺为一体的青铜雕像构思巧妙，运用多种艺术表现手法将维纳斯生活中的一个侧面刻画的惟妙惟肖。另一件庞贝出土的青铜质地的墨水瓶盖上同样错有金银纹饰。

13.5 俄 罗 斯

莫斯科的克里姆林宫是俄罗斯国家的象征。克里姆林宫博物馆中珍藏着许多艺术珍品，其中包括公元 12～20 世纪初俄罗斯金匠制作的首饰、胸饰、实用器皿、摆件、马具、证章、兵器等细金工艺制品。这些精美的金银器制作运用了花丝、錾刻、镶嵌、打胎、烧蓝、卡克图（掐丝画珐琅）、错金银工艺。上述器物中仅用一种细金工艺制作的器物较少，大部分金银器是多种工艺融合为一体的复合作品（表 13-1）。

表 13-1 克里姆林宫部分金银器制作工艺

名 称	制作时间	工 艺
金嵌宝石十字架胸饰	18 世纪	花丝、烧蓝、镶嵌
祭坛十字架	1561～1562 年	花丝、烧蓝、镶嵌
“得厄西斯”三折圣像画	16 世纪晚期	花丝、烧蓝、镶嵌
祭坛十字架	1678 年	花丝（编织）、烧蓝
圣叶卡捷琳娜一级勋章-花结带	19 世纪早期	花丝、卡克图、镶嵌
银嵌螺钿茶壶	1895 年	花丝、卡克图、打胎
首饰盒	17 世纪晚期	花丝、卡克图
金嵌宝石腰带	19 世纪 40～50 年代	花丝、镶嵌
金嵌珠宝圣冠	17 世纪晚期	錾刻、卡克图、镶嵌
金嵌宝石鹰挂件	17 世纪晚期	镶嵌、卡克图
银盘	18 世纪晚期	花丝
银嵌宝石蝴蝶装饰	18 世纪晚期	镶嵌
头盔、锁子甲	14 世纪、1557 年	错金银

2006 年 9 月故宫博物院与克里姆林宫博物馆在故宫博物院午门展厅共同主办了克里姆林宫珍品展。展出的 120 余件金银中，以花丝工艺制作的器物占有一定的比例。

据俄罗斯考古工作者考证，18 世纪末至 19 世纪初在俄罗斯北部的许多城市，尤其是沃洛格达市，花丝制作加工业已闻名于世[16]。

18 世纪晚期，俄罗斯工匠制作的直径为 21.6cm 的银盘，通体玲珑剔透，是一件纯银花丝制品（图版 132）。银盘的主框架是两圈素银扁丝组成的大边，外层大边呈菱花形，由 16 瓣尖形花瓣组成，内层大边为圆形。两边之间填充着各种形状的素丝花瓣和花蔓，花蔓间与花蔓内平填两股花丝掐制的螺旋纹（唐草纹），盘中心有一圈两根花丝制成的巩丝纹样。银盘的制作运用了花丝工艺中的掐丝、平填、攒活、焊接工艺。

掐丝：银盘中所有纹样全部由两股花丝和压扁素丝掐制而成。捋直后的花丝掐制出的螺旋纹，圆滑自然，线条流畅。菱花瓣上弯与尖角处的掐制，使用了掐丝中的摵、捏技法。通过摵圆摵出的菱花，弧度自然；经过捏制的花瓣尖角处，棱角分明。

填丝：掐制好的各种纹样以平填的方式填入规定的大边中。平填分多步骤进行，花蔓边框内螺旋纹的平填，素丝间巩丝的平填，两圈大边内素丝花瓣的平填。平填在银盘上的巩丝、花蔓纹理自然舒展，疏密适当。

平攒：平攒是将单独纹样或花瓣等组合成完整器型的一道工序。

焊接：银盘是一件通体焊接的器物。焊接在大边丝上的素丝纹样，采用了搭药点焊的方法。所有平填在盘中的螺旋纹、两股花丝的花蔓和巩丝的焊接全部是筛药面焊。焊接后的花丝焊点平整，纹样清晰，没有任何焊药残留的痕迹。平攒和焊接工序贯串整个银盘制作的过程中。

花丝银盘造型严谨，纹样隽秀，做工精细。掐、填、攒、焊四种不同的花丝制作技法的完美融合使银盘更为亮丽。

金嵌宝石腰带是 19 世纪四五十年代俄罗斯工匠制作的一件构思新颖的饰品（图版 133）。长 68cm，宽 5.5cm，富有弹性。11 条固定在腰带上的錾花金片将 60cm 长的套泡丝分隔，金片上镶嵌着绿松石和钻石。腰带的制作充分地运用了花丝工艺中的套泡丝技术，套泡丝是由多根螺丝环环相套制成的，与其他花丝种类相比具有良好的柔软性和弹性。成色较高的金、银圆素丝制成的套泡，可以在一定距离内随意拉伸。拉伸成形的花丝称为拉泡丝，将其压扁，固定焊接后变硬。金匠将套泡丝独特的性能巧妙地运用在金嵌宝石腰带的制作中，使这件带饰既有艺术观赏效果又有实用性。

金嵌宝石十字架胸饰、祭坛十字架和“得厄西斯”三折圣像画金器的制作是集花丝、烧蓝、镶嵌工艺为一体的作品。其中 1562 年克里姆林宫作坊制作的祭坛十字架是为索洛韦茨基修道院而制（图版 134）。祭坛十字架高 40cm、宽 19cm，通体包金。十字架背面有乌银镶嵌的铭文，正面及两侧金片上布满了花丝掐制的四瓣花卉、蔓草纹样和小卷头。所有花瓣和蔓草叶片上涂敷有湖篮、深蓝、白和暗红色釉彩，这种装饰有珐琅的花纹是 16 世纪下半叶克里姆林宫工匠作品的显著特点。11 颗椭圆形红、蓝宝石和绿松石镶嵌在十字架上，用丝串联的珍珠嵌在十字架的四周。

花丝：祭坛十字架是一件以花丝制作工艺为主的金器，饰件上使用的金丝，是两根素丝搓制而成的花丝，器物上相同的花丝纹样掐制的十分规矩，填在花卉周围的小卷头疏密有致。制作中运用了搓丝、螺丝、掐丝、填丝、焊接等多种技法。

烧蓝：涂饰在花瓣和叶片上透明珐琅的制作，采用了烧蓝工艺中的点蓝、烧蓝技法，点入花丝边框内的各色透明釉料细腻、纯正，搭配合理，经过高温烧制过的釉料没有局部开裂的惊蓝和脱落现象。金黄色的花丝底胎在五颜六色的烧蓝花卉映照下光彩夺目。

镶嵌：镶嵌在十字架上的宝石均为抱爪镶，固定宝石的石碗，是花丝制作的落爪荷花石碗，沿着石碗的上沿焊接一圈花丝。除了最上面镶嵌绿松石的石碗是板凳爪外，其余全部是等距离的六爪。

另一件17世纪晚期祭坛十字架，是用柏木制成，两面雕刻着“耶稣受难图”、“东正教节日”等画面（图版135）。1678年莫斯科银匠在这尊木制的十字架四周装饰了花样纹饰。十字架上纹饰的制作分别运用了花丝和烧蓝工艺。围绕在浮雕画面上的多股花丝编制的小辫纹制作，采用了花丝工艺中的编织技术，在小辫纹的两侧，有正反花丝平焊在一起的麦穗丝。十字架下端和两侧所有掐丝图案上全部点缀有蓝色、深蓝、黄色、白色、绿色的透明釉彩。花卉框内的釉料均匀，各种颜色之间过渡自然。珍贵的柏木雕塑在绚丽珐琅釉彩和纤细花丝纹样的衬托下十分醒目。

烧蓝和卡克图的制作工艺基本一致，是细金工艺中的点缀工艺，也是金银器上淤敷施色的姊妹艺术。19世纪，俄罗斯两副精美眼镜框上装饰釉彩的制作方法，分别运用了烧蓝和卡克图工艺。

卡克图又称画珐琅，烧瓷，是在金、银胎体或花丝边框内挂白色底釉，烧结后再在其上彩绘的艺术。

17世纪，地处俄罗斯北方的索尔维切戈茨克首饰制造业以生产器皿画珐琅驰名。这些画珐琅制品颇受俄罗斯沙皇的青睐。索尔维切戈茨克珐琅的特点是将光滑雪白的背景和多彩的画珐琅图案结合在一起[17]。17世纪晚期索尔维切戈茨克金银作坊制作的2只珐琅碗是打胎、花丝及卡克图三位一体的作品。银碗内绘画的人物、动物、植物图案色彩鲜艳，有明黄色、橙色、紫红色、蓝色、绿色等（图版136）。

19世纪到20世纪初，珐琅工艺制作和生产出现了前所未有的繁荣，当时莫斯科萨尔特克夫工厂制作的奶壶、茶壶多为银胎掐丝珐琅器。这类器皿的制作分为打制胎型、掐丝、焊接、点蓝、烧蓝、磨光等工序。1895年该厂生产的银嵌螺钿细茶壶就是一件制作精良的掐丝珐琅器。花丝掐制的花草图案平焊在壶身、壶嘴、壶柄各部位，湖蓝色、深蓝色、绿色、白色、粉色、红色的釉彩点在花丝纹样的边框内，花蕊和叶脉等组部经珐琅釉绘制更加生动自然。

19 世纪早期，俄罗斯工匠制作的圣叶卡捷琳娜一级勋章——花结带是花丝、镶嵌、卡克图工艺完美结合的一件珍品（图版 137）。它是伊丽莎白·阿列克娜耶夫娜皇后与亚历山大一世订婚时被授予的勋章。勋章由中心椭圆形牌、挂链和四个宝石花组成，制作分为花丝、画珐琅、镶宝石三部分。椭圆形牌是勋章的核心部位，共两层，外层花草纹样填在扁素丝和两股花丝组成的大边墙中，内层一块椭圆形的厚银片外缘镶嵌着一圈宝石，中心白色釉彩上精工绘制一幅古典写实油画人物。勋章上宝石的镶嵌方式为抱爪镶，椭圆形牌上的宝石抱爪是板凳爪，挂链和宝石花组合上的宝石抱爪均为十字爪。这枚勋章上镂空部分的花丝纹样流畅、均匀，彩绘处的人物色彩鲜艳，制作工艺实属上乘。

克里姆林宫珍藏的金银器皿上的花卉纹饰，除由花丝掐制而成的外，也有以錾刻工艺中的台采、镂刻、平錾制作而成。

17 世纪晚期克里姆林宫作坊制作的银酒器上凹凸起伏的花草纹，是采用錾刻工艺中的台、采技术制成。银长柄勺、“阿列克谢—神人”圣像、金嵌珠宝圣冠等器物上浮雕状的花卉纹样同样是使用了这种艺术表现手法。

来自克里姆林宫的金戒指、纽扣、挂件、十字架等饰件上都镶嵌着宝玉石。种类有红宝石、蓝宝石、绿宝石、祖母绿、珍珠、蛋白石、绿松石、紫晶、玛瑙等。形状多为椭圆形、圆形、方形、三角形、水滴形。宝石的镶嵌有包边镶、抱爪镶、挤镶。这些镶嵌方法与制作材料和工艺有着一定的关联。

17 世纪晚期，克里姆林宫作坊制作的金嵌宝石鹰挂件，是装饰沙皇盛装的一件珠宝饰品，形状为俄罗斯的国徽双头鹰（图版 138）。挂件的背面烧制有白色、黑色珐琅彩。正面，在金片剪切的双头鹰上镶嵌着红、绿宝石。宝石的形状是根据器型，切割打磨加工。最大的一颗椭圆形红宝石镶嵌在挂件的中央，围绕在它周围的是 13 颗长方形的小绿宝石，双翅和头、尾部的宝石的分布，随形状而定。如鹰翅上宝石的分布为，靠近腹部的宝石形状呈圆形，中间为长方形，翅尖处呈三角形。挂件上镶嵌宝石的底托，是根据每一块宝石形状，用戗錾刀剔錾出来的，宝石均卧嵌在金片窝坑内，鹰头、鹰爪上彩绘有白、黑、橙黄色釉彩。

出自宫廷金匠之手的金嵌宝石鹰挂件上镶嵌着 80 余颗宝石，饰件制作精细，器物上的宝石颜色搭配协调，排列均衡对称。加之珐琅釉彩的细部描绘，使这件饰品更具观赏价值。

镶宝石与画珐琅结合的饰品在 17 世纪颇为流行，在俄罗斯贵族广泛使用的纽扣和象征身份的图章戒指的制作中通常采用这两种工艺。

18 世纪晚期，来自俄罗斯尤苏波夫家族的银嵌宝石蝴蝶装饰，是一件实镶工艺制作的饰品（图版139）。在长7.2cm、宽6.7cm的蝴蝶装饰上镶嵌着100多颗宝石。足以得见这位工匠的制作功力。饰件上水滴形宝石的镶嵌分为包边镶和抱爪镶两种。红宝石和蛋白石，红白相间地镶嵌在剔錾窝坑内，由于饰件上宝石镶嵌的密度较大，为了保证宝石镶嵌质量，每一个红宝石的四角都有相应的四个挤珠。

石碗是宝石镶嵌的底座，有素石碗、花碗、荷叶碗等多种。克里姆林宫金银器上石碗的制作与器物的制作工艺密切相关。以台采的方式錾刻成形的金银器上宝石座的制造多采用同样的方法制作，如17世纪的一副包金铁马镫，金片上錾刻有图案，马镫上的祖母绿和红宝石镶嵌在錾刻台出的石碗内；1650年的一套由方形、圆形银片组成笼头和护膛上，银片上有錾刻的纹饰，绿松石等宝石同样镶嵌在台出的石碗中；17世纪“弗拉基米尔圣母”圣像画是一件通体錾刻的作品，画像上的半浮雕的花卉纹样的制造以勾、台、采錾刻而成，镶嵌在画像四周的宝石石碗上的装饰纹全部以台采的方式制成（图版140）。同样以花丝制作为主的金银器上的宝石石碗多为花丝石碗。1763年的银框福音书和1561年克里姆林宫制作的圣像祭坛十字架上宝石石碗都是四爪和六爪的花石碗（花石碗是花丝制作的石碗）。17世纪晚期俄罗斯东正教高级僧侣佩戴的金冠，上面镶嵌有红宝石、蓝宝石、绿松石、水珍珠，这些宝石的石碗均为包边，但制作却各不相同（图版141）。大致分为三种：

① 一块金片对口焊接的素石碗，石碗的底端环绕一圈两股花丝，花丝的外围装饰一圈珍珠。

② 金片上剪出花瓣对口焊接，花边石碗的底部围绕一圈珍珠。

③ 在素石碗上端焊接一圈两股花丝，花丝的下方有一圈巩丝，石碗的底部一圈推倒的螺丝纹，在它的外围装饰一圈珍珠。

乌银镶嵌是俄罗斯独具特色的一种制作方法，17世纪，一些金银器皿上黑黄两色花纹的制作是工匠巧妙地将乌银镶嵌与錾刻工艺融为一体的杰作。

武备馆珍藏的14～17世纪的头盔和锁子甲等铁质器物，上面镶嵌的狮子、双鹰和文字是采用细金工艺中的错金银技术制作而成的。

13.6　近代国外金银器制作工艺

新中国成立后，相继与160多个国家建立了外交关系，在国家博物馆和友谊博物馆内珍藏着世界五大洲百余个国家和地区政府首脑、友好人士赠送给我国党和国家领导人几千件精美礼品[18]。这些来自世界各地的异国金银瑰宝，不仅传递着各国人民的友谊，而且其浓郁的民族风情、积淀深厚的文化底蕴也反映了各国独具特色的文化传统和多姿多彩的艺术风格。在众多礼品中，金银器占有一定的比例，在它们的制造过程中几乎囊括了细金工艺中的全部技法，为我们展示了世界各地金银器制造的工艺水平。

在中国国家博物馆收藏的来自五大洲的礼品中，有 3 件来自非洲和欧洲的金银器礼品，它们的制作运用了花丝工艺中掐、攒、填、焊、堆、垒的技法。

埃及共和国制作的掐丝银蜡台是一件多种花丝纹样组合焊接在一起的精美器物（图版 142）。蜡台上的花丝纹样玲珑剔透，制作工艺繁缛。将一件花丝制品做到了极致。蜡台的制作可大致分为花丝样的制作、纹样的形成和组攒焊接三部分。

蜡台上花丝纹样有小卷头、巩丝、两股花丝、麦穗丝和各种形状的花瓣纹样，它们的制作运用了掐丝的不同技术。掐丝是花丝工艺中最基本的技法，也是第一道工序。蜡台上装饰的小卷头、巩丝和各种形状的花瓣纹样都是手工掐制的。正反花丝则是由两根和多根素丝多次搓制而成。

填丝是将掐制成形的花丝填在规定的大边中的制形工序。蜡台上的巩丝、小卷头（卷纹）和花瓣分别用了不同的填制方法，平填在由素扁丝和麦穗丝制成的大边中，焊接固定。平填后的平面纹样也可根据器物造型的需要，通过翻卷折叠的技术处理，形成形态各异、具有立体效果的花卉纹饰。

蜡烛插置在银片对口焊接的银筒内，银片外由数个小卷头组成的花丝圆筒的制作采用了堆灰、焊接技术，在器物的其他部位中也有经堆灰工艺组成的镂空图案。

系在蜡台上的编织银链上悬挂着 2 个铃铛，铃铛由多瓣花、巩丝、花丝对焊而成。

焊接是蜡台制作中最关键的工序，整件器物的焊接分多部位进行。填丝时，填好的纹样与大边要固定焊接；堆灰时，各个部件之间用筛药焊接；垒丝时，花丝、正反麦穗丝等单独纹样需垒叠焊接；还有各部位的组攒焊接以及成品的最后合成焊接。由此可见焊接伴随着花丝制作的每一道工序，在如此繁琐点面上焊接，不仅需要扎实的焊接技术，而且焊枪、焊药的使用和火候的掌握是十分重要的。在纤细的银丝上焊接后，各种花丝图案仍然清晰，没有迷药痕迹足以说明制作者深厚的花丝功底和精湛的焊接技艺。

塞内加尔制作的金手镯，直径 7cm，宽 3.5cm，图案纹饰流畅，是一件精美的花丝活圈口两开镯子（图版 143）。金镯子上满饰卷纹，卷头是两股压扁花丝制成，制作时用尖口镊子将花丝的一端圈成圆形，形成卷纹状，备用。卷丝的填制运用了平填技术，把掐制的素金丝大边轮廓粘接粘活纸上，用填丝镊子将卷头平填在大边中，卷头的长短，按照边框的要求剪切。在填制的花丝上筛药焊接，焊接好的部件用半圆形的木制模型窝出半圆镯身，两个半圆的镂空花丝镯身用簧匣相连。手镯的内侧焊接一条保险金链。这件首饰的制作手法细腻，卷纹填制疏密适当，边框线条流畅自然。在我国花丝手镯的制作中，这种风格的作品十分常见。

南斯拉夫掐银丝托玻璃酒具，是一套装饰在玻璃酒具上的银花丝托具，托具由酒杯、酒壶、底托组成（图版 144）。包镶在酒具杯壶上的花丝托制作风格一致，花丝纹样有罗丝、巩丝、梅花、卷头、麦穗丝、花瓣、小辫丝、如意纹等。与上述两件花丝制品不同的是整件银托上填制纹样的大边丝全部由花丝组成。酒壶银丝托的花丝纹样的组合大致分为两部分。

下半部分是由四片下小、上大的梯形大边组成框架，梯形大边的上边框和下边框上的花丝纹样分别由巩丝、两股花丝以及三根粗细不同的两股花丝焊接制成。左右两边的框架由正反两股花丝纹样组成，填制在花丝大边中的各种梅花和小叶花的单独纹样，其制作运用了掐、填、攒、焊、剪等技法。填制焊接成型的边框需在玻璃酒壶上窝出弧形。

上半部分的纹样由12片镂空花丝叶状图案组成，叶状图案内三瓣花、叶蔓、叶子的制作分别是：把掐制的花瓣黏接在银片上焊接后，沿边缘剪切；把两股素丝搓制的花丝掐制成叶蔓形状；在制成的叶子形状的花丝边框内，填入螺旋丝；最后将三种花丝纹样分别攒填在叶状图案的大边中固定焊接。

上下两部分的攒焊中，先将梯形纹样的上边框上并排焊接三个镂空花丝叶，再将四片梯形的左右边框之间加焊一根祥丝连接成筒状。

焊接在银杯上的花丝杯柄是多股花丝编织的小辫纹样。

底托的制作风格同上，整个底座上平填着由巩丝、祥丝、麦穗丝等组成的各种图案，在底托外沿平填花丝上，焊接着数朵花草纹样。

在清新典雅的银丝托玻璃酒具上，镂空的花丝纹样与晶莹的玻璃有机的搭配组合，赋予了这套酒具更高的艺术品位和观赏效果。

1958年和1971年阿尔及利亚赠送的两把佩刀的制作分别采用了花丝、錾刻、镶嵌工艺。其中赠送给周恩来总理的佩刀由钢刀、木鞘、银鞘组成，银鞘的制作以錾刻工艺为主，佩刀上的银鞘应为两块以上银片焊接组成，鞘壁上半浮雕状的花纹錾刻，采用了台、采技术，银片之间焊接部位和刀柄上的花纹錾刻运用了平錾手法。

另一把镶宝石银刀是一件花丝与实镶工艺相结合的作品。银片制成的刀鞘上那具有阿拉伯风情的花卉图案是由单根素银丝掐制而成，在刀鞘周围和花丝纹样之上，无数粒银珠组成了联珠纹和两方连续菱形图案。每一个菱形图案中间均镶嵌有一颗宝石，宝石的镶嵌方式为包边镶，镶嵌宝石的石碗由闷底和围焊的银片组成，石碗为荷叶状，制作中将高于宝石的银片部位用锉刀锉成荷叶形齿状，这一类石碗称之为落爪石碗（常见落爪的形状有茶盅爪、老虎爪等）。宝石嵌入其中，用镊子将荷叶齿压边。在钢刀与刀柄连接处装饰一排与花丝纹样相似的图案。在金银器的制作中，带鞘刀剑的制作有一定的难度，它不仅要求制造者了解和掌握细金工艺的不同技法，而且还要有扎实的基本功。

来自同一个国家的两把刀饰图案精美，做工考究，但制作风格却迥然不同。充分反映了该国花丝镶嵌工艺的制作水准。

同属非洲摩洛哥的一把金银嵌宝石剑上的宝石镶嵌方法，除了传统的包边镶嵌外，还增添了挤镶技术。处于中心部位稍大些的单粒宝石采用了包边镶嵌，周围的小钻石和绿宝石则运用了挤珠镶。由大小排列有序的白色钻石和绿色宝石组成的花卉图案别致大方，极具民族特色。

尼泊尔制作的坛场模型（图版 145），通高 76cm，圆坛直径 53cm。器物的制作中巧妙地运用了浇铸、錾刻、花丝、镶嵌等多种工艺的表现手法，尤其在几千颗圆形、方形、水滴形和随形的红珊瑚、绿松石、白玉石等宝石的镶嵌方面独具匠心。整件作品构思新颖独特，各种材料搭配和谐，多种技法制作细腻，堪称细金工艺中的精品。

坛场原本指印度密教修“密法”时，为防止魔众侵入，在修法处划一圆圈或建一土坛，有时在上面造菩萨像。一般把划为圆形和方形的修法的地方或坛场称为曼荼罗[19]。

坛场模型器，外圆内方，由内外三圈不同形状的图案组成。最外圈圆丝（片）上焊接有 70 多个浇铸成型的花卉图案，它主要起到固定内圈的作用。

第二圈由四部分组成，从外到里的制作为：第一部分的金属片上满饰着卷草纹样和宝石花瓣，两股花丝掐制的卷草纹和 28 个花瓣边框有序排列，每个边框内焊接 32 个石碗（从宝石的脱落处可以清楚看到石碗被焊接在大边内）；花瓣的外圈镶嵌着圆形的红色珊瑚，花茎和花丝纹样与宝石花瓣相间的地方镶嵌着圆形、水滴形的白色玉石和珊瑚石。其他三部分的石碗均固定焊接在金属片上，每一部分的石碗以两股花丝掐制的大边为界，其上分别镶嵌着圆形白色玉石、白色和红色宝石组合的花卉图案以及长方形的红珊瑚。

内圆圈由四个类扇形和一个正方形组成，四个相等的类扇形的外缘弧边与内圆圈重合，而它们的底边则与正方形重合。四个扇面的花纹图案和制作风格相同，扇形金属片以花丝为大边框，平填在上面的各种花丝纹样布满了整个扇面，在中心区域红珊瑚组成的花卉内，镶嵌着各种宝石组成的纹样，在它的两侧，扁素丝掐制的花蔓上点缀着几朵宝石花。每个扇形边线的相交处，焊接着一个由不同形状宝石组成的花篮，花篮周边的一圈石碗明显高于其他部位，花篮装饰在此也起到了掩盖制作中的瑕疵的作用。最里面正方形内的各种纹样和宝石的镶嵌手法同上，四条等同的花丝大边与类扇形的底边吻合，组成了完整的内圆圈。

坛场的制作中运用了多种工艺，其中令人折服的技术是宝石镶嵌和焊接。焊接贯串了整个制作过程，底部花丝纹样的焊接采用了筛药面焊技术，在多处花丝纹样的焊接点上呈现出不规则的绿色锈蚀物予以了证明。器物中的上千个石碗要逐个点焊在金属片上，一些区域的方寸之间要焊接几十个甚至上百个石碗托。经过焊接的花丝纹样清晰且无药疤痕迹、石碗排列整齐无脱落。镶嵌的各种宝石色彩搭配自然，大小排列有序，石碗深浅与宝石大小搭配适当。

埃及国会会徽挂盘是一件嵌金银作品。器物中心嵌有组成埃及议会大厦和文字图案的细银丝，在它的周围由长短粗细的多根银丝组成了不同的花卉纹样，嵌入的银丝表面光滑明亮，有明显的打磨痕迹，其中部分地方有錾刻的花纹。

埃及的另一件錾刻银盘上的花纹繁缛细致，制作精美，初次观看时甚至会误以为是纤细花丝制作的工艺品。制作者巧妙地运用了錾刻工艺中的不同表现手法，将单一银白色调的基体处理出多层次的艺术效果，使银盘上的花纹错落有致、线条流畅。银盘的錾刻是在器物正面进行的，采用的是勾、戗、采等技法。银盘上的纹样通过戗錾变得明亮，对比鲜明；细部纹饰的刻画采用了丝錾技术，将线条表现得清晰明快，不同形状的采錾把纹样表面处理得光滑而自然。

墨西哥赠送的银质太阳神（图版 146）和月亮神作品，图像比较简捷，没有太多的装饰，但制作中却运用了锤揲、剪切、镶嵌、焊接技术。太阳神由眼、鼻、嘴、脸和 14 片叶状银片组成。其中鼻、嘴等部位的制作采用了剪切方法成型，眼睛是一颗镶嵌在石碗中的蓝色宝石。组攒时先在锤揲成型的双眼部位剪出一双眼睛形状的上下眼眶，把剪切好的两片眼睫毛分别焊接在眼眶上下，并将眼珠焊接在中间。在鼻子和嘴唇的焊接处可以看到残留焊药的痕迹。在这两件器物的制作中，剪切是主要的制作手段。

伊拉克赠送的金银椰枣树（图版 147）也是一件以剪切为主的作品。半镂空的银树干上，挂着一串串金色的椰枣，枝叶繁茂，形态各异的叶子全部是剪切制成。

老挝银钵是一件打胎和錾刻相结合的作品（图版 148），在柬埔寨、印度、缅甸、文莱、内蒙等亚洲国家以及罗马尼亚、捷克、智利、加拿大等欧美国家的礼品中也有同样制作风格的器物。银钵胎型厚重，胎型的制作中使用了锤子、铁砧等工具，通过走片、打底、收腰、锤揲等多道工序完成。

银钵上乳钉、水滴等纹样以高浮雕的表现手法錾刻而成，钵底中心象征着王室的大象纹样则以浅浮雕的錾刻形式表现。近距离观看器物上的各种錾刻纹样层次分明，工整而圆润。可以认为錾刻所用的刀具是依据器物上的花纹形状特别制作的。

叙利亚錾花奶壶是一件纯手工锤揲打制的器皿（图版 149）。从翻卷的壶口沿上的折叠花边处依稀可见手工制作的痕迹，似是在一块金属片上打胎成型的。壶身线条优美，光滑无褶皱。纹饰古朴大方，带有浓郁的地域风情。壶身胎型的制作中运用了打胎工艺中的搂、墩技术。壶身上浅浮雕状的菱形、瓜瓣纹饰采用了錾刻中的台、采錾技术，衬托主题图案的联珠纹样则是套珠錾錾刻形成。弯曲的壶柄上下部分别铆合和焊接在壶身上。

印度镂空银钵由钵身、底座及焊接在钵身的蛇组成。钵身上錾刻的图案分为两部分，钵体口沿处的花卉图案同底座均为镂空錾刻形成的。镂空錾刻是錾刻工艺中常见的一种技法，是用特殊的錾刀将银片底子脱出，使器物呈现出玲珑剔透的效果，通常运用在镂空花纹的制作中。用于镂空花纹的錾刻刀刃十分锐利，形状有多种，银钵镂空花纹上使用的錾刀刃口为直线或月牙形状。钵身上线条流畅的纹样，全部运用了平錾工艺，纹样虽然没有凹凸起伏的浮雕效果，但通过勾、采、丝錾刻手法的应用，使器物上的平面图案清新明快。

20世纪五六十年代，来自世界各地的金银质地礼品的制作可大致分为花丝、錾刻两大类。花丝类器物的制作中运用了掐、攒、填、焊、堆、垒、剪切等多种技法；器皿的制作多采用了打胎和錾刻工艺；浮雕图案的制作使用了台、采、勾、串、点等錾刻工艺；平面纹样的錾刻中运用了丝、采技法。这些制作手法与我国同时期金银饰品的制作风格十分接近。

注　释

[1]　孙戬．金银生产与应用知识问答．北京：冶金工业出版社，2004.

[2][9]　齐东方．唐代金银器研究．北京：中国社会科学出版社，1999.

[3]　许新国．西陲之地与东西方文明．北京：北京燕山出版社，2006.

[4][15]　宁夏固原博物馆．固原历史文物．北京：科学出版社，2004.

[5]　田广金，郭素新．内蒙古阿鲁柴登发现的匈奴遗物．考古，1980，(4).

[6]　韩伟．海内外唐代金银器萃编·西安：三秦出版社，1989.

[7]　徐湖平，韦正．金银器．上海：上海古籍出版社，1999.

[8]　孙机．中国圣火．沈阳：辽宁教育出版社，1996.

[10][11]　中国国家博物馆，秘鲁国家文化委员会．失落的经典——印加人及其祖先珍宝展．2006.

[12]　中国国家博物馆，伊里沙维．斯迦里达．古代希腊——人与神．北京：中国社会科学出版社，2004.

[13]　孙机．罗马文明——从汉代看罗马．北京：中国社会科学出版社，2004.

[14]　《旧唐书》列传第一四八．

[16][17]　故宫博物院，克里姆林宫．克里姆林宫珍品集．北京：紫禁城出版社，2006.

[18][19]　中国国家博物馆．异国瑰宝传友谊．北京：文物出版社，2006.

后　记

撰写《中国细金工艺与文物》一书的想法，是我在内蒙古文物考古研究所吐尔基山金银器工作现场产生的。当时，北京大学齐东方教授面对着做工如此考究的辽代金银器，无限感慨地讲到："许多考古工作者在金银器的年代考证及形制、纹样等领域进行了大量的研究并取得了不菲的成果，但对金银器制作工艺的研究还处于起步阶段。"这番话深深地触动了我。的确，金银器制作过程中的诸多信息对考古发掘和文物保护有着相当重要的参考价值。因此，我萌生了撰写此书的想法。

我曾在专门从事金银器制作的原北京花丝镶嵌厂工作了近20年（该厂为20世纪50年代至90年代世界金银器制作第一大厂），工作初期也曾亲自制做过戒指、项链、胸花、耳坠等银花丝首饰，并在贵金属、电镀液分析及提纯、化金等工种工作多年，对细金工艺流程有一定了解。1987年，我调入中国国家博物馆科技部后转而从事金属类文物的保护，工作至今。在这20年间曾保护修复过山西灵丘、四川彭州、湖北武汉、内蒙古自治区吐尔基山和赤峰大营子以及北京市明代十三陵等地出土的几百件金银器。多年来工作经验的积累，促使我想写一本将细金工艺制作技术与文物考古结合在一起的图书。

经过一段时间的采访和资料收集，我于2006年的3月中旬动笔，同年9月底完成初稿。通读初稿后，也曾为自己当初的创作冲动而感到惶惑不安，就这样稿件搁置了半年多。2007年3～5月对其进行了补充和修改，并增添了"国外金银器赏析"一章。

万事均离不开一个"缘"字。1970年，由于时代的原因，我被分配到位于通州区的北京花丝镶嵌厂，在那里，我有幸接触并学习到了传统细金工艺的各种制作方法。1987年，为了使孩子能够接受更好的教育，我从该厂调至国家博物馆（当时的中国历史博物馆）。国家博物馆文物保护的科技平台为我提供了更为广阔的空间，开阔了我的视野。二十年来，在对出土的不同时代的金银器所做的保护工作过程中，我更深层次地感受到了细金工艺的魅力。如此两个截然不同的工作环境却有着千丝万缕的联系，岂是一个缘字能说得清的。

撰写此书时，许多往日的情景不时浮现在眼前，仿佛又回到了从前。忘不了与吴可男大师同室相处的近千个日子里，老人敬业的精神，幽默的话语以及带有独特情调的生活态度让我历历在目；忘不了文化大革命后期的一个秋日里，在蔚蓝色的天空下，一群十五六岁的小姑娘在工厂的篮球场上将根根白色的银丝、黄色的金丝，四根一股地缠绕在秫秸秆上集体鳔丝的场景，煦煦秋风不断吹来，那远处熬制鱼皮鳔的气味，伴着秫秸秆的清香，一起沁人心脾的感受；忘不了堆积如小山的K金首饰被投入熊熊炉火中熔炼、金银下脚料提纯时滚滚的硝烟（二氧化氮）和在干净明亮的工厂实验室内分析金、银及电镀液的工作场景；甚至忘不了穿着芭蕾舞鞋跳舞唱歌的青少年时代……

本书的写作得到了许多老师和同行的鼓励与帮助。首先要感谢北京大学考古文博学院齐东方老师，是他给了我写作的信心和勇气。感谢我原单位的老师傅和兄弟姊妹，因为书中的许多章节得到了这些原北京花丝镶嵌厂各细金工种精英的大力支持。他们是贾新拄（实镶篇）；邢玉珍、张亚军、赵爱娣（花丝篇）；杨锐、张春源、史经义、冯建（錾刻篇）；赵燕、李传秀、周杰（烧蓝篇）；李俊生（鎏金、镀金篇）；李新正（化金、提纯篇）；熊世华、刘国兴（打胎篇）。感谢马燕如、李艳萍、王建平等在焊药、金银基体成分及锈蚀结构等分析检测中给予的大力支持。感谢中国国家博物馆考古部的信立祥、中国国家博物馆文物保护中心的潘路、姚青芳、铁付德、胥谞等给予本书的中肯建议。同时也要感谢家人给我的支持和鼓励。

为了便于说明，本书中的一些图片选自《四川彭州宋代金银器窖藏》、《契丹王朝》、《故宫博物院藏清代后妃首饰》、《甘肃文物菁华》、《花舞大唐春》、《故宫珍品》、《固原历史文物》、《失落的经典——印加人及其祖先珍宝展》、《古代希腊——人与神》、《古罗马文明》、《克里姆林宫珍品集》、《异国瑰宝传友谊》、《中国古金银器》、《中国通史陈列》、《大夏寻踪》、《中华国宝》、《金银器》、《金银细金工艺和景泰蓝》、《国之瑰宝》、《云南文明之光：滇王国文物精品集》、《国宝法兰西之旅》等书。另一部分图片由姚青芳、马燕如、李新正、李俊生等提供。在此一并表示感谢。

彩版参考文献

《大》=《大夏寻踪》，中国国家博物馆 宁夏回族自治区文化厅，中国社会科学出版社，2004年。

《大汉》=《大汉楚王》，中国国家博物馆 徐州博物馆，中国社会科学出版社，2006年。

《甘》=《甘肃文物菁华》，甘肃省文物局，文物出版社，2006年。

《古》=《古代希腊——人与神》，中国国家博物馆 希腊共和国文化部，中国社会科学出版社，2004年。

《古罗马》=《古罗马文明》，中国国家博物馆 意大利文化活动和遗产部考古总局，中国社会科学出版社，2004年。

《固》=《固原历史文物》，宁夏固原博物馆，科学出版社，2004年。

《故》=《故宫珍品》，故宫博物院，紫禁城出版社，2004年。

《国》=《国之瑰宝》，国家文物局 中国历史博物馆 中国革命博物馆，朝华出版社，1999年。

《国宝》=《国宝法兰西之旅》，中国国家博物馆，中国社会科学出版社，2004年。

《花》=《花舞大唐春》，北京大学考古文博院 陕西博物馆，文物出版社，2003年。

《金》=《金银器》，徐湖平，上海古籍出版社，1999年。

《金银》=《金银细金工艺和景泰蓝》，唐克美 李苍彦，大象出版社，2004年。

《克》=《克里姆林宫珍品集》，故宫博物院 克里姆林宫博物馆，紫禁城出版社，2006年。

《契》=《契丹王朝》，中国历史博物馆 内蒙古自治区文化厅，中国藏学出版社，2003年。

《清》=《故宫博物院藏清代后妃首饰》，故宫博物院，紫禁城出版社，1992年。

《失》=《失落的经典》，中国国家博物馆 秘鲁国家文化委员会，中国社会科学出版社，2006年。

《四》=《四川彭州宋代金银器窖藏》，成都市文物考古研究所，彭州市博物馆，科学出版社，2003年。

《唐》=《唐代金银器研究》，齐东方，中国社会科学出版社，1999年。

《异》=《异国瑰宝传友谊》，中国国家博物馆，文物出版社，2006年。

《云》=《云南文明之光：滇王国文物精品集》，中国国家博物馆 云南省文化厅，中国社会科学出版社，2003年。

《中》=《中国古金银器》，湖北美术出版社，2001年。

《中国通》=《中国通史陈列》，中国历史博物馆，朝华出版社，1998年。

《中华》=《中华国宝》，韩伟，陕西人民教育出版社，1998年。

1. 现代嵌宝石银鱼摆件

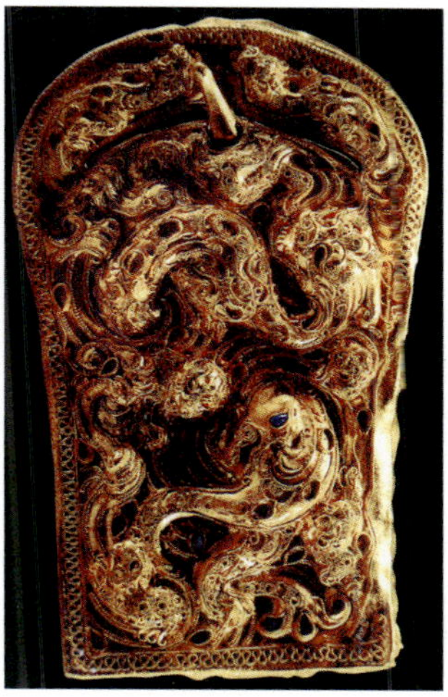

2. 西汉八龙纹金带扣(摘自《中》)

3. 西夏桃形镶宝石金冠饰(摘自《大》)

4. 元代缠枝纹耳坠

5. 明代立凤金簪(摘自《中》)

6. 清代金镶玉菊花金簪(摘自《清》)

7. 现代子孙盒摆件

8. 唐代金银丝结条银笼子(摘自《唐》)

9. 契丹女神金像(摘自《中》)

10. 清代凤冠局部

11. 清代镶宝石蝴蝶金簪(摘自《清》)

12. 西晋金带扣(摘自《中》)

13. 隋代嵌珍珠宝石金花蝶头饰(摘自《中国通》)

14. 唐代金梳背(摘自《花》)

15. 元代飞天金簪

16. 明代桃形金插花簪头(摘自《中》)

17. 清代金镶珠福缘善庆簪

18. 唐代银芙蕖(摘自《中》)

19. 明代金冠(摘自《中》)

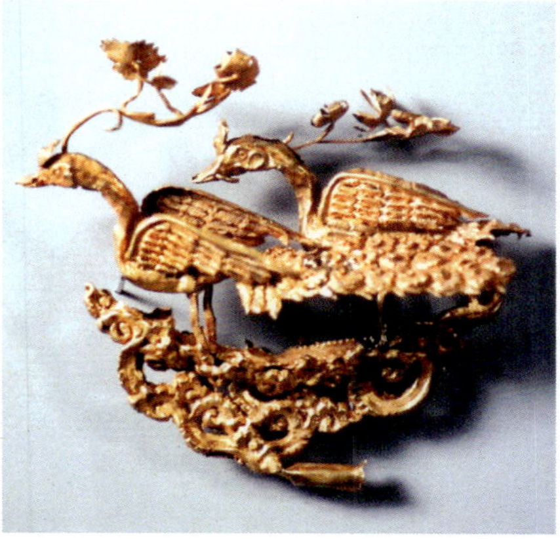

20. 元代双凤金步摇

21. 清代凤冠局部

22. 西汉金带饰

23. 汉代金丹灶(摘自《中》)

24. 西晋金垂饰(摘自《中》)

25. 北魏金耳坠

26. 唐代金栉背(摘自《中华》)

27. 西汉金耳坠(摘自《中》)

28. 北魏金耳坠(摘自《中》)

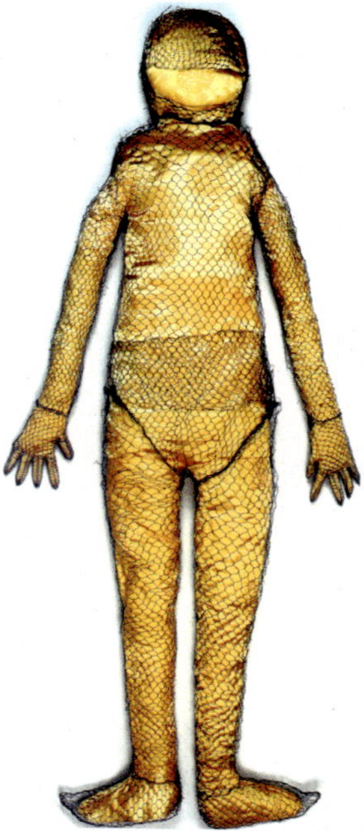
29. 辽代银丝网络(摘自《契》)

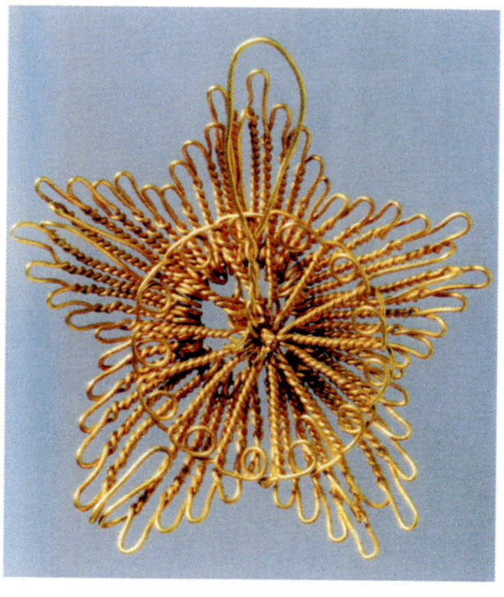
30. 辽代五角花形金饰件(摘自《契》)

31. 明代金丝髻罩(摘自《金》)

32. 明代万历翼善金冠(摘自《金银》)

33. 清代金蝴蝶耳簪(摘自《精》)

34. 现代烧蓝花丝戒指

35. 现代蝈蝈葫芦摆件(摘自《金银》)

36. 明代金龙(摘自《甘》)

37. 明神宗孝靖皇后凤冠(摘自《国》)

38. 清代嵌宝石福寿簪(摘自《清》)

39. 元代内相双飞蝴蝶簪 1

40. 元代内相双飞蝴蝶簪 2

41. 元代金花步摇

42. 清代凤冠

43. 清代凤冠上火龙云

44. 现代无胎透空“宝石羊”

45. 镶嵌所用钻石形状

46. 现代密钉镶戒指

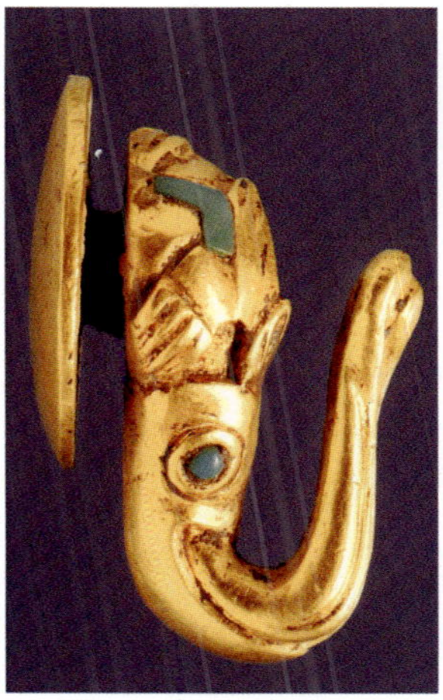
47. 春秋晚期金带钩(摘自《大汉》)

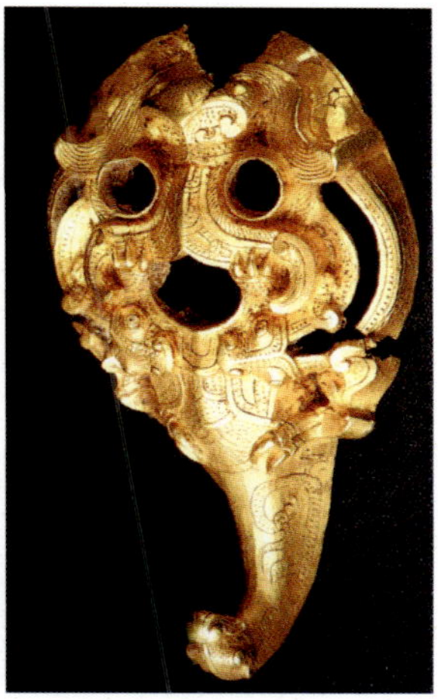
48. 西汉交龙金带钩(摘自《金》)

49. 战国金耳坠(摘自《中》)

51. 东汉掐丝金龙(摘自《中》)

52. 汉代桃形金花饰

50. 西汉有翼虎纹银带扣(摘自《云》)

53. 北魏镶松石金耳环(摘自《固》)

54. 隋朝金项链

55. 唐代团花纹金带把杯局部(摘自《花》)

56. 西夏桃形镶宝石金冠(摘自《大》)

57. 明代包边、抱爪、马镫戒指(摘自《金》)

58. 明镶宝石金带扣(摘自《国宝》)

59. 明神宗孝靖王皇后凤冠(摘自《国》)

60. 清代银镀金嵌宝福寿簪

61. 清代抱爪镶(摘自《故宫》)

62. 清代落爪镶(摘自《故》)

63. 现代嵌宝石雄鸡摆件

64. 战国错金银马首铜辕饰(摘自《中国通》)

65. 战国云纹错金银犀牛尊(摘自《中国通》)

66. 战国错金银衔环

67. 辽代金银饰铁带钩

68. 现代嵌金银佛像

69. 唐鎏金线刻雀鸟纹银盒(摘自《花》)

70. 西汉压花牛首纹剑鞘局部(摘自《云》)

71. 西汉圆形金饰(摘自《云》)

正面

反面

72. 唐鎏金双狐纹双桃形银盘(摘自《花》)

73. 宋代双层莲花银壶(摘自《四》)

74. 辽代金带銙(摘自《契》)

75. 辽代“万岁台”金花银砚盒(摘自《契》)

76. 西夏荔枝纹金裨饰(摘自《大》)

77. 辽代凤形镶金银钗(摘自《契》)

78. 唐代忍冬花结五足银熏炉(摘自《唐》)

79. 辽高翅鎏金公主银冠(摘自《契》)

80. 辽代金香囊(摘自《契》)

81. 辽代水晶包金饰件(摘自《契》)

82. 唐代鹦鹉纹提梁银罐(摘自《花》)

83. 辽代海东青纹金饰牌(摘自《契》)

84. 唐代小簇花银盖碗(摘自《花》)

85. 宋代瓜形金盏(摘自《四》)

86. 辽代陀罗尼咒银板(摘自《契》)

正面

反面

87. 元代蜻蜓金钗

88. 元代牡丹花金耳坠

89. 辽代金花银盖碗

90. 辽代金花银盖碗正反合錾痕迹

91. 辽代摩羯耳坠

92. 辽代摩羯耳坠焊接处

93. 辽代摩羯耳坠灌胶口

94. 辽代摩羯耳坠宝石镶嵌处

95. 何家村出土唐代银饼(摘自《花》)

96. 何家村出土唐代素面折腹银碗(摘自《花》)

97. 何家村出土唐代素面折腹银碗内同心圆(摘自《花》)

98. 彭州出土宋代素面银盆(摘自《四》)

99. 彭州出土宋代龙纹夹层银杯(摘自《四》)

100. 元代柳斗纹银蒲蓝

101. 唐代凤鸟纹六曲鎏金银盘(摘自《花》)

102. 辽代金花银靴(摘自《契》)

105. 唐代鎏金天王像

103. 毛主席纪念堂鎏金工作现场

104. 现代局部镀金银饰件

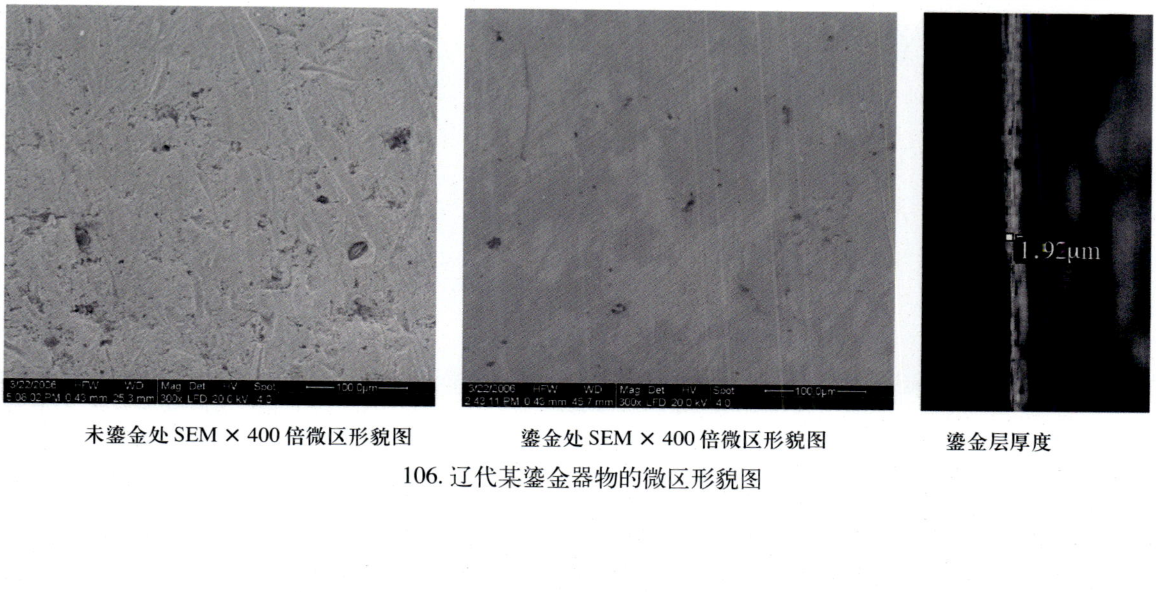

未鎏金处 SEM × 400 倍微区形貌图　　鎏金处 SEM × 400 倍微区形貌图　　鎏金层厚度

106. 辽代某鎏金器物的微区形貌图

107. 现代银烧蓝天鹅摆件

108. 现代银烧蓝象钟摆件

掐丝蝴蝶　　中心点白瓷　　白瓷上绘彩双翼处点蓝

109. 银烧蓝蝴蝶饰件

110. 清代金质烧蓝巾环(摘自《清》)

111. 现代天坛祈年殿上蓝色烧蓝琉璃瓦

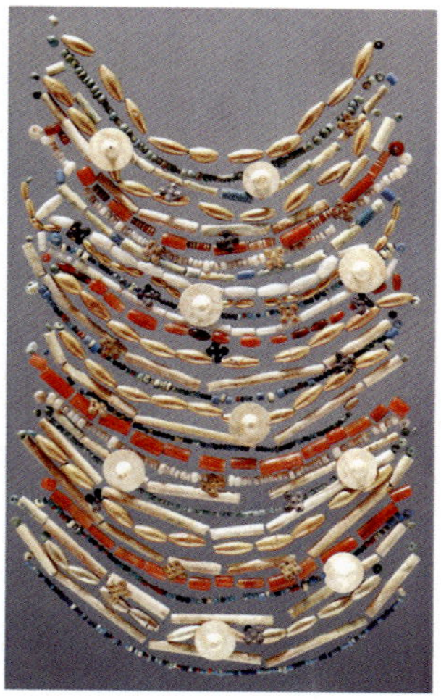

112. 西汉珠被
(摘自《云》)

113. 春秋嵌石金柄铁剑
(摘自《中》)

114. 西汉镶绿松石扣饰
(摘自《云》)

115. 辽代摩羯形金耳坠
(摘自《契》)

116. 辽代红玛瑙水晶璎珞局部
(摘自《契》)

117. 清代金嵌珍珠宝石帽顶
(摘自《故》)

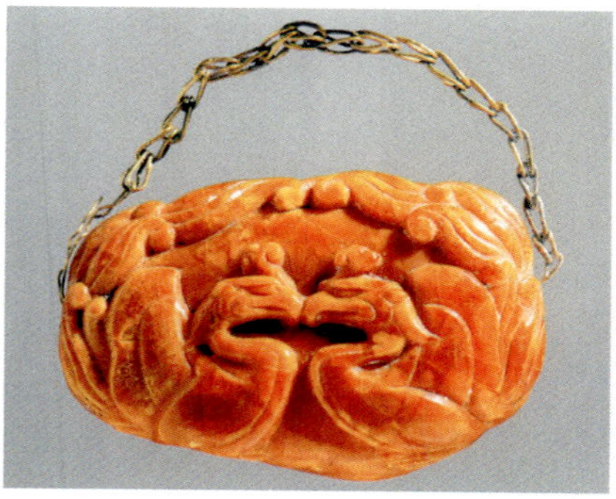

118. 辽代鸿雁形等琥珀佩件
(摘自《契》)

119. 清代珍珠戒指
(摘自《故》)

120. 清代蓝宝石戒指
(摘自《故》)

121. 秘鲁蛇纹金挂饰
(摘自《失》)

122. 秘鲁金猫头
(摘自《失》)

123. 秘鲁金鼻饰
(摘自《失》)

124. 秘鲁杜米刀
(摘自《失》)

125. 希腊常青藤花冠
(摘自《古》)

126. 希腊金耳坠
(摘自《古》)

127. 古罗马单耳银杯
(摘自《古罗马》)

128. 古罗马银勺
(摘自《古罗马》)

129. 古罗马双耳银高足杯
(摘自《古罗马》)

130 古罗马金项链(摘自《古罗马》)

133. 俄罗斯金嵌宝石腰带(摘自《克》)

132. 俄罗斯银盘
(摘自《克》)

131. 古罗马爱与美之女神
(摘自《古罗马》)

134. 俄罗斯祭坛十字架
(摘自《克》)

135. 俄罗斯祭坛十字架
(摘自《克》)

136. 俄罗斯珐琅碗
(摘自《克》)

137. 俄罗斯圣叶卡捷琳娜一级勋章
(摘自《克》)

138. 俄罗斯金嵌宝石鹰挂件
(摘自《克》)

139. 俄罗斯银嵌宝石蝴蝶装饰
(摘自《克》)

140. 俄罗斯弗拉基米尔圣母
(摘自《克》)

141. 俄罗斯金冠
(摘自《克》)

142. 埃及掐丝银蜡台
(摘自《异》)

143. 塞内加尔金手镯
(摘自《异》)

144. 南斯拉夫掐银丝托玻璃酒具
(摘自《异》)

145. 尼泊尔坛场模型
(摘自《异》)

146. 墨西哥太阳神
(摘自《异》)

147. 伊拉克金银椰枣树
(摘自《异》)

148. 老挝银钵(摘自《异》)

149. 叙利亚錾花奶壶(摘自《异》)